初中学科强基丛书

数学
兴趣讲座

Mathematics
interest lecture

洪 晖 岳 珉 编著

上海教育出版社
SHANGHAI EDUCATIONAL
PUBLISHING HOUSE

激发兴趣　夯实基础

（代前言）

初中学科强基丛书是一套有助于初中学生开阔视野、陶冶情操、启迪智慧、培育兴趣、提高学科素养并塑造良好品质的课外读本。毕竟有不少学生对某一学科特别感兴趣,也有向这方面发展的潜能。若将有潜力的学生引入为获奖、为考入重点高中而去题海搏杀,最终会导致对各门学科的兴趣减弱,甚至荡然无存。

为此,我们一直在寻找怎样从保护和引导学生对某一学科的学习兴趣出发,编一些夯实学科基础,启迪聪明才智并能拓展学科知识与能力的课外读本,尤其是将一些受课时或课程要求所限制,教师没法在课堂上向所有学生讲授的知识与方法,通过课外自学或教师开设的讲座得以弥补。毕竟通过自学激发了潜能,陶冶了情操,也培育了学生对某一学科的兴趣,又拓宽了学科的视野。对初中生来说,不少课程(如物理、化学、生物、信息等)是人生第一次系统学习,"吃好第一口奶"十分重要。

孔子说:"知之者不如好之者,好之者不如乐之者。"

爱因斯坦则强调"兴趣是最好的老师"。

古今中外大凡成功人士对人才的培育达成了一种共识:兴趣是学生能持久性钻研的不竭动力,激发兴趣是成功育人的一项基本策略。

本着这种愿望,我们策划的这套初中学科强基丛书,旨在配合并培育初中阶段学有余力学生的兴趣,以离散性知识(专题)学科讲座的形态呈现,以提高学生的学科站位,拓阔视野。因此,每门学科中各专题的选择尽可能覆盖面广些,拓展得深些,旨在培育健康的人格,即讲授的内容会比课堂教学略微详细些,学科视野也略微拓宽些,且由浅近逐步深入,与现行课堂中常规教学活动相辅相成,以呈现较完整的学科架构。各门学科讲座所补充的知识和能力目标成为让有兴致的学生跳一跳就可摘到的"果子"。我们也期望在不过多增加负担的情况下,通过听讲座的方式,来开发自己的潜能,激发对某一学科的兴趣,成为日后学术发展的推动力。当然,也可借此打下较坚实的学科基础。

经过反复调研,在获得初中师生广泛信息反馈的基础上,我们选编了这套包括初中各门学科的系列讲座读本,供有兴趣有余力的学生选用。各学科一册,其内容尽可能覆盖初中三个学年(其实有的学科在初中阶段仅学了两个学年,甚至一个学年)。

这套系列读本约请了从事初中学科教学并有造诣的骨干教师撰稿。既然旨在激发兴趣,每一讲的课题就力求选得巧、选得精,选得有趣,并能配合现行的课程目标;讲座的题材与行文尽可能妙趣横生,还能充分领悟学科间的互通,以努力克服单一的"为升学而学"或"为考什么学什么"的功利目标。当然,我们也期望能让初中的学科教学吹进一股新风——培养兴趣,夯实基础,激发潜能,提高素养,塑造品格,助力发展,并期望本应在学校第二课堂完成的学科拓展讲座得以回归校园。这套读本既可供学生课外自修选读,也可供学校作为第二课堂选修参考。

本书共28讲,涵盖初中阶段学过的重要知识,并作了适当拓展或与其他课程的融通,以激发钻研数学的兴趣。例如,在数学讲座中融入人文知识,以离散性的专题形式来设计,既增进学生的逻辑判断和空间想象能力,也提高了自学能力,以引导独立思考,并充分体会数学是一门"与自然科学沟通的语言"之精妙。例如,"数的整除和分离系数法""数的概念""生活中处处有数学""根式化简""比和比例""韦达定理及其应用""代数式的恒等变换""连分数""轨迹与轨迹作图""斐波那契数列与黄金比",等等。应该说,这些内容对擅长逻辑思维的学生来说,一定会有帮助。

华罗庚先生曾说,宇宙之大,粒子之微,火箭之速,化工之巧,地球之变,生物之谜,日用之繁,无处不用数学。

本书作为一本拓展型课外读本,凡阅读本书的学生相当于收到了一系列参加数学兴趣讲座的邀请函。严格地说,它与"奥数竞赛"或中考没有直接联系,也不是传统意义上的初中数学"一课一练",它仅是一本期望在初中阶段通过"课外讲座"来激发学生对数学有更强烈的兴趣,并有助于提高逻辑思维能力、空间想象能力和解决问题能力的读本。所收入的28个专题,也只是对课堂或教材中已学过的知识的稍加拓宽,或对暂时还没有被数学课程所选入的知识点略作引介而已。由于是以讲座形式编纂的,同学们完全可以凭自己的喜好,有选择地阅读其中的若干专题(或者说是"选听"若干次讲座)。假如学校能将本书用作选修课或活动课的参考材料,以适当的教师讲解和讨论的方法来应用,效果会更好。考虑到知识的系统性和学科拓展的必要性,其中有几讲的内容是较厚实的,不可能在"一堂课"中得以完成,学生完全可以将"一讲"分拆成几个部分来自学。

为了不加重学生的负担,每讲后的"想想练练"栏目的巩固性问题,编者均提供了解题参考。

我们希望对数学有兴趣的学生通过阅读本书,能进一步领略数学之美,欣赏数学之奇趣与严谨,从而进一步加深对数学的兴趣,更主动地去探索数学之奥秘,这也就有可能为日后的人生之学术方向作了导引。若能在抽象与具象间建立起联想,那么同学们的初等数学素养必然会有较大提高;若能通过思考而触类旁通,并助推其他学科的学习,那就更理想了。

限于我们的学识,书中可能会有错漏,恳请同学们不吝指正。

方鸿辉

2021 年 2 月

目 录

第一讲

列一元一次方程解应用题

列一元一次方程解应用题的一般步骤和注意事项如下：

1. 审题 弄清题意,明白哪些是已知量,哪些是未知量,它们之间有什么关系.必要时可借助图线帮助理解与审题.

2. 选元 选择一个未知数,用 x（或 y）或其他字母来表示.这个用 x 来表示的未知数不一定就是题目最终所要求解的未知数;必要时还可设立一个辅助元.巧妙选元,有助布列方程,使解题简捷.

3. 列方程 按题意列出各数量间的关系等式,其实质就是将文字描述转换成数学语言.为此,解应用题前一定要读懂题目,找出一些隐含的条件或关系.必要时,可在列方程之前,先行分部列式,并说明每一个小式子可代表的数量关系（或称"数学意义"）,有时还可用示意图来辅助以说明问题.

4. 解方程 根据运算步骤和法则求出未知数的值.

5. 检验 检验这一步千万不可忽略,它是对通过上述各步骤所求解得出的未知数的值是否符合题意并具有合理性,作出辨析,然后才能写出答案.

下面,举几个实例来表明上述解题思想和步骤.

例 1 某班的男生人数为全班人数的 $\dfrac{3}{5}$ 多 4 人,女生人数为全班人数的 $\dfrac{3}{10}$ 多 1 人,该班有男、女生各几人？

解 1 设：该班有男生 x 人,则该班共有学生 $(x-4) \div \dfrac{3}{5}$（人）,即 $\dfrac{5}{3}(x-4)$（人）,则女生人数应为 $\dfrac{5}{3}(x-4) \times \dfrac{3}{10} + 1$（人）.

但因女生人数又为总人数减去男生的人数（这是题目隐含的条件,也是布列方程的关键词）,这样可列出如下方程

$$\frac{5}{3}(x-4) \times \frac{3}{10} + 1 = \frac{5}{3}(x-4) - x.$$

解方程得 $x=34$（人）,则女生人数为 16 人.

经检验,结果无误.

答：这个班级有男生 34 人,女生 16 人.

讨论　上述解法中,由于选元时以 x 表示男生人数,故在列方程中颇费一番功夫.倘若以 x 表示全班总人数,那么列方程就要简捷得多.

解 2　设:该班共有学生 x 人,则男生人数为 $\frac{3}{5}x+4$(人),女生人数为 $\frac{3}{10}x+1$(人).可按题意列出下述方程

$$\frac{3}{5}x+4+\frac{3}{10}x+1=x.$$

解方程得 $x=50$(人).故男生有 $\frac{3}{5}x+4=34$(人);女生有 $\frac{3}{10}x+1=16$(人).

经检验,结果无误.

答:这个班级有男生 34 人,女生 16 人.

上述例题的求解过程表明:在列方程解应用题之前,合理选元是一件十分重要的工作.

例 2　用工作效率相同的若干台收割机收割两块麦田里的麦粒.第一块麦田的面积为第二块面积的两倍,又每台收割机每天工作的时间相同.第一天全部收割机都在第一块麦田里收割;第二天留一半收割机仍在第一块麦田里收割,另一半收割机到第二块麦田里收割,这样第二天收工时,第一块田里的麦全部割完;第三天,只有一台收割机在第二块田里收割,第三天收工时,第二块田里的麦子也全部割完.问共有几台收割机.

解　设 x 代表收割机的台数显然是没有问题的,但题目所给条件错综复杂,一时无从布列方程,似乎缺少一些量.为此,还需用一个辅助量(辅助元)来代表每台收割机每天能收割的亩数.因为只有知道每台收割机每天能收割的亩数(即工作效率)再配合收割天数,方可得出这两块麦田的面积,然后通过面积关系来布列方程.

由此,我们可以设:共有收割机 x 台,每台收割机每天能收割麦子 y 亩.那么,第一块麦田的面积为 $y\left(x+\frac{x}{2}\right)$ 亩;第二块麦田的面积为 $\left[y\left(\frac{x}{2}\right)+y\right]$ 亩.

根据题意列出方程　　　　$y\left(x+\frac{x}{2}\right)=2\left[y\left(\frac{x}{2}\right)+y\right].$

经整理得　　　　　　　　$y\left(\frac{3}{2}x\right)=y(x+2).$

由于每台收割机每天能收割的麦子亩数 $y\neq0$,故 $\frac{3}{2}x=x+2$,解之得 $\frac{3}{2}x-x=2$,$x=4$(台).

经检验,结果无误.

答:共有 4 台收割机.

讨论　本例题告诉我们,如果两个量之间的关系比较复杂,一时不易布列方程,可适当选择一个与可研究的数量都有关系的中间辅助量(即辅助元)来参与(联络)思考,尽管貌似二元方程,但解题过程中可将该辅助元消去.可见,辅助元协助解题有时是很有必要的.

例 3　子与父年龄之比为 $1:4$,五年后他们年龄之比为 $1:7$,求他们两人各自的年龄.

解　设:子年龄为 x 岁,则父年龄为 $4x$ 岁.

按题意列方程　　　　　　$\frac{x+5}{4x+5}=\frac{1}{7}.$

现在我们先来研究这样一个问题:

$\dfrac{x}{4x}=\dfrac{1}{4}$,这个等式显然不错.

如果$\dfrac{x+5}{4x+?}=\dfrac{1}{7}$,那么等式中"?"应该是什么呢?

如果$\dfrac{x}{4x}=\dfrac{5}{20}=\dfrac{1}{4}$,根据等比性质,那么,$\dfrac{x+5}{4x+20}=\dfrac{1}{4}$.

显然,$\dfrac{x+5}{4x+5}>\dfrac{1}{4}$,而$\dfrac{1}{7}<\dfrac{1}{4}$,故断定,本题不合理,不必研究.

讨论　如果我们不考虑其物理意义,硬是解这个方程$\dfrac{x+5}{4x+5}=\dfrac{1}{7}$,则得$x=-10,4x=-40$.也就是说,儿子将在10年后出世,而父亲则在40年后出世,这不是滑天下之大稽?

可见,列方程解应用题的"事前审题"和"事后检验"都是十分重要的.

例4　将每千克a元的酒和每千克b元的酒混合起来,配成每千克m元的酒l千克,问两种酒各取几千克$(a\neq b)$.再讨论当$a>b$时和$a<b$时,m与a、b之间的大小关系.

解　设:每千克a元的酒取x千克,则每千克b元的酒应取$(l-x)$千克.按题意,列出方程

$$ax+b(l-x)=ml.$$

则　　　　　　　　$ax+lb-bx=ml,\quad (a-b)x=l(m-b),$

得$x=\dfrac{l(m-b)}{a-b}$(千克),则$l-x=\dfrac{l(a-m)}{a-b}$(千克).

讨论　若$a>b$时,则$a-b>0$,于是$\begin{cases}m-b>0,即\ m>b\\ a-m>0,即\ a>m\end{cases}$ $\quad\therefore\quad a>m>b$.

若$a<b$时,则$a-b<0$,于是$\begin{cases}m-b<0,即\ m<b\\ a-m<0,即\ a<m\end{cases}$ $\quad\therefore\quad a<m<b$.

答:每千克a元的酒取$\dfrac{l(m-b)}{a-b}$千克,每千克b元的酒取$\dfrac{l(a-m)}{a-b}$千克.

例5　在3时与4时之间,请问:(1)时钟上长针(分针)和短针(时针)应在什么时刻重合?(2)应在什么时刻长针和短针成一直线?

解　(1) 设:所求的时刻为3时后x分,则长针从"12"处走到x分处,而短针从"3"处走到"4"处之间x分处.解题的一个关键点在于必须明白:短针在同时间内在钟面上所走的距离是长针所走距离的$\dfrac{1}{12}$(见图1-1).于是,按题意列出方程:

$$x=15+\dfrac{x}{12},即\ 11x=180,得\ x=16\dfrac{4}{11}(分).即\ 3\ 时与\ 4\ 时$$

之间,钟面上长针与短针相重合的时刻为3时$16\dfrac{4}{11}$分.

(2) 设:两针在3时与4时之间成一直线(即两针的指向相反)的时刻为3时x分.按题意,长针从"12"处走到x分处的

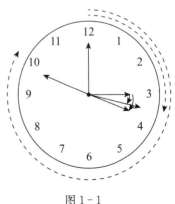

图1-1

距离比短针在同时间内从"3"出发所走到的地方要多30分(见图1-1).于是,可列出方程:

$$x-\left(15+\frac{x}{12}\right)=30, \text{即 } x-15-\frac{x}{12}=30, 12x-180-x=360, 11x=540, \text{得 } x=49\frac{1}{11}(\text{分}).$$

即3时后,钟面上长针与短针成一直线的时刻应在3时49$\frac{1}{11}$分.

讨论 倘若问在3时与4时间,长针与短针应在什么时刻成直角呢?该有几种情况?

1. 有一项任务,甲独做需要25天完成,乙独做需要35天完成.甲独做若干天后,乙才开始参加这一项任务,但从那时起,甲因身体不适只参加半天工作.从甲开始工作起一共经22天完成这项任务,问乙参加工作几天?

2. 士兵若干人可排成两层或四层的中空方阵.若排成两层时,外层每边人数较排成四层时,每边人数多8人,问共有士兵多少人.

3. 已知特快列车车速比慢车每小时多行30千米.今有某列普快列车从甲地经乙地开往丙地,它所需时间等于慢车从甲地到乙地及特快列车从乙地到丙地所需时间之和.但这列普快列车每小时较慢车多行12千米,而甲地到乙地为600千米,乙地到丙地为720千米,求慢车的车速.

4. 有一个六位数,左端一个数字为1,若将左端的这一个数字移到最右端,所构成的新数为原数的3倍,求原六位数.

5. 甲仓有米 a 吨,乙仓有米 b 吨,今从甲仓每日取出米8吨,从乙仓每日取出米12吨.问几日后,甲仓余米为乙仓余米的2倍(日数为正整数);再问 a,b 间有何关系.

6. 时钟钟面上,长、短两针在5时与6时之间,何时刻成直角?(有两解)

7. 某日室内温度(在冰点上)摄氏度数(℃)和华氏度数(℉)相差53.6,问这天室内气温是多少摄氏度.

8. A、B 两地相距 s 千米,甲骑自行车先行 d 千米后,乙乘汽车从 A 出发.因汽车每小时比自行车多走 a 千米,结果同时到达 B 地.求自行车和汽车的速度.$(s>d>0, a>0)$

9. 设甲从 A 地出发到 B 地,同时乙从 B 地出发到 A 地,第一次在途中相遇地点距 A 地700米,两人到达目的地后立即折回,第二次在途中相遇的地点距 B 地400米.求 A、B 两地之间的距离.

10. 总价是 a 元的甲种糖与总价是 a 元的乙种糖混合在一起,混合后的糖每千克的平均价格比甲种糖便宜0.5元,比乙种糖贵0.25元.求甲种糖与乙种糖的每千克价格.

11. 要配成浓度是5%的某种农药10千克,需要浓度是15%的溶液和清水各多少?

12. 某纺织厂细纱间甲班若每位挡车工看800锭,还缺3人;若每位挡车工看1000锭就多余4人.问甲班有挡车工和锭子各多少.

1. 设甲先参加工作 x 天,则乙参加了 $(22-x)$ 天.

$$\frac{x}{25}+\frac{22-x}{25\times2}=1-\frac{22-x}{35}, x=8(\text{天}), \text{则 } 22-x=14(\text{天}).$$

2. 设排成四层时每边外层士兵数为 x 人,则排成两层时每边外层士兵数为 $(x+8)$ 人.则 $4(x+x-2+x-4+x-6-4)=4(x+8+x+6-2)$.解得 $x=14$,则士兵总数 $4(x+8+x+$

$6-2)=160(人).

或列方程 $x^2-(x-2\times4)^2=(x+8)^2-(x+8-2\times2)^2$ 来解.

3. 设慢车的车速为 x 千米/时,普快列车的车速为 $(x+12)$ 千米/时,特快列车的车速为 $(x+30)$ 千米/时,则 $\dfrac{720+600}{x+12}=\dfrac{600}{x}+\dfrac{720}{x+30}$,解得 $x=37.5$(千米/时).

4. 设原六位数的个、十、百、千、万这五位数为 x,则原六位数为 $100000+x$.据题意有 $3(100000+x)=10x+1$,解得 $x=42857$,则原六位数为 142857.

5. 设 x 日后,甲仓余米是乙仓余米的 2 倍,则 $a-8x=2(b-12x)$,解得 $x=\dfrac{2b-a}{16}$.

$2b-a>0,a<2b$(正数),且 $2b-a$ 是 16 的倍数(整数).

6. 设 5 时 x 分时两针成直角.(解一)$x-\left(25+\dfrac{x}{12}\right)=15,x=43\dfrac{7}{11}$(分);

(解二)$25+\dfrac{x}{12}-x=15,x=10\dfrac{10}{11}$(分).

7. 由于摄氏温标为 0~100℃,华氏温标为 32~212℉.故有 $C=\dfrac{5}{9}(F-32)$ 或 $F=\dfrac{9}{5}C+32$ 的关系.设这天摄氏温度为 x 度,有 $x+53.6=\dfrac{9}{5}x+32$,得 $x=27$.

8. 设自行车每小时行 x 千米,汽车每小时 $(x+a)$ 千米,则 $\dfrac{s}{x+a}=\dfrac{s-d}{x}$,解得 $x=\dfrac{a(s-d)}{d},x+a=\dfrac{as}{d}$.

9. 设 A、B 两地相距 x 米,由图 1-2 根据比例来解.

$$\dfrac{700}{x-700}=\dfrac{x-700+400}{700+x-400},$$

解得 $x=1700$(米).

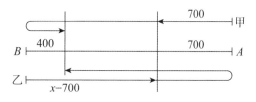

图 1-2

10. 设混合后每千克糖价格为 x 元,共有糖 $\dfrac{2a}{x}$ 千克,则甲种糖单价为 $(x+0.5)$ 元,乙种糖单价为 $(x-0.25)$ 元.那么 $\dfrac{2a}{x}=\dfrac{a}{x+0.5}+\dfrac{a}{x-0.25}$.

解得 $x=1$(元/千克),则甲种糖单价为 1.5 元/千克,乙种糖单价为 0.75 元/千克.

11. 设需浓度 15% 的溶液 x 千克,需水 $(10-x)$ 千克,则有 $\dfrac{5}{100}:\dfrac{15}{100}=x:10$,

解得 $x=3\dfrac{1}{3}$(千克),则水为 $6\dfrac{2}{3}$ 千克.

12. 甲班有挡车工 x 人,锭子有 $800(x+3)$ 个或 $1000(x-4)$ 个.则有 $800(x+3)=1000(x-4)$,解得 $x=32$(人),锭子 28000 个.

浅谈解分式方程中的增根问题

一、前言

在解可以化为一元一次方程的分式方程时,通常第一步要在方程两边都乘以同一个适当的整式(通常取各分母的最低公倍式,请留意不是"整数"),使它们变为一个整式方程,即首先要将分式方程化为整式方程.然后再按以前解整式方程的方法求解.也正因为有了这一特殊的解题步骤,就有可能产生增根.为此,解分式方程后有一必不可少的步骤——验根.

那么,这种增根到底是如何产生的呢?为什么有时会产生,有时又不产生?有办法避免产生增根吗?

为了提高同学们钻研初等数学的兴趣,能对解分式方程了解得更深入,同时为将来进一步学习代数和三角的解方程中判别增根奠定基础,下面我们来浅析解分式方程中的增根问题.

二、解方程时增根是怎么产生的

解方程的法则是根据方程的两条基本性质——方程的同解性而导出的,这两条基本性质是:

(1) 方程的两边都加上(或者减去)同一个数或者同一个整式,所得的方程与原方程是同解方程.

(2) 方程的两边都乘以(或者除以)不等于零的同一个数,所得的方程与原方程是同解方程.

仔细剖析,我们发现,第(2)条基本性质中只提"不等于零的同一个数",却没有像第(1)条一样提到"或者同一个整式",为什么呢?

假如在方程的两边都乘以或者除以了同一个整式,也就可能产生不是同解的方程.我们来看下面的例子.

$$x-3=x+3$$

这个方程两边显然不能相等,也就是说,它不可能有解.假如我们在上式两边都乘以一个整式 $(x-2)$,原方程就变成:

$$(x-2)(x-3)=(x-2)(x+3)$$
$$x^2-5x+6=x^2+x-6$$

$$-6x = -12$$
$$x = 2$$

居然可以得到一个根 $x=2$，这个根到底是不是原方程的根呢？只要将 $x=2$ 代入原方程检验：

左边 $=2-3=-1$ ∵ $-1 \neq 5$，即左边 $\neq$ 右边

右边 $=2+3=5$ 显然 $x=2$ 不是原方程的根.

那么，这个 $x=2$ 的根从哪儿来的呢？仔细检查解题过程，发现是由于我们把方程两边都乘以同一个整式 $(x-2)$ 而产生的. 由此可见，在解方程时，我们不能随意地在方程两边都乘以一个同样的整式，假如乘了一个同样的整式，就不符合方程的同解性，也就可能产生了增根.

三、解方程时会不会失根

细心的同学也许会问，既然有产生"增根"的可能，那么是否也有"失根"的可能呢？答案是肯定的. 只要在求解过程中，把方程两边都除以一个同样的整式，也就有可能失根.

例如：$x-3=2x-6$，很明显. 这个方程有一个根 $x=3$. 假如我们在该方程的两边都除以一个整式 $(x-3)$，那么，$\dfrac{x-3}{x-3}=\dfrac{2x-6}{x-3}$，即 $\dfrac{x-3}{x-3}=\dfrac{2(x-3)}{x-3}$，得 $1=2$.

上述解法使原方程得不到根，那么这个 $x=3$ 的根又"逃"到哪里去了呢？就因为我们在求解过程中，错误地把方程两边都除以同一个整式 $(x-3)$，结果造成"失根".

通过上述两方面的分析，我们可以清楚地看到：在解方程过程中，若在方程两边都乘以或除以同一个整式，很可能产生增根或失根，为此在求解过程中不得不作这样的运算时，必须慎之又慎，千万不能随意作这样的运算！且对最后解出的结果必须予以检验.

四、解分式方程中，为什么会出现增根

以前在解一元一次方程时，我们没有必要把方程两边都乘以或除以同一个整式，哪怕像方程 $\dfrac{x+3}{2}=\dfrac{x-3}{3}$，欲消去分母，也只需在方程两边都乘以一个不等于零的数（最小公倍数 6），就可解出方程，故没有发现会产生增根. 现在我们要解算的是分式方程，而分式方程的特点是其分母中带有未知数，欲进行解算，非得消去分母，化分式方程为整式方程. 为此，必须在方程两边都乘以一个含有未知数的分母的"最低公倍式"，这就不可避免地潜伏着产生增根的可能性，这也就是解分式方程时会产生增根的原因.

五、解分式方程中，为什么有时不会产生增根

在上述剖析产生增根的例子中，在方程 $x-3=x+3$ 的两边都乘以 $(x-2)$，就会产生 $x=2$ 的增根，同样推导得出：假如方程两边都乘以 $(x-3)$. 就可能产生 $x=3$ 的增根；假如乘以 $(x-a)$，那就可能产生 $x=a$ 的增根.

下面我们再来看两个例题.

例 1 $\dfrac{1}{x-2}+3=\dfrac{x-1}{x-2}$

解 在方程两边都乘以$(x-2)$以消去分母,方程变形成

$$1+3(x-2)=x-1, \quad 2x=4, \quad x=2.$$

经检验 $x=2$ 是增根.

例 2 $\dfrac{1}{x-2}+3=\dfrac{x+1}{x-2}$

解 在方程两边都乘以$(x-2)$以消去分母,方程变形成

$$1+3(x-2)=x+1, \quad 2x=6, \quad x=3.$$

经检验 $x=3$ 是原方程的根.

那么,为什么在例 1 中产生 $x=2$ 的增根,而例 2 中却不产生 $x=2$ 的增根呢?

要回答这个问题,不妨来看一看这两道例题的另一种解法.

对于例 1,把方程右边的 $\dfrac{x-1}{x-2}$ 移项到方程左边,使等号右边为零,即 $\dfrac{1}{x-2}+3-\dfrac{x-1}{x-2}=0$,

通分后得

$\dfrac{1+3(x-2)-(x-1)}{x-2}=0$,化简后得

$\dfrac{2x-4}{x-2}=0$,即$\dfrac{2(x-2)}{x-2}=0$.

我们发现原方程的分母$(x-2)$实际上可以和分子上的$(x-2)$约去,原方程将成为一个不相等的式子,即 $2=0$,并没有什么含有未知数的分母.因此,假如在方程的两边都乘以$(x-2)$,将变成

$$(x-2)\cdot\dfrac{2(x-2)}{x-2}=0\cdot(x-2),$$

$$2(x-2)=0, \quad x-2=0, \quad x=2.$$

于是便产生了 $x=2$ 的增根.

可见,对一种在形式上含有未知数的分母,而实际上这个分母可以和原方程里的分子中的因式约去,这样就不存在含有分母的分式方程了.因此,在解方程的第一步若把方程两边都乘以一个分母的最低公倍式,就潜伏着产生增根的可能.

对于例 2,也把方程右边的 $\dfrac{x+1}{x-2}$ 移项到方程左边,

$$\dfrac{1}{x-2}+3-\dfrac{x+1}{x-2}=0,$$

通分后得$\dfrac{1+3(x-2)-(x+1)}{x-2}=0$,

化简后得$\dfrac{2x-6}{x-2}=0$,即$\dfrac{2(x-3)}{x-2}=0$.

这个方程的分母不能和分子里的因式约去,要解这个方程,把方程两边都乘以$(x-2)$时,确实消去了分母,而后乘的$(x-2)$也同时不存在了,即

$$(x-2)\cdot\dfrac{2(x-3)}{x-2}=0\cdot(x-2), \quad 2(x-3)=0, \quad x=3.$$

经检验,$x=3$ 确实是原方程的根,并没有产生增根.

可见,对一些确实含有未知数的分母(即分母中确实存在含未知数的代数式)的分式方程,求解过程中正确地在方程两边都乘以一个分母最低公倍式(且是不等于零的公倍式),这样就不会产生增根或失根.

六、分式方程的两种解法

分式方程的第一种解法是先消去分母,即在方程两边都乘以一个分母最低公倍式,化分式方程为整式方程,然后按整式方程求解法则去运算.

分式方程的第二种解法就是上述两例中的第二种方法:

(1) 先把方程右边各项统统移到左边,使等号右边为零;

(2) 方程左边通分;

(3) 分子化简,能分解因式的,进行因式分解;

(4) 分子、分母若有相同因式的,就按分式的基本性质约去;

(5) 消去分母,成为一个整式方程;

(6) 解该整式方程.

第一种解法的优点是解法较简便,第一步就去掉分母了,这样运算和书写都较方便;缺点是可能产生增根,必须要验根.

第二种解法的优缺点刚好跟第一种相反.

不过第一种解法中的验根还是较简单的,只要把所得的解代入第一步消分母时,在方程两边所乘的分母的最低公倍式里,若该最低公倍式不等于零,这个解就是原方程的根;若等于零,就是增根.因此,我们通常用第一种解法,教材中也往往介绍第一种解法.不过,必须强调的是,用这种解法,一定要验根,作为解分式方程的一个必不可少的解题步骤,这跟以前解一元一次方程的检验,在数学意义与要求上是有所不同的,务必引起足够重视.

解下列方程:

1. $\dfrac{3}{x}+\dfrac{6}{x-1}-\dfrac{x+5}{x(x-1)}=0$.

2. $\dfrac{2}{x+2}+\dfrac{1}{10}=\dfrac{5}{2x+8}$.

3. $\dfrac{1}{3x-6}-\dfrac{1}{6x}=\dfrac{3}{4x-8}-\dfrac{5}{6x^2-12x}$.

4. $\dfrac{2x-1}{x+4}-\dfrac{3x+1}{4-x}=\dfrac{104}{x^2-16}+5$.

1. $x=1$(增根).

2. $x=1$.

3. $x=2$(增根).

4. $x=4$(增根).

速　算

一、前言

在科学技术和日常生活中,都离不开计算,有时用常规的计算方法,往往会花费较长时间,令人厌烦,倘能采用速算(亦称"巧算"),则常令人感到方便省时.

如何正确运用速算,一般需注意下述三点:

1. 重视运算的合理性

同样运算一道习题,若运算途径合理,时间花得少,且运算结果正确;反之,则会事倍功半.因此,在计算前,仔细审视题目,寻求合理运算途径,就显得十分重要.

例如:$213\frac{3}{16}\times 4$

$$=\left(213+\frac{3}{16}\right)\times 4$$

$$=852+\frac{3}{4}$$

$$=852\frac{3}{4}.$$

把上述带分数拆成整数部分与分数部分之和,分别与 4 相乘就较合理.若先把 $213\frac{3}{16}$ 化成假分数,再与 4 相乘,得到一个假分数后,还须化成带分数,就会运算繁复,且易出错.

要合理地进行运算,必须熟悉运算的性质.从上例可见,要寻求一切可能简化计算的机会,通过反复练习,真正掌握"合理性"的真谛.兴许一开始会觉得较难,效果不明显,但只要坚持,逐渐做到运用自如,会受益无穷.

2. 熟练掌握常用的速算方法,锻炼并提高心算能力

欲心算得快且有把握,只有多实践.也就是说,对常用的速算方法,要经常练习,多留神,多实践.

3. 学会验算的方法,养成验算习惯

这一点对初涉速算的同学来说,尤显重要.

二、常用速算方法

1. 应用公式速算

我们已经学过的乘法公式有：

(1) $(a+b)(a-b)=a^2-b^2$

(2) $(a\pm b)^2=a^2\pm 2ab+b^2$

(3) $(a\pm b)^3=a^3\pm 3a^2b+3ab^2\pm b^3$

(4) $(x+a)(x+b)=x^2+(a+b)x+ab$

(5) $a^3\pm b^3=(a\pm b)(a^2\mp ab+b^3)$

下面,我们逐一进行介绍.

(1) 运用 $(a+b)(a-b)=a^2-b^2$ 来计算

例1 计算 52^2-48^2.

解 $52^2-48^2=(52+48)(52-48)=100\times 4=400$.

例2 计算 89×91.

解 因为 $89=90-1,91=90+1$,

故 $89\times 91=(90-1)(90+1)=90^2-1^2=8100-1=8099$.

例3 计算 46×34.

解 这题也可运用平方差公式计算,即把 46 拆成 $(a+b)$,而把 34 拆成 $(a-b)$,问题在于如何确定 a 和 b.考虑到 $(a+b)+(a-b)=2a$,我们可以把 $(46+34)\div 2=40$,这个 40 定为 a,则 $46-40=6$,这个 6 就是公式中的 b 了.

故 $46\times 34=(40+6)(40-6)=40^2-6^2=1600-36=1564$.

(2) 运用 $(a+b)^2=a^2+2ab+b^2$ 来计算一个数的二次幂

① 若在这个两位数中,个位数为 5,则计算其二次幂显得特别方便.设十位数上的数为 a,个位上的数为 5,则这个两位数是 $(10a+5)$,其二次幂为

$$(10a+5)^2=100a^2+2(10a)(5)+5^2$$
$$=100a^2+100a+25$$
$$=100a(a+1)+25$$
$$=a(a+1)\times 100+25.$$

例4 计算 65^2.

解 $65^2=6(6+1)\times 100+25=4225$.

用这一方法,我们可以方便地心算出 35^2、45^2、75^2 的结果.

这个方法也可应用于求一个带分数的二次幂,而它的分数是 $\dfrac{1}{2}$.设这个分数是 $\left(a+\dfrac{1}{2}\right)$,则 $\left(a+\dfrac{1}{2}\right)^2=a(a+1)+\dfrac{1}{4}$.

例5 计算 $\left(6\dfrac{1}{2}\right)^2$.

解 $\left(6\dfrac{1}{2}\right)^2=6(6+1)+\dfrac{1}{4}=42\dfrac{1}{4}$.

由此, 我们可直接说出 $\left(8\dfrac{1}{2}\right)^2$、$\left(10\dfrac{1}{2}\right)^2$、$\left(12\dfrac{1}{2}\right)^2$ 的结果.

② 求一般整数的二次幂的方法

例 6 计算 46^2.

解 $46^2=(40+6)^2=40^2+2\times40\times6+6^2=1600+480+36=2116.$

如用竖式计算, 会更方便.

$$
\begin{array}{rl}
40^2= & 1600\\
2\times40\times6= & 480\\
6^2= & 36 \qquad (+\\
\hline
& 2116
\end{array}
$$

例 7 计算 403^2.

解 $403^2=(400+3)^2=400^2+3^2+2\times400\times3$

$\qquad\qquad =160000+9+2400=162409$

竖式:

$$
\begin{array}{rl}
400^2= & 160000\\
3^2= & 9\\
2\times400\times3= & 2400 \qquad (+\\
\hline
& 162409
\end{array}
$$

例 8 计算 438^2.

解 $438^2=(400+30+8)^2$

$\qquad =400^2+30^2+8^2+2\times30\times8+2\times400\times30+2\times400\times8$

$\qquad =160000+900+64+480+24000+6400$

$\qquad =191844.$

竖式:

$$
\begin{array}{rl}
400^2= & 160000\\
30^2= & 900\\
8^2= & 64\\
2\times30\times8= & 480\\
2\times400\times30= & 24000\\
2\times400\times8= & 6400 \qquad (+\\
\hline
& 191844
\end{array}
$$

(3) 运用 $(a\pm b)^3=a^3\pm3a^2b+3ab^2\pm b^3$ 速算

例 9 计算 103^3.

解 $103^3=(100+3)^3=100^3+3\times100^2\times3+3\times100\times3^2+3^3$

$\qquad =1000000+90000+2700+27$

$\qquad =1092727.$

用此法, 不妨计算一下 99^3 的结果.

(4) 应用 $(x+a)(x+b)=x^2+(a+b)x+ab$ 来速算

① 若两个二位数相乘, 它们十位上的数相同, 而它们个位上的数之和为 10, 即设十位上的数

为 p,个位上的数分别为 a 和 b,且 $a+b=10$,故这两个二位数分别为 $(10p+a)$ 和 $(10p+b)$,则

$$(10p+a)(10p+b)=100p^2+(a+b)\times10p+ab$$
$$=100p^2+100p+ab$$
$$=p(p+1)\times100+ab.$$

例 10　计算 34×36.

解　$34\times36=3(3+1)100+4\times6=1224$.

由此,我们可直接算出 57×53、68×62 的积.

② 如果两个二位数相乘,它们的十位数相同,而个位数不相同,则可利用相同字母的一次

二项式的简便算法,例如 $(2x+3)(4x-5)=8x^2+2x-15$.

例 11　计算 21×22.

解　$21\times22=(20+1)(20+2)=400+60+2=462$.

③ 如果两个二位数相乘,它们十位上和个位上的数都不相同,则可利用十字相乘法来速算.

例 12　计算 36×75.

解　36×75

$\quad=(30+6)(70+5)$

$\quad=2100+30+570$

$\quad=2700$.

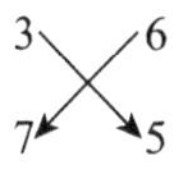

$(420+150)$

图 3 - 1

(5) 应用 $a^3\pm b^3=(a\pm b)(a^2\mp ab+b^2)$ 来速算

例 13　计算 $55^3\times45^3$.

解　$55^3+45^3=(55+45)(55^2-55\times45+45^2)$

$\quad\quad\quad\quad\quad=100\times[55(55-45)+2025]$

$\quad\quad\quad\quad\quad=100\times2575$

$\quad\quad\quad\quad\quad=257500$.

由此,我们不妨计算一下 55^3-45^3.

(6) 速算的应用

例 14　若 $a=\dfrac{17}{18}$,$b=\dfrac{1}{18}$,$c=\dfrac{1}{9}$,求 a^3-ab^2+ac 之值.

解　当 $a=\dfrac{17}{18}$,$b=\dfrac{1}{18}$,$c=\dfrac{1}{9}$ 时,

$$a^3-ab^2+ac=a(a^2-b^2+c)$$
$$=\frac{17}{18}\times\left[\left(\frac{17}{18}\right)^2-\left(\frac{1}{18}\right)^2+\frac{1}{9}\right]$$
$$=\frac{17}{18}\times\left[\left(\frac{17}{18}+\frac{1}{18}\right)\left(\frac{17}{18}-\frac{1}{18}\right)+\frac{1}{9}\right]$$
$$=\frac{17}{18}\times\left[\frac{8}{9}+\frac{1}{9}\right]$$
$$=\frac{17}{18}.$$

2. 以 5、25、125 为乘数或除数的速算

（1）当 a 为任意有理数时，$a \times 5 = a \times 10 \div 2$

例 15 计算 86×5.

解 $86 \times 5 = 86 \times 10 \div 2 = 4300$.

（2）当 a 为任意有理数时，$a \times 25 = a \times 100 \div 4$.

例 16 计算 86×25.

解 $86 \times 25 = 86 \times 100 \div 4 = 2150$.

（3）当 a 为任意有理数时，$a \times 125 = a \times 1000 \div 8$.

例 17 计算 86×125.

解 $86 \times 125 = 86 \times 1000 \div 8 = 10750$.

同理，$a \div 5 = a \div 10 \times 2$，$a \div 25 = a \div 100 \times 4$，$a \div 125 = a \div 1000 \times 8$. 我们也找到了速算的途径.

1. 口算下列各数的平方数

25^2，85^2，55^2，105^2，$\left(8\frac{1}{2}\right)^2$，$\left(6\frac{1}{2}\right)^2$，$\left(9\frac{1}{2}\right)^2$，

$\left(11\frac{1}{2}\right)^2$，$\left(13\frac{1}{2}\right)^2$.

2. 速算下列各题

（1）42×38. 　　　（6）58×62. 　　　（11）$82^3 + 18^3$.

（2）$573^2 - 73^2$. 　　（7）72×68. 　　　（12）63×67.

（3）121×79. 　　　（8）96×84. 　　　（13）72×78.

（4）$4\frac{1}{6} \times 3\frac{5}{6}$. 　　（9）$101^3$. 　　　　（14）$2650 \div 25$.

（5）199×201. 　　　（10）46×43. 　　　（15）1077×5.

3. 求下列各数的二次幂

$37, 42, 28, 35, 57, 307, 712, 92, 234$.

1. 625，7225，3025，11025，$72\frac{1}{4}$，$42\frac{1}{4}$，$90\frac{1}{4}$，$132\frac{1}{4}$，

$182\frac{1}{4}$.

2. （1）1596，（2）323000，（3）9559，（4）$15\frac{35}{36}$，（5）39999，（6）3596，（7）4896，（8）8064，

（9）1030301，（10）1978，（11）557200，（12）4221，（13）5616，（14）106，（15）5385.

3. $1369, 1764, 784, 1225, 3249, 94249, 506944, 8464, 54756$.

列方程组解应用题

一、导言

在《列一元一次方程解应用题》一讲中,我们所讨论的问题都是只用一个字母来表示未知数,并且未知数的次数都是一次的.因此,列出的方程都是一元一次方程.但不少应用题中涉及的未知数并不只是一个,若只限用一元方程来解,常常会使列方程都碰到困难.若采用两个或两个以上未知数来列出方程,则会使问题的解变得很方便.这样就产生了求解几个一元一次方程组的问题,也就是今天要讨论的问题——怎样列一元一次方程组解应用题.

二、例题剖析

例1 设甲从 A 地出发到 B 地,同时乙从 B 地出发到 A 地,第一次在途中相遇地点距 A 地 700 米,两人到达目的地后立即折回,第二次在途中相遇的地点距 B 地 400 米,求 A、B 两地的距离.(参见《列一元一次方程解应用题》讲中[想想练练]习题9)

分析 本题在《列一元一次方程解应用题》一讲中出现时,是作为一道一元一次方程的习题.由于题目只要求求出一个数值——A、B 两地间的距离.列方程的依据就是甲、乙两人同时从异地出发相向运动,在相遇时尽管走过的路程不等,但所花时间是相等的.用一元一次列方程颇费时间,要转个弯.其实,在求解物体做匀速运动的问题中,时间和距离间的关系往往离不开两人的速度,若能用速度作辅助元,使问题的解决变得更方便,方程的物理意义也更清晰.

解 设:甲速度为 v_a,乙速度为 v_b,A、B 两地距离为 x 米.根据题意可方便地列出下述甲、乙两人运动时间相等的方程组.

$$\begin{cases} \dfrac{700}{v_a} = \dfrac{x-700}{v_b} & ① \\[2mm] \dfrac{x+400}{v_a} = \dfrac{2x-400}{v_b} & ② \end{cases}$$

①÷②得 $\dfrac{700}{x+400} = \dfrac{x-700}{2x-400}$,

解之得 $x = 1700$(米).

答:A、B 两地间的距离为 1700 米.

例2 两个伐木队在一月份采伐了 900 立方米木材,二月份比一月份第一队多采伐了

15%,第二队多采伐了 12%,因而两队在二月份一共采伐了 1020 立方米木材,问在二月份每队多采伐了多少立方米木材.

分析 若能知道一月份两队分别采伐多少立方米木材,则二月份各队的采伐量也就很容易求得.因此,我们可根据一月份及二月份的采伐数分别列出两个方程.若直接对题问的二月份每队采伐数设未知数,则一月份各队采伐量的表达式要分别除以一个百分数,似乎运算复杂了一些.

解 设:一月份甲队采伐了 x 立方米木材,乙队采伐了 y 立方米木材;则二月份甲队采伐了 $(1+15\%)x$ 立方米,而乙队采伐了 $(1+12\%)y$ 立方米.按题意,列出下列方程组

$$\begin{cases} x+y=900 \\ (1+15\%)x+(1+12\%)y=1020 \end{cases}$$

解之得 $x=400$(立方米),$y=500$(立方米).

故 $(1+15\%)x=460$(立方米),$(1+12\%)y=560$(立方米).

答:二月份第一队采伐了 460 立方米木材,第二队采伐了 560 立方米木材.(其实,设二元方程组,还分别算出了一月份的产值,应用价值更大了)

例 3 甲、乙、丙三个数的和是 100,甲数除以乙数或者丙数除以甲数,都得到不完全商 5 余 1,求这三个数.

解 设:甲数为 x,乙数为 y,丙数为 z.根据题目的三句话(三层意思)可列出下述三个方程.

$$\begin{cases} x+y+z=100 \\ (x-1)\div y=5 \\ (z-1)\div x=5 \end{cases}$$

可将方程组作适当化简

$$\begin{cases} x+y+z=100 & ① \\ x=5y+1 & ② \\ z=5x+1 & ③ \end{cases}$$

解之得 $x=16$,$y=3$,$z=81$.

答:甲数为 16,乙数为 3,丙数为 81.

例 4 水池有甲、乙、丙三根进水管,甲、乙同时开放 1 小时 12 分钟可注满水池;乙、丙同时开放 2 小时可以注满水池;甲、丙同时开放 1 小时 30 分钟可注满水池.如果三根进水管单独开放,各需要多少小时才能注满水池.

分析 这是一道关于工作量、工作效率和工作时间关系的应用题;且三个条件体现一种对称关系,方程并不难列,但解题需要一些技巧.

解 设:甲水管单独开放需 x 小时可注满水池,每小时可放水 $\dfrac{1}{x}$;乙水管单独开放需 y 小时可注满水池,每小时可放水 $\dfrac{1}{y}$;丙水管单独开放需 z 小时可注满水池,每小时可放水 $\dfrac{1}{z}$,按题意列出方程如下:

$$\begin{cases} \dfrac{1\frac{1}{5}}{x}+\dfrac{1\frac{1}{5}}{y}=1, \\ \dfrac{2}{y}+\dfrac{2}{z}=1, \\ \dfrac{1\frac{1}{2}}{x}+\dfrac{1\frac{1}{2}}{z}=1, \end{cases} \text{变形为} \begin{cases} \dfrac{1}{x}+\dfrac{1}{y}=\dfrac{5}{6}, \\ \dfrac{1}{y}+\dfrac{1}{z}=\dfrac{1}{2}, \\ \dfrac{1}{x}+\dfrac{1}{z}=\dfrac{2}{3}, \end{cases} \text{若令} \begin{cases} \dfrac{1}{x}=a, \\ \dfrac{1}{y}=b, \\ \dfrac{1}{z}=c, \end{cases} \text{则方程组为} \begin{cases} a+b=\dfrac{5}{6} & ① \\ b+c=\dfrac{1}{2} & ② \\ a+c=\dfrac{2}{3} & ③ \end{cases}$$

$\dfrac{1}{2}(①+②+③)$ 得　　　　　　　　$a+b+c=1$ 　　　　　　　　　　④

④$-$① 　得　$c=\dfrac{1}{6}$，即 $\dfrac{1}{z}=\dfrac{1}{6}$，$z=6$；

④$-$② 　得　$a=\dfrac{1}{2}$，即 $\dfrac{1}{x}=\dfrac{1}{2}$，$x=2$；

④$-$③ 　得　$b=\dfrac{1}{3}$，即 $\dfrac{1}{y}=\dfrac{1}{3}$，$y=3$.

答：甲水管单独开放需 2 小时可以注满水池；乙水管单独开放需 3 小时可以注满水池；丙水管单独开放需 6 小时可以注满水池.

从上述四题的求解过程发现：列方程组时还需考虑到解题的方便，解方程组应采取灵活变通的技法，切忌呆板地"死解".

例 5　甲数的 3 倍与乙数的和为 12，而甲数又等于从 5 减去乙数的 $\dfrac{1}{3}$，求这两个数.

解　设：甲数为 x，乙数为 y，则按题意列方程组

$$\begin{cases} 3x+y=12 & ① \\ x=5-\dfrac{y}{3} & ② \end{cases}$$

②$\times 3$ 并整理后得 $3x+y=15$，这跟①式显然是矛盾的，因此本题无解.

讨论　不能以为按题意能列出方程组的必有解.

例 6　有一个两位数，它的个位数字比十位数字大 3，若将该数加上 27，那么所得的数和原两位数只有数的排列不同，求这个两位数.

解　设这个两位数的十位数字为 x，个位数字为 y，该数为 $10x+y$.按题意列出方程组

$$\begin{cases} y=x+3 & ① \\ (10x+y)+27=10y+x & ② \end{cases}$$

①代入②　　　　　　　　$11x+30=11x+30$

可见，这是一个恒等式，即在原方程中，不论 x 和 y 为任何数，这个等式总是成立的.

讨论　如果上述问题，仅看作是解一个方程或方程组，那么 x 和 y 可以等于任何数.因此该题的解就有无穷多个(组).但上述问题是一道涉及一个两位数的应用题，根据题目条件，十位数字只能是从 1 到 6 这六个数字，相应的个位数字只能是从 4 到 9 的六个数字(因为个位数字比十位数字大 3)；而十位数字又不能为零.因此，这个两位数可以是 14,25,36,47,58 和 69，加上 27 后新的两位数分别为 41,52,63,74,85 和 96.可见，本题还是属于有限组解.

例 7 甲、乙、丙三人各分得铅笔若干支.甲、乙共得铅笔 a 支;乙、丙共得铅笔 b 支;甲、丙共得铅笔 c 支,问甲、乙、丙所得铅笔各几支.

解 设:甲得铅笔 x 支;乙得铅笔 y 支;丙得铅笔 z 支,按题意列出方程得

$$\begin{cases} x+y=a & \text{①} \\ y+z=b & \text{②} \\ z+x=c & \text{③} \end{cases}$$

(①+②+③)÷2 得 $\qquad x+y+z=\dfrac{1}{2}(a+b+c) \qquad$ ④

④-②得 $x=\dfrac{1}{2}(a-b+c)$;④-③得 $y=\dfrac{1}{2}(a+b-c)$;④-①得 $z=\dfrac{1}{2}(-a+b+c)$.

经检验无误.

答:甲得铅笔 $\dfrac{1}{2}(a-b+c)$ 支;乙得铅笔 $\dfrac{1}{2}(a+b-c)$ 支;丙得铅笔 $\dfrac{1}{2}(-a+b+c)$ 支.

讨论 a、b、c 都为正整数(铅笔支数);且 $a+c>b$,$a+b>c$,$b+c>a$,否则 x、y、z 中就有小于或等于零的可能.另外,由于甲、乙、丙所得铅笔支数(即 x、y、z 的值)必为自然数,因此 a、b、c 三个数可能都是正偶数(因偶数的和或差仍为偶数);或者可能两个奇数一个偶数(因奇数的和或差为偶数),这样方才能令 $(a-b+c)$、$(a+b-c)$ 和 $(-a+b+c)$ 为偶数.

想想练练 •知识巩固•

1. 甲、乙、丙三数之和为 190,甲加乙、丙和之半得 120,乙加甲、丙和之五分之一得 90,求这三个数.

2. 有两个三位正整数,其和为 999,若将大数放在小数之前面放一小数点于其间,又将小数放在大数前面放一小数点于其间,则前者为后者的 6 倍,求这两个数.

3. 某个三位数在 400 与 500 之间,各位上数字之和为 9,若将个位数字与百位数字互易后所成之新数为原数的 $\dfrac{36}{47}$,求原数.

4. 沿河有甲、乙两村相距 24 千米,某人从甲村出发去乙村,步行至半途乘舟逆流而上,经 7 小时抵达乙村.归时仍步行与乘舟各半路程,但步行之速为先前的 $\dfrac{3}{4}$,舟行之速为先前的 2 倍,经 6 小时抵达甲村.求该人原先步行与舟行之时速.

5. 一人逆水游泳到三号桥时,随身携带的水壶被水冲走,再往前游了 20 分钟,方才发觉水壶失落,立即折回,游至二号桥时追获失壶,已知两桥相距 2 千米,求水流时速.

6. 父母年龄之和为子女年龄之和的 6 倍;2 年前父母年龄之和为子女年龄之和的 10 倍;6 年后父母年龄之和为子女年龄之和的 3 倍,则共有子女多少人?

7. 甲、乙两人绕长为 c 米之圆周而行.若两人在同时同地相背而行,则绕 4 分钟后相遇,若两人在同时同地同向而行,则绕 8 分钟后又相遇,求两人每分钟的步行速率(已知甲速大于乙速).

8. 甲、乙两地相距 25 千米,某人骑自行车往返其间.往时需 4 小时 24 分钟,返时需 4 小时

36 分钟.若自行车之速度平地上每小时 $6\frac{1}{4}$ 千米,上坡速度每小时 $3\frac{3}{4}$ 千米,下坡时速 $7\frac{1}{2}$ 千米,则从甲地至乙地有平地、上坡路及下坡路各几千米?

9. 甲、丙两车同时自 A 站出发 10 分钟后,乙车从 A 站出发追甲,追及后即折回,于归途 5 千米处遇丙车.已知甲车时速 24 千米,乙车时速为丙车之 2 倍,求乙车之时速.

10. 甲、乙两人同时加工一批零件,展开劳动竞赛.在前 3 小时内两人共加工 126 件,后 5 小时内,甲花 1 小时改进工具,因此以后每小时比以前每小时多加工 10 件,并且在后一段时间内甲加工件数比乙多 10 件,问两人原先每小时加工零件数.

11. 两人以匀速绕 300 米圆形跑道跑步.若同向而行,每 1 分钟相遇一次;若反向而行.每 10 秒相遇一次.设甲速较大,求甲、乙速度.

12. 有一个三位数,其个位数字为 4,若将 4 移作百位上,原百位、十位上的数字右移一位,则所成立新数为原数之 $\frac{4}{3}$,求原数之百位及十位数字.

●想想练练●
解题参考

1. 设:甲数为 x,乙数为 y,丙数为 z,则
$$\begin{cases} x+y+z=190, \\ x+\dfrac{y+z}{2}=120, \\ y+\dfrac{x+z}{5}=90. \end{cases} \quad 解之得 \begin{cases} x=50, \\ y=65, \\ z=75. \end{cases}$$

2. 设:大数为 x,小数为 y,列出方程
$$\begin{cases} x+y=999, \\ x+\dfrac{y}{1000}=6\left(y+\dfrac{x}{1000}\right). \end{cases} \quad 解之得 \begin{cases} x=857, \\ y=142. \end{cases}$$

3. 设:十位上数字为 x,个位上数字为 y,则该数为 $(4+10x+y)$.

则 $$\begin{cases} 4+x+y=9, \\ 100y+10x+4=\dfrac{36}{47}(400+10x+y). \end{cases} \quad 解之得 \begin{cases} x=2, \\ y=3, \end{cases} 即原数为 423.$$

4. 设:步行时速为 x 千米,原逆流舟行时速为 y 千米,则

$$\begin{cases} \dfrac{12}{x}+\dfrac{12}{y}=7, \\ \dfrac{12}{\frac{3}{4}x}+\dfrac{12}{2y}=6. \end{cases} \quad 令 \dfrac{1}{x}=u,\dfrac{1}{y}=v. 方程组变形为 \begin{cases} 12u+12v=7, \\ 16u+6v=6. \end{cases}$$

解得 $u=\dfrac{1}{4}$,即 $\dfrac{1}{x}=\dfrac{1}{4}$,故 $x=4. v=\dfrac{1}{3}$,即 $\dfrac{1}{y}=\dfrac{1}{3}$,故 $y=3$.

5. 设:人游泳时速为 x 千米,水流时速为 y 千米.由于失水壶后,水壶漂走的时间与人追获水壶游泳的时间相同,则 $\dfrac{1}{3}+\dfrac{2+\frac{1}{3}(x-y)}{x+y}=\dfrac{2}{y}$.(见图 4-1),解之得 $2x(3-y)=0$,则 $y=3$ 千米/时.

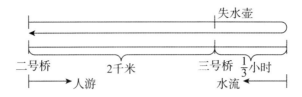

图 4 - 1

6. 设:有子女 x 人,现子女年龄之和为 y 岁,现父母年龄之和为 z 岁.

则 $\begin{cases} z=6y, \\ z-2\times 2=10(y-2x), \\ z+6\times 2=3(y+6x). \end{cases}$ 解之得 $\begin{cases} x=3, \\ y=14, \\ z=84. \end{cases}$

7. 设:甲每分钟步行 x 米,乙每分钟步行 y 米,则

$\begin{cases} 4(x+y)=c, \\ 8(x-y)=c. \end{cases}$ 解之得 $\begin{cases} x=\dfrac{3}{16}c, \\ y=\dfrac{1}{16}c. \end{cases}$

8. 设:从甲地到乙地间平地为 x 千米,往时上坡为 y 千米,下坡为 z 千米;返时上坡为 z 千米,下坡为 y 千米.则按题意(见图 4 - 2)列出方程组为

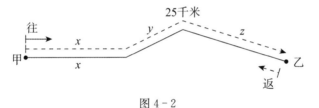

图 4 - 2

$\begin{cases} x+y+z=25, \\ \dfrac{x}{6\frac{1}{4}}+\dfrac{y}{3\frac{3}{4}}+\dfrac{z}{7\frac{1}{2}}=4.4, \\ \dfrac{x}{6\frac{1}{4}}+\dfrac{y}{7\frac{1}{2}}+\dfrac{z}{3\frac{3}{4}}=4.6. \end{cases}$ 解之得 $\begin{cases} x=12.5, \\ y=5.5, \\ z=7. \end{cases}$

9. 设:丙车时速为 x 千米,乙车时速为 $2x$ 千米;乙车追上甲车用了 t 小时,可列出方程组

图 4 - 3

$\begin{cases} 2xt=24\left(\dfrac{1}{6}+t\right) & \text{①} \\ \left[\dfrac{5}{2x}+\left(\dfrac{1}{6}+t\right)\right]x=2xt-5 & \text{②} \end{cases}$

其中方程①表示乙追上甲时,甲距＝乙距.方程②表示乙遇丙时,丙走的距离＝乙距出发点的距离.

由①得 $\qquad xt=2+12t,$ ③

由②得 $\qquad xt=\dfrac{15}{2}+\dfrac{x}{6},$ ④

③代入④解得 $\qquad t=\dfrac{x}{72}+\dfrac{33}{72}.$ ⑤

⑤代入③ $(x-12)\left(\dfrac{x}{72}+\dfrac{33}{72}\right)=2,$ 即 $x^2+21x-540=0.$

解得 $(x+36)(x-15)=0.x_1=-36$(舍去), $x_2=15$(保留).

则 $2x=30.$即乙车时速为 30 千米.

10. 设:原来甲每小时加工零件 x 件,乙每小时加工 y 件,则

$$\begin{cases} 3(x+y)=126 & ① \\ (5-1)(x+10)=5y+10 & ② \end{cases}$$

整理后得

$$\begin{cases} x+y=42 & ③ \\ 4x-5y=-30 & ④ \end{cases}$$

③×5＋④得 $9x=180,x=20.$则 $y=22.$

11. 设:甲速每秒 x 米,乙速每秒 y 米,按题意 $x>y$,则

$$\begin{cases} 60(x-y)=300, \\ 10(x+y)=300. \end{cases} \text{解之得} \begin{cases} x=17.5, \\ y=12.5. \end{cases}$$

12. 设:原数的百位数字为 x,十位数字为 y,原数为 $(100x+10y+4).$按题意列方程

$\dfrac{4}{3}(100x+10y+4)=400+10x+y.$

经整理得 $10x+y=32,$则必有 $x=3,y=2.$

或者设:原数百位和十位数字组合为 x,此三位数为 $(10x+4),$则 $\dfrac{4}{3}(10x+4)=400+x,$

得 $x=32,$即百位数字为 3,十位数字为 2.

数的整除和分离系数法

一、数的整除

1. 整除、倍数和约数

如果比较大的自然数 a 被比较小的自然数 b 除,所得的商是自然数而余数为零,那么就称 a 被 b 整除.

用等式表示为 $a=bq+r$,当 $r=0$ 时,$a=bq$.

在这种情况下,数 a 叫作数 b 的**倍数**,而数 b 叫作数 a 的**约数**.

例如 15 能被 3 整除,15 是 3 的倍数,3 是 15 的约数.

值得指出的是:

(1) 数 a 能被数 b 整除,或数 a 是数 b 的倍数,或数 b 是数 a 的约数,这三者(三种表达)都是同一意义.

(2) 等式 $bq=a$,表示数 b 也叫作数 a 的**因数**,诸如上例中 3 也可叫作 15 的因数.

(3) 倍数和约数是在除法运算中,而且在整除条件下定义的;而因数是在乘法运算中定义的.

2. 倍数特征的基础定理

(1) 积的整除性

如果积里的某一因数能被另一个数整除,那么,这个积也能被这个数整除.或者说,一个数的倍数的倍数也是这个数的倍数.

已知 $N=aq_1$,$a=bq_2$,故 $N=aq_1=bq_1q_2$,由此得 $N\div b=q_1q_2$,即积 N 里的因数 a 能被数 b 整除,那么 N 也能被 b 整除.(例略)

(2) 和与差的整除性

① 如果每个加数都能被同一个数整除,那么,它们的和也能被这个数整除.

已知 $a_1+a_2+\cdots+a_n=S$,而且 $a_1,a_2,\cdots,a_n$ 都能被数 b 整除,则 $S=a_1+a_2+\cdots+a_n=bq_1+bq_2+\cdots+bq_n=b(q_1+q_2+\cdots+q_n)$.由此得 $S\div b=q_1+q_2+\cdots+q_n$.可见,$S$ 能被 b 整除.

例如 $2+4+6+8=20$ 中,每个加数都能被 2 整除,则这四个加数之和 20 也能被 2 整除.

② 如果被减数和减数都能被一个数整除,那么它们的差也能被这个数整除.

已知 $a-b=c$，而且 a、b 都能被 d 整除，即 $a=dq_1$，$b=dq_2$，故 $c=a-b=dq_1-dq_2=d(q_1-q_2)$，由此得 $c\div d=q_1-q_2$。可见，c 也能被 d 整除。

例如 $10=16-6$，16 与 6 都能被 2 整除，则其差 10 也能被 2 整除。

推论：

(a) 如果两个加数的和与其中的一个加数能被某数整除，那么另一个加数也能被这个数整除。

(b) 如果两个数的差及其中的一个数能被某数整除，那么另一个数也能被这个数整除。

(c) 如果几个数之和里有一个加数不能被某数整除，尽管其他加数都能被该数整除，那么这些加数之和也不能被该数整除。

3. 数的整除性的特征

(1) 能被 2 及 5 整除的数的特征

① 2 能整除并且只能整除末位是偶数的数（包括末尾是 0 的数）。

例如 350，它是 35 个 10 的和，而 10 能被 2 整除，所以 35 个 10 的和也能被 2 整除。

又例如末位是非零的偶数 358，因为 $358=350+8=35\times10+8$，由于第一个加数由 10 的倍数组成，能被 2 整除，第二个加数 8 也能被 2 整除，故 358 也能被 2 整除。

② 5 能整除并且只能整除末位是 0 或 5 的数。（例略）

③ 能被 2 及 5 整除的数的特征：

被除数 $A=a_n\cdot10^n+a_{n-1}\cdot10^{n-1}+\cdots+a_1\cdot10+a_0=(a_n\cdot10^n+a_{n-1}\cdot10^{n-1}+\cdots+a_1\cdot10)+a_0$，因为第一个加数由 10 的倍数组成，它是能被 2 及 5 整除的，为了整个数 A 能被 2（或 5）整除，必须而且充分地要第二个加数 a_0 能被 2（或 5）整除，亦即被除数中最末一个数要能被 2（或 5）整除。

(2) 能被 4 及 25 整除的数的特征

① 4 能整除并且只能整除末尾两位数能被 4 整除的数（包括末尾带有两个零的数）。例如 160，235732，500 等均能被 4 整除。

② 25 能整除并且只能整除末尾两位数能被 25 整除的数（包括末尾带有两个零的数），即末尾两位数字是 00，25，50 或 75 的数。例如，100，375，425，850，900，709000 等均能被 25 整除。

③ 能被 4 及 25 整除的数的特征：

$$被除数\ A=a_n\cdot10^n+a_{n-1}\cdot10^{n-1}+\cdots+a_2\cdot10^2+a_1\cdot10+a_0$$
$$=(a_n\cdot10^n+a_{n-1}\cdot10^{n-1}+\cdots+a_2\cdot10^2)+(a_1\cdot10+a_0),$$

因为第一个加数是 100 倍数的和，它的每一个加数都是 4 及 25 的倍数，也即都能被 4 以及 25 整除；为了整个数 A 能被 4 及 25 整除，则必须而且充分地要第二个加数 $(a_1\cdot10+a_0)$ 能被 4 及 25 整除，亦即被除数中末尾两位数字所表示的数能被 4 及 25 整除。

(3) 能被 8 及 125 整除的数的特征

能被 8 及 125 整除的数其末尾三位数是能被 8 及 125 整除的数（包括末尾带有三个零的数）。（举例及特征略）

(4) 能被 3 及 9 整除的数的特征

① 3 能整除并且只能整除各个数位上的数之和能被 3 整除的数。例如 144，372，390，

801 等.

② 9 能整除并且只能整除各个数位上的数之和能被 9 整除的数.

例如 2457 各个数位上的数的和是 18,而 18 能被 3 及 9 整除,所以 2457 能被 3 及 9 整除.

$$2457=2000+400+50+7$$
$$=2\times1000+4\times100+5\times10+7$$
$$=2\times(999+1)+4\times(99+1)+5\times(9+1)+7$$
$$=(2\times999+4\times99+5\times9)+(2+4+5+7)$$
$$=(2\times111\times9+4\times11\times9+5\times9)+(2+4+5+7)$$

可见,第一个加数是一个和,其每一加数都是 3 及 9 的倍数,故 2457 对 3 及 9 的整除性决定于第二个加数(2+4+5+7),其和为 18,确是 3 及 9 的倍数.因此,2457 能被 3 及 9 整除.

③ 被除数 $A=a_n\cdot10^n+a_{n-1}\cdot10^{n-1}+\cdots+a_2\cdot10^2+a_1\cdot10+a_0$
$$=a_n(9N+1)+a_{n-1}(9N+1)+\cdots+a_2(9\times11+1)+a_1(9\times1+1)+a_0$$
$$=(9Na_n+9Na_{n-1}+\cdots+9\times11\times a_2+9\times1\times a_1)+(a_n+a_{n-1}+\cdots+a_2+a_1+a_0)$$

由于第一个加数是若干项之和.其每一项都是 3 及 9 的倍数;为使整个数 A 能被 3 及 9 整除,则必须且充分地要第二个加数能被 3 及 9 整除,亦即数 A 的各个数位上的数之和能被 3 或 9 整除.

(5) 能被 7、11 及 13 整除的数的特征

把给予的数的末尾三位数字所表示的数,被从给予的数所余各位数字所表示的数相减,所得的差等于零或能被 7(或 11,或 13)整除,那么所给予的这个数就能被 7(或 11,或 13)整除.

例如 377234,用 377 减去其末尾三位数字所表示的 234,得 143,由于 143 能被 11 与 13 整除,故 377234 亦能被 11 及 13 整除.

又如 1377236,用 1377−236=1141,1141 能被 7 整除,故 1377236 亦能被 7 整除.

(6) 能被 6、10、12、15 等数整除的数的特征

如果一个数能被两个互质的数整除,那么,这个数必定能被该两数之积整除.

设 a、b 为互质数.N 是 a 的倍数,又是 b 的倍数,所以 $N=aq_1$,那么 q_1 也必定是 b 的倍数,即 $q_1=bq_2$,故 $N=aq_1=a\cdot b\cdot q_2=(a\cdot b)\cdot q_2$,可见,$N$ 是 $(a\cdot b)$ 的倍数,亦即 N 能被 $(a\cdot b)$ 整除.

例如 6=2×3,10=2×5,12=3×4,15=3×5 都可以拆成两个互质的数的积,欲使某数能被 6,10,12 或 15 整除,那么,必定要使该数能整除这几个数所分解而得的每个质因数.

(7) 关于数的整除性的一般特征

例如 5221 能否被 23 整除.

从 23 除 10 的各次幂所得的余数来分析:

$10^0=23\times0+1,10^1=23\times0+10,10^2=23\times4+8,10^3=23\times43+11,10^4=23\times434+18\cdots$

$5221=5\times10^3+2\times10^2+2\times10^1+1\times10^0$
$$=5\times(23\times43+11)+2\times(23\times4+8)+2\times(23\times0+10)+1\times(23\times0+1)$$
$$=(5\times23\times43+2\times23\times4+0+0)+(5\times11+2\times8+2\times10+1\times1)$$

$$=23\times(5\times43+2\times4)+(55+16+20+1)$$

由于上述式子是两个加数之和,第一个加数是 23 的倍数;而第二个加数 92 也是 23 的倍数,故可断定 5221 是 23 的倍数.我们仔细寻找上述分析过程中的一些规律,可发现:由于 5221 各位上的数字分别是 5、2、2、1,它们与除数 23 所对应的 10 的幂的余数分别是 11、8、10、1 的积的和是 $5\times11+2\times8+2\times10+1\times1=92$,而 $92\div23=4$,故可从所得和能被 23 整除,可断定 5221 也能被 23 整除.

●知识巩固●

想想练练

1. 下列各数哪些是 2 或 4 的倍数?

197,310,496,568,601,2774,123456.

2. 不进行加、减运算,指出下列各式的和、差,哪些是能被 2、被 3 或被 5 整除的?

120＋225,147＋210,450－160.

3. 写出一个能被 5 整除也能被 9 整除的三位数.

4. 把下列各数里的□换成什么数字后,(1)哪个数能被 9 整除;(2)哪个数能被 3 整除但不能被 9 整除.

15□, 9□64, 2□308.

5. 求证任意三个连续自然数的积必能被 3 整除.

6. 有 245 名学生报名参加公益劳动,能不能把他们分成人数相等的 9 个小组?

7. 73425 能不能被 11 整除? 能不能用两种方法来予以判别?

8. 63 和 105 的最小约数、最大约数、最小倍数是什么? 其全部约数是什么? 它们的公约数和最大公约数是什么?

9. 几个数互为质数时,它们的最大公约数有没有? 如果有是什么数? 最小公倍数是什么?

10. 甲、乙两数,甲数是乙数的倍数时,它们的最大公约数是什么? 最小公倍数是什么?

11. 求 25、60 和 80 的最大公约数和最小公倍数.

12. 某校初一学生在暑期里组织若干宣传组(至少每组 2 人)进行保护生态的宣传活动.有 48 位男同学、32 位女同学参加.分组时各组男同学人数相等,女同学人数也相等,问有几种方法,最多能分成几组.

13. 某食品公司给三个食堂送鸡蛋,每处所送鸡蛋数目都相同.送到第一食堂的每篮 150 只,送到第二食堂的每篮 100 只,送到第三食堂的每篮 50 只.问送到各食堂的鸡蛋至少多少只;各送了多少篮.

14. 把 1.35 米长、1.05 米宽的长方形铁皮,剪成同样大小的正方形片,但不能有剩下铁皮,问可剪成最大的正方形块的每边多长;可剪多少片.

●想想练练●

解题参考

1. 310,496,568,2774 和 123456 是 2 的倍数;

496,568 和 123456 是 4 的倍数.

2. 能被 2 整除:450－160;

能被 3 整除:120＋225,147＋210;

能被 5 整除：$120+225,450-160$.

3. $315,450$ 等.

4. (1) 能被 9 整除：$15\boxed{3},9\boxed{8}64,2\boxed{5}308$；

(2) 能被 3 整除，而不能被 9 整除：$15\boxed{0},9\boxed{2}64,2\boxed{2}308$.

5. 证明略.

6. 因为 245 不能被 9 整除，故不能把 245 名学生分成人数相等的 9 个小组.

7.（方法一）把 73425 拆成 $M=425,N=73,M-N=425-73=352$，由于 352 能被 11 整除，故断定 73425 能被 11 整除.

（方法二）73425 奇数位上的数字之和 $5+4+7=16$；偶数位上的数字之和 $2+3=5$，两者之差 $16-5=11$，是 11 的倍数，故断定 73425 能被 11 整除.

8. 63 的最小约数是 1，最大约数是 63，最小倍数是 63；

105 的最小约数是 1，最大约数是 105，最小倍数是 105.

63 的全部约数是：$1,3,7,9,21,63$；

105 的全部约数是：$1,3,5,7,15,21,35,105$.

63 与 105 的公约数是：$1,3,7,21$；最大公约数是：21.

9. 几个互为质数，它们的最大公约数是 1，最小公倍数是它们的积.

10. 它们的最大公约数是乙数，最小公倍数是甲数.

11. 25、60 和 80 的最大公约数是 5，最小公倍数是 1200.

12. 因为 48 与 32 的公约数为 2、4、8、16（1 除外），故有四种分法，最多能分成 16 组.

13. 因为 150、100、50 的最小公倍数为 300，故送到每个食堂至少 300 只；第一食堂 2 篮；第二食堂 3 篮；第三食堂 6 篮.

14. 因为 135（厘米）与 105（厘米）的最大公约数为 5，故可剪成最大正方形片的边长为 5 厘米；可剪成 567 片.

二、神奇的三阶幻方

相传两千多年前的西汉，在夏禹治水时，黄河中曾跃出一匹"神马"，马背上驮着一幅图，人称"河图"（图 5 - 1）；又传洛水中也曾浮出过一只"神龟"，龟背上有美妙的图案，人们称这一象征吉祥的图案为"洛书"（图 5 - 2）.仔细观察"洛书"后人们还发现，这个图案上点的分布可以划分成三行与三列，若将图案上每一行、每一列及对角线上散布的这些点数分别加起来，其和竟然一致，这就有点不可思议了.由此，人们称"洛书"为"幻方".

那么，这些神奇之物及它们各自所携带的不可捉摸的信息，究竟来自何方又意指何义？长期以来众说纷纭，不得而知，后人便大胆地臆测："洛书"可能是外星人造访地球时的遗物？而"河图"所描述的也许就是宇宙生物（包括外星人）的基因排序规则？并进一步猜测："洛书"可能是外星人向地球人所作的自我介绍？更神奇的是，在上海浦东陆家嘴地区竟挖出了一块元朝时代的玉挂,玉挂的背面竟然也是一个四阶幻方.

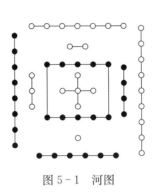

图 5-1　河图

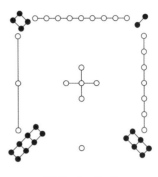

图 5-2　洛书

所谓"幻方"(Magic Square)是指将数字安排在正方形格子中,使每行、每列和对角线上的数字之和都相等的一种图形或方法.

"洛书"三行三列排列,被后人称作"三阶基本幻方",这是最简单的幻方(图 5-3),又叫"九宫格",是由连续的 1 至 9 九个数字组成的一个三行三列的矩阵(如图 5-3 所示),其对角线、横向、纵向之和都为 15,它也被称作这个幻方的"幻和"(Magic Sum)或幻方常数(Magic Square Constant),其中心数为 5.由于数字配置的均衡和完美,"洛书"带来了很大的审美效果,以至古人把它作为治国安民九类大法的模式,或举行国家庆典的明堂格局.

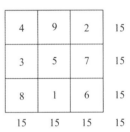

4	9	2	15
3	5	7	15
8	1	6	15
15	15	15	15

图 5-3　三阶基本幻方

古人一直孜孜不倦地探索和研究"洛书".

2500 年前,孔子在他研究《易经》的著作《系词上传》中记载了:"河出图,洛出书,圣人则之."

最早将数字与洛书相连的记载是 2300 年前的《庄子·天运》,它认为:"天有六极五常,帝王顺之则治,逆之则凶.九洛之事,治成德备,监照下土,天下戴之,此谓上皇."明代数学家程大位在《算法统宗》中也曾发出"数何肇? 其肇自图、书乎? 伏羲得之以画卦,大禹得之以序畴,列圣得之以开物"的感叹……

上述各位大学问家的探究和陈述是指:数起源于远古时代黄河出现的"河图"与洛水出现的"洛书";伏羲依靠"河图"画出八卦,大禹按照"洛书"划分九州,并制定治理天下的九类大法;圣人们根据它们演绎出各种治国安邦的良策,对人类社会与自然界的认识也得到了步步深化.大禹从"洛书"中数的相互制约,均衡统一得到启发而制定国家的法律体系,使得天下一统,归于大治,这也是借鉴思维的开端.这种活化思维的方式已成为科学灵感的来源之一.

从"洛书"发端的幻方在数千年后的今天更加生机盎然,被称为具有永恒魅力的数学问题.13 世纪,中国南宋数学家杨辉(曾著有《详解九章算法》《杨辉算法》等)在世界上首先开展了对幻方的系统研究,欧洲 14 世纪也开始了这方面的工作.著名的法国数学家费马(Pierre de Fermat,1601—1665)、瑞士数学家和物理学家欧拉(Leonhard Euler,1707—1783)都曾进行过幻方研究.如今,幻方仍然是组合数学的研究课题之一.经过一代代数学家与数学爱好者的共同努力,幻方与它的变体所蕴含的各种神奇的科学性质正逐步被揭示.它们已在组合分析、实验设计、图论、数论、群、对策论、纺织、工艺美术、程序设计、人工智能等领域得到广泛应用.

有一本科学内容与社会、人文内容都写得非常出色的世界名著叫作《数学基因》,书中有一个重要观点:数学基因与语言基因在人类大脑中属同一区,两者本质相似.数学语言是一种放之四海而皆准的宇宙语言,银河系中智慧超人一等的高级文明生物必然通晓数学,而寻找"外星人",企望与他们联系与沟通的唯一途径恐怕非通过数学作媒介莫属.

无独有偶,对我国航天事业情有所钟的我国数学界"一代宗师"华罗庚先生,曾经以他的真知灼见,为我国航天探索出过不少很好的点子,其中之一就是建议利用"洛书"作为与外星文明通信联络的工具.当时的《人民日报》及上海教育出版社出版的《华罗庚科普著作选集》中,均对此有明文记载,表现了华老的卓越智慧与先见之明.1977 年,四阶幻方还作为人类的特殊语言被美国"旅行者 1 号"和"旅行者 2 号"飞船相继带入太空,向广袤的宇宙中可能存在的外星智慧生物体传达人类文明的信息与美好的祝愿!

下面,我们来细细分析"洛书"所构筑的三阶幻方各数的组成:$1+9=10,2+8=10,3+7=10,4+6=10$.这每对数的和再加上 5 都等于 15.为此,可确定中心格应填 5.上述四组数应该分别填在横、竖和对角线的位置上.先填四个角,若填两对奇数,由于三个奇数(中心格是奇数 5)的和才可能得奇数,故四个角上的格子里是不可能填奇数的,只能填偶数.而且四个角上若分别填上一对偶数,另一对填奇数,也是行不通的.由此,可判定四个角上必须填两对偶数.对角线上的数填好后,其余格子里再填奇数就容易多了.

因此,古代九宫格的填法口诀成了:九宫之义,法以灵龟.二四为肩,六八为足.左七右三,戴九履一.五居中央.见图 5-4.

2	9	4
7	5	3
6	1	8

4	9	2
3	5	7
8	1	6

图 5-4　古代九宫格的填法　　　　图 5-5　基本幻方的左右翻转

若将其左右翻转,就成了图 5-5.

当然,还可将其上下翻转,甚至绕中心旋转 90 度都行,所呈现的三阶基本幻方的所有情况都是相融(本质相同)的,仅是表现形式不同而已.这 8 种形式见图 5-6.

第一种				第二种				第三种				第四种		
8	1	6		6	1	8		4	9	2		2	9	4
3	5	7		7	5	3		3	5	7		7	5	3
4	9	2		2	9	4		8	1	6		6	1	8

第五种				第六种				第七种				第八种		
6	7	2		8	3	4		2	7	6		4	3	8
1	5	9		1	5	9		9	5	1		9	5	1
8	3	4		6	7	2		4	3	8		2	7	6

图 5-6 三阶基本幻方的八种变形

那么,是否仅有"洛书"所填的 1 至 9 这连续的九个数字能构造三阶幻方呢?

答案显然是否定的.研究发现,采用其他特殊的数组也能构筑形形色色的三阶幻方.毕竟由 1,2,3,… 连续自然数生成的幻方属于"基本幻方",在此基础上各数再加或减一个相同的数,甚至也可组成由零或负数构成的新幻方,图 5-7 是由三阶基本幻方各数减 1 生成的新幻方.

在 20 世纪 50 年代我们上小学的时候,自然数是从 1 算起的(现在世界上仍有许多国家如此规定),现在则把 0 视为第一个自然数.于是,"洛书"顺理成章,也就有了"阴""阳"之别.也就是将"幻和值"为 15 的三阶幻方(基本幻方)称作"洛书"的"阳版",那么图 5-7 的"幻和值"为 12 的三阶幻方则成了"洛书"的"阴版".

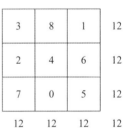

3	8	1	12
2	4	6	12
7	0	5	12
12	12	12	12

观察发现:在"阴版"的"洛书"中,出现了"阴盛阳衰"的局面,所有的偶数均集中在中央,而奇数则分居于四隅,幻和值也从 15 变成了 12. 众所周知,15 与 12 都不是素数而是合数.从人类对数字"应用的频度"来看,12 自然要比 15 高得多.诸如一年有 12 个月,一打有 12 件……12 的各种特质多得不胜枚举,而 15 则相形见绌.

图 5-7 由三阶基本幻方各数减 1 生成的新幻方("阴版"幻方)

其实,除了上述个案外,在三阶基本幻方基础上,我们还可以构造许许多多变形版"洛书".下面,我们仅介绍两种情形:

1. 任意等差数列所构筑的三阶幻方

任意等差数列(指一个数列从第 2 项起,每一项与它前一项的差都等于同一个常数)都可以由 1 至 9 的每个数乘以 X,再加 Y 得到.

因此,按照原先的从小到大的顺序填入格子,幻方仍然成立.

例如要把 1 至 9 构成的三阶幻方的每个数乘以 3,再加 3,就形成了 6,9,12,15,18,21,24,27,30 九个幻数,它们也可构建一个新的幻方如图 5-8 所示.

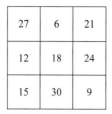

幻和值为54.

图 5-8　等差数列新幻方之一

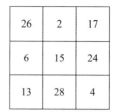

幻和值为45.

图 5-9　等差数列新幻方之二

2. 等差的三组数所构筑的三阶幻方

三个一组的数,组与组等差,每组内的数与数等差,这样的数也能构成三阶幻方.

例如以下三组九个数:[2、4、6][13、15、17][24、26、28],若按照基本幻方的大小排列其顺序,也可以构成如图 5-9 所示的幻方.

数学家对"洛书"(基本三阶幻方)的研究,时有新的发现,谈祥柏先生曾发觉:在"洛书"的各行各列里,如果自上而下,自左而右,把九个数目"串"起来,使之成为一个九位数的话,那么它竟然是可以被 37 整除的,即

$$492357816 \div 37 = 13306968$$

而且,事情的奇妙远不止此.倘若将这个三阶幻方的九个数字像蛇咬尾巴似地头尾衔接成圆环,那么从环中任何一个数字起首(无论顺时针指向抑或逆时针指向)所构成的九位数均可被 37 整除.我们不妨随便举两例:

$$578164923 \div 37 = 15626079$$
$$329461875 \div 37 = 8904375$$
$$753294618 \div 37 = 20359314$$
$$816492357 \div 37 = 22067361$$

可见,构成"洛书"的数字确实有非常强的可除性.我们不妨按照本讲"一、数的整除"所描述的规律来思考一下.

到此地步,九宫阵"行"的方面可以告一段落了.现在可以过渡到"列",按照类似的办法来串联起九位数,譬如说从 438951276 出发,又可拎出一串"大闸蟹".即 18 个除法等式,也个个成立,不容置疑.倘若不信,可自行一一检验为证,这里就不细述了.

不过,事情并没有结束.因为我们还可以按对角线方向来串联九位数,例如 456312897,把这 18 个等式不妨叫作"主对角线家族",另外尚有 258693714 的"副对角线家族",依然不折不扣地完整保持着对 37 的整除性.

真的是不重不漏,左右逢源;往复循环,各领风骚;颠来倒去,各行其道.体现了自然数的完美、对称与和谐.不光是我们人类,相信银河系中一切智慧生命体也应该能够欣赏这种数的内在美.

很显然,在"阴版"洛书中,上述对 37 的所有整除性也统统成立.我们也不妨随便举一例:

$$723048561 \div 37 = 19541853$$

这里只能点到为止,其他可依此类推,不赘述.

不过,我们认为,最奥妙、神奇的,还应该是"洛书"的另一变形——"真空版"(其"幻和值"为 0).这是取大乘佛教中"般若真空"之义."真空版"形式见图 5-10.

-1	4	-3
-2	0	2
3	-4	1

观察发现,"真空版"三阶幻方所有数字都形成了正负数的对称排列,中心数则变成了 0,且其"幻和值"也了成 0.

图 5-10　洛书的"真空版"

我们还是能把这九个不同的数字也串联起来,成为一支正负数混编的队列,所用的进位制度依旧可以是十进位记数制,如 3(-4) 1(-2)0(2)(-1)4(-3).

若将它们转换成各项都分别乘以 10 的指数(以降幂排列)的多位数求和,那就成了

$$3\times10^8-4\times10^7+1\times10^6-2\times10^5+0\times10^4+2\times10^3-1\times10^2+4\times10^1-3\times10^0$$
$$=300000000-40000000+1000000-200000+2000-100+40-3$$
$$=260801937$$

这下,其代数和对 37 之整除性依旧成立.即

$$260801937\div37=7048701.$$

你不觉得这也太神奇了吗?

三、分离系数法

1. 分离系数法

例 1　求 $(2x^3-x^2+5)$ 与 $(x-3+x^2)$ 的积.

倘用逐项相乘法会觉得较麻烦,尤其是项数较多的情况,容易发生计算错误.我们不妨来比较一下:

$$原式=2x^5-x^4+5x^2+2x^4-x^3+5x-6x^3+3x^2-15$$
$$=2x^5+x^4-7x^3+8x^2+5x-15.$$

若将这两个因式(分别以降幂排列)的系数分离后,用竖式来计算,就显得简捷.我们可以直接写出运算结果.

```
          2 - 1 + 0 + 5
       ×) 1 + 1 - 3
       ─────────────────
          2 - 1 + 0 + 5
      2 - 1 + 0 + 5
   - 6 + 3 + 0 - 15
   ───────────────────────
   2 + 1 - 7 + 8 + 5 - 15
```

像这样只取系数来进行的简约演算的方法称**分离系数法**.当然其演算结果也仅为系数.为此,在进行分离系数法演算时,必须按代数式的降幂(或升幂)固定位置排列,其中有缺项则必须用"0"系数占位.运算结果也必然为降幂(或升幂)排列,首项的次数为两代数式最高次数之和(或运算结果的项数减 1).

例 2　求 $(2x^4+3x^3+4x^2+x-2)\div(x^2-x+1)$ 的商式和余式.

我们也可采用分离系数法来运算.

```
              2 + 5 + 7
    1 - 1 + 1 ) 2 + 3 + 4 + 1 - 2
              2 - 2 + 2
              ─────────────
                  5 + 2 + 1 - 2
                  5 - 5 + 5
                  ─────────────
                      7 - 4 - 2
                      7 - 7 + 7
                      ─────────────
                          3 - 9
```

或写成：

```
    2 + 3 + 4 + 1 - 2  | 1 - 1 + 1
    2 - 2 + 2          ─────────────
    ─────────────       2 + 5 + 7
        5 + 2 + 1 - 2
        5 - 5 + 5
        ─────────────
            7 - 4 - 2
            7 - 7 + 7
            ─────────────
                3 - 9
```

可见,商式为 $2x^2+5x+7$,余式为 $3x-9$.

2. 二项式的公式

运用分离系数法,可使二项式乘积变得很简捷.

例 1 $(a^2-ab+b^2)(a+b)$

$=a^3+b^3$

```
     1 - 1 + 1
         1 + 1
   ───────────
     1 - 1 + 1
         1 - 1 + 1
   ───────────────
     1 + 0 + 0 + 1
```

例 2 $(a^3-a^2b+ab^2-b^3)(a+b)$

$=a^4-b^4$

```
   1 - 1 + 1 - 1
       1 + 1
 ─────────────────
   1 - 1 + 1 - 1
       1 - 1 + 1 - 1
 ─────────────────────
   1 + 0 + 0 + 0 - 1
```

由此,我们可得到通式:

$$\begin{cases} (a+b)(a^{n-1}-a^{n-2}b+\cdots+b^{n-1})=a^n+b^n \ (n \text{ 是奇数}) \\ (a+b)(a^{n-1}-a^{n-2}b+\cdots-b^{n-1})=a^n-b^n \ (n \text{ 是偶数}) \end{cases}$$

例 3 $(a^4+a^3b+a^2b^2+ab^3+b^4)(a-b)$

$=a^5-b^5$

```
 1 + 1 + 1 + 1 + 1
     1 - 1
 ───────────────────
 1 + 1 + 1 + 1 + 1
   - 1 - 1 - 1 - 1 - 1
 ───────────────────────
 1 + 0 + 0 + 0 + 0 - 1
```

我们也可得到通式

$(a-b)(a^{n-1}+a^{n-2}b+\cdots+ab^{n-2}+b^{n-1})=a^n-b^n$($n$ 是奇数或偶数)

3. 二项式展开

$(a+b)^2=a^2+2ab+b^2$

```
       1 + 1
       1 + 1
     ─────────
       1 + 1
         1 + 1
     ─────────
       1 + 2 + 1
```

$(a+b)^3=(a+b)^2(a+b)$

$\quad\quad\quad\ =a^3+3a^2+3ab^2+b^3$

```
     1 + 2 + 1
     1 + 1
   ───────────
     1 + 2 + 1
         1 + 2 + 1
   ───────────────
     1 + 3 + 3 + 1
```

$(a+b)^4=(a+b)^3(a+b)$

$\quad\quad\quad\ =a^4+4a^3b+6a^2b^2+4ab^3+b^4$

```
     1 + 3 + 3 + 1
     1 + 1
   ─────────────────
     1 + 3 + 3 + 1
         1 + 3 + 3 + 1
   ─────────────────────
     1 + 4 + 6 + 4 + 1
```

同理,我们可得到:

$$(a+b)^5=a^5+5a^4b+10a^3b^2+10a^2b^3+5ab^4+b^5$$

......

对于 $(a+b)^n$ 的二项展开式我们发现:

- 展开式共有 $n+1$ 项;
- 各项用 a 的指数从第一项(n)起逐项减 1,直到零为止;b 的指数相反地从第一项(0)起逐项加 1,直到 n 为止,而 a 与 b 的指数的和等于 n.

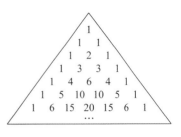

- 第一项和最后一项系数均为 1,若 n 为偶数,则中间一项系数最大;若 n 为奇数,则中间两项具有相同的最大的系数.按 n 的逐次递增,我们可以把二项式展开系数列成一个三角形(见图 5-11),这个呈对称分布的系数三角形又称"杨辉三角形",它是由我国杰出数学家杨辉于 13 世纪首先发现的.二项展开式经常应用于多项式乘方的展开和小数乘方的近似计算,在工程技术中应用很广,将来我们还要进一步学习二项式定理.

图 5-11　二项式展开系数三角形

1. 用分离系数法计算下列各式

(1) $(x^3+3x^2-2)(x^3-3x^2+2)$.

(2) $(3x-2x^2+x^3-5)(x-2x^2-1)$.

(3) $(2a^3-5a-4)(3a^2-7a+8)$.

(4) $(x^2+2xy-y^2)(x+2y)$.

(5) $(5m^3-3m^2n+2mn^2+n^3)(3m^2-mn-2n^2)$.

(6) $(x^5-x^4y+x^3y^2-x^2y^3+xy^4-y^5)(x+y)$.

(7) $(x^4-2x^2+5)(x^4+2x^2+5)$.

(8) $(6x^3+x^2-10x+4)\div(2x-1)$.

(9) $(3x^4+13x^3-x)\div(x^2+4x-3)$.

(10) $(2a^4+3a^3b+10a^2b^2+13ab^3-27b^4)\div(a^2+2ab-3b^2)$.

2. 用二项式的乘幂求下列式子的展开式

(1) $(a+b)^7$.

(2) $(a+b)^{10}$.

3. 用二项式公式分解下列各因式

(1) x^6-y^6.

(2) a^6+b^6.

(3) x^8-1.

1. (1) $x^6-9x^4+12x^2-4$.

(2) $-2x^5+5x^4-9x^3+15x^2-8x+5$.

(3) $6a^5-14a^4+a^3+23a^2-12a-32$.

(4) $x^3+4x^2y+3xy^2-2y^3$.

(5) $15m^5-14m^4n-m^3n^2+7m^2n^3-5mn^4-2n^5$.

(6) x^6-y^6.

(7) x^8+6x^4+25.

(8) 商式为 $3x^2+2x-4$,余式为 0.

(9) 商式为 $3x^2+x+5$,余式为 $-18x+15$.

(10) 商式为 $2a^2-ab+18b^2$,余式为 $-26a+27b$.

2. (1) $(a+b)^7=a^7+7a^6b+21a^5b^2+35a^4b^3+35a^3b^4+21a^2b^5+7ab^6+b^7$.

(2) $(a+b)^{10}=a^{10}+10a^9b+45a^8b^2+120a^7b^3+210a^6b^4+252a^5b^5+210a^4b^6+120a^3b^7+45a^2b^8+10ab^9+b^{10}$.

3. (1) $x^6-y^6=(x+y)(x-y)(x^2+xy+y^2)(x^2-xy+y^2)$.

(2) $a^6+b^6=(a^2+b^2)(a^4-a^2b^2+b^4)$.

(3) $x^8-1=(x^4+1)(x^2+1)(x+1)(x-1)$.

比和比例

一、前言

在小学数学课程中已学过比和比例的初步知识,本讲主要把比和比例的性质推广到代数式中,并应用它们的性质进行计算和证明.比例的性质在几何学中经常会用到,物理学解题中也常要用到,它们会使解题变得简捷.在后续的数学课程中,我们常要用到比例性质并进行等式变形,在变形过程中,也常常需要根据所给式子的特点,灵活应用比例的各种性质进行计算和论证.

二、比例的性质

1. 比例的基本性质:在比例中两个外项的积等于两个内项的积.

如 $a:b=c:d$,则 $ad=bc$.

按照比例的基本性质,如果四个不等于零的代数式 a、b、c、d 满足 $ad=bc$,那么就可得到下述几个比例式:

$$a:b=c:d \qquad c:d=a:b \qquad a:c=b:d \qquad c:a=d:b$$
$$b:a=d:c \qquad b:d=a:c \qquad d:b=c:a \qquad d:c=b:a$$

也就是说,如果四个不等于零的代数式,两式的积相等,那么,可以把一个积的两个因式作为两个外项(或者内项),另一个积的两个因式作为两个内项(或者外项),组成比例式.

2. 根据比例的基本性质,可以推得比例的下述六个重要性质.

已知:$a:b=c:d$,

(1) 更比定理:$a:c=b:d$

(2) 反比定理:$b:a=d:c$

(3) 合比定理:$(a+b):b=(c+d):d$

(4) 分比定理:$(a-b):b=(c-d):d$

(5) 合分比定理:$(a+b):(a-b)=(c+d):(c-d)$

(6) 等比定理:$\dfrac{a+c+e+\cdots+m}{b+d+f+\cdots+n}=\dfrac{a}{b}=\dfrac{c}{d}=\dfrac{e}{f}=\cdots=\dfrac{m}{n}$

等比定理的证明很方便:

若 $\dfrac{a}{b}=\dfrac{c}{d}=\dfrac{e}{f}=\cdots=\dfrac{m}{n}=r$，则 $a=br,c=dr,e=fr,\cdots,m=nr$.

$a+c+e+\cdots+m=(b+d+f+\cdots+n)r$，故 $\dfrac{a+c+e+\cdots+m}{b+d+f+\cdots n}=r$.

三、习题举例

证明有关比和比例的习题，必须根据题目的要求，凭借所提供的条件，灵活、综合地应用比和比例的上述定理和基本性质进行分析、演算.

例 1 已知：$a：b=c：d$.

求证 $(3a+2b)：(3c+2d)=b：d$.

证明 $\because$ $\dfrac{a}{b}=\dfrac{c}{d}$，等式两边乘以 $\dfrac{3}{2}$，

得 $\dfrac{3a}{2b}=\dfrac{3c}{2d}$，

$\therefore$ $\dfrac{3a+2b}{2b}=\dfrac{3c+2d}{2d}$，（合比定理）

$\therefore$ $\dfrac{3a+2b}{3c+2d}=\dfrac{2b}{2d}$.（更比定理）

$\therefore$ $\dfrac{3a+2b}{3c+2d}=\dfrac{b}{d}$.

例 2 已知：$a：b=c：d$.

求证 $ab+cd$ 是 a^2+c^2 及 b^2+d^2 的比例中项.

证明 由 $\dfrac{a}{b}=\dfrac{c}{d}$，得 $\dfrac{a^2}{ab}=\dfrac{c^2}{cd}=\dfrac{a^2+c^2}{ab+cd}$，

由 $\dfrac{a}{b}=\dfrac{c}{d}$，得 $\dfrac{ab}{b^2}=\dfrac{cd}{d^2}=\dfrac{ab+cd}{b^2+d^2}$，

$\therefore$ $\dfrac{a^2+c^2}{ab+cd}=\dfrac{ab+cd}{b^2+d^2}$.

例 3 已知：$a：b=p：q$.

求证 $(a^2+b^2)：\dfrac{a^3}{a+b}=(p^2+q^2)：\dfrac{p^3}{p+q}$.

证明 $\because$ $\dfrac{a}{b}=\dfrac{p}{q}=r$，$\therefore$ $a=br,p=qr$.

左式 $=(a^2+b^2)：\dfrac{a^3}{a+b}$

$=(b^2r^2+b^2)：\dfrac{b^3r^3}{br+b}$

$=b^2(r^2+1)：\dfrac{b^3r^3}{b(r+1)}$

$=\dfrac{(r+1)(r^2+1)}{r^3}$.

同理,右式 $=\dfrac{(r+1)(r^2+1)}{r^3}$.

∴ 左式=右式.获证.

例 4 已知:$a:b=b:c$.

求证 $a^2+b^2+c^2=(a+b+c)(a-b+c)$.

证明 ∵ $a:b=b:c$ ∴ $b^2=ac$.

右式 $=(a+b+c)(a-b+c)$

$\qquad =(a+c)^2-b^2$

$\qquad =a^2+2ac+c^2-ac$

$\qquad =a^2+ac+c^2$

$\qquad =a^2+b^2+c^2$.

例 5 已知:$a:b=c:d$.

求证 $(a^2+ab+b^2):(c^2+cd+d^2)=(a^2-ab+b^2):(c^2-cd+d^2)$.

证明 ∵ $a:b=c:d$, ∴ $a^3:b^3=c^3:d^3$.

$$\frac{a^3+b^3}{a^3-b^3}=\frac{c^3+d^3}{c^3-d^3} \qquad\qquad ①$$

$$\frac{a+b}{a-b}=\frac{c+d}{c-d} \qquad\qquad ②$$

$\dfrac{①}{②}$ 得 $\dfrac{a^3+b^3}{a^3-b^3}:\dfrac{a+b}{a-b}=\dfrac{c^3+d^3}{c^3-d^3}:\dfrac{c+d}{c-d}$.

即 $\dfrac{(a+b)(a^2-ab+b^2)\cdot(a-b)}{(a-b)(a^2+ab+b^2)\cdot(a+b)}=\dfrac{(c+d)(c^2-cd+d^2)\cdot(c-d)}{(c-d)(c^2+cd+d^2)\cdot(c+d)}$,

∴ $\dfrac{a^2+ab+b^2}{c^2+cd+d^2}=\dfrac{a^2-ab+b^2}{c^2-cd+d^2}$.

例 6 已知:$(ma+nc):(pa+qc)=(mb+nd):(pd+qd)$.

求证 $a:b=c:d$ 或 $m:n=p:q$.

证明 ∵ $\dfrac{ma+nc}{pa+qc}=\dfrac{mb+nd}{pb+qd}$,

∴ $(ma+nc)(pb+qd)=(mb+nd)(pa+qc)$,

∴ $mqad+npcb=mqcb+npad$.

即 $mq(ad-bc)-np(ad-bc)=0$,

∴ $(ad-bc)(mq-np)=0$.

设 $ad-bc=0$,即 $ad=bc$,

∴ $a:b=c:d$.

设 $mq-np=0$,即 $mq=np$,

∴ $m:n=p:q$.

四、斐波那契数与黄金分割

下面,我们来探讨一个很有趣的比例.

中世纪很有才华的数学家莱昂纳多·斐波那契曾提出一个似乎无聊的兔子繁殖问题：

"有一对小兔,若第2个月成年,第3个月生下小兔一对,以后每月生产小兔一对,而所生小兔亦在第2个月成年,第3个月又产小兔一对,此后亦每月产小兔一对,问一年后共有兔子多少对?"(设每产一对兔子必为一雌一雄,所有兔子都可相互交配,且无死亡.)

斐波那契算出了直到第12月底小兔的对数：

月份	一	二	三	四	五	六	七	八	九	十	十一	十二
对数	1	2	3	5	8	13	21	34	55	89	144	233	377

观察上表,从第三项开始,每一项都是其前二项之和：$F_n = F_{n-1} + F_{n-2}$. 这个数列就是著名的斐波那契数列,这是一种简单的递推数列.我们可以用 BASIC 语言,使用下列程序用计算机打印出前 30 个斐波那契数.

```
100 DIM   F(30)
110 LET   F(1)＝1
120 LET   F(2)＝1
130 FOR   N＝1   TO   28
140 LET   F(N＋2)＝F(N＋1)＋F(N)
150 NEXT   N
160 FOR   X＝1   TO   30
170 PRINT   F(X)
180 NEXT
190 END
```

几个世纪以来,数学家、艺术家及大自然的爱好者已经发现,斐波那契数常在意想不到的地方突然出现.

早在斐波那契之前,希腊人就在巴特农神殿设计中采用了黄金分割的理想几何形式,即发现了黄金比率,这是跟斐波那契数列息息相关的一种特殊比率.其含义是这样的:将一条线段分成 a、b 两段,凡满足 $\frac{a}{b} = \frac{b}{a+b}$ 关系的分割法,就称作"黄金分割".我们可以更形象地用作图表达如下:如图 6-1 所示,在正方形 $ABCD$ 的 AD 边取中点 F,以 F 为圆心,FC 为半径作弧,交 AD 延长线上 G 点,作 HG 垂直于 AG,构成的长方形 $ABHG$ 就是"黄金长方形",其短边(a)与长边(b)的比就是黄金比,即 $\frac{AB}{AG} = \frac{AG}{AG+AB}$.

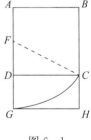

图 6-1

那么,黄金分割与斐波那契数之间有什么联系呢?

若将($a+b$)取作 1,则通过运算可得

$$b = (\sqrt{5} - 1)/2,$$

近似算得 $a = 0.382$,$b = 0.618$.而将斐波那契数列中前一个数除以后一个数,可得下列数列：

1/2＝0.50000   2/3＝0.66666

3/5＝0.60000	5/8＝0.62500
8/13＝0.61538	13/21＝0.61904
21/34＝0.61764	34/55＝0.61818
55/89＝0.61797	89/144＝0.61805
144/233＝0.61803	233/377＝0.61804
⋯⋯	⋯⋯

这个数列可看作是黄金比的小数表达式,左列均小于$(\sqrt{5}-1)/2$,右列均大于$(\sqrt{5}-1)/2$. 但随着斐波那契数列的增大,其邻近数的比值越趋近于$(\sqrt{5}-1)/2$,数学家说这些值"收敛于" 黄金比$(\sqrt{5}-1)/2$,这也揭示了斐波那契兔子与希腊巴特农神殿建筑线度间无形的联系.

由于斐波那契最早的那一对兔子的后代太多了,以致公元 1963 年有一群美国数学家创办 了一份学术刊物——斐波那契刊(*The Fibonacci Quarterly*),这些年来已发表了大量论文,探 讨了从斐波那契数列中发现的奥秘.

(这个专题详细介绍,请见本书第二十七讲与第二十八讲)

1. 已知:$\dfrac{5x+3y}{4x-y}=\dfrac{8}{3}$,求:$\dfrac{x}{y}$的值.

2. 已知:$\dfrac{x}{3}=\dfrac{y}{4}=\dfrac{z}{5}$,$5x+3y-2z=85$,求:$x$、$y$和$z$的值.

3. 已知:$\dfrac{a}{10}=\dfrac{b}{8}=\dfrac{c}{9}$,求:$(a+b+c):(b+c)$的值.

4. 已知:$\dfrac{x}{y}=\dfrac{7}{9}$,$\dfrac{y}{z}=\dfrac{5}{8}$,求:$(x+z):(x-z)$之值.

5. 已知:$a:b=b:c$,求证:$a:(a+b)=(a-b):(a-c)$.

6. 已知:$a:b=c:d$,求证:$(ab+cd):(ab-cd)=(a^2+c^2):(a^2-c^2)$.

7. 已知:$a:b=c:d$,求证:$\dfrac{(a+c)(a^2+c^2)}{(a-c)(a^2-c^2)}=\dfrac{(b+d)(b^2+d^2)}{(b-d)(b^2-d^2)}$.

8. 已知:$(3a+6b+c+2d)(3a-6b-c+2d)=(3a-6b+c-2d)(3a+6b-c-2d)$,求 证:$a:b=c:d$.

9. 已知:$x:a=y:b=z:c(a+b+c\neq0)$,求证:$\dfrac{x^3}{a^2}+\dfrac{y^3}{b^2}+\dfrac{z^3}{c^2}=\dfrac{(x+y+z)^3}{(a+b+c)^2}$.

10. 已知:$a:b=c:d$,求证:$\dfrac{a^2+b^2+c^2+d^2}{(a+b)^2+(c+d)^2}=\dfrac{(a+c)^2+(b+d)^2}{(a+b+c+d)^2}$.

1. $x:y=1$.

2. $\because \ \dfrac{5x+3y-2z}{15+12-10}=\dfrac{x}{3}$,即$\dfrac{85}{17}=\dfrac{x}{3}$ $\quad\therefore\quad x=15.$

同理$\dfrac{5x+3y-2z}{15+12-10}=\dfrac{y}{4}$,即$\dfrac{85}{17}=\dfrac{y}{4}$, $\quad\therefore\quad y=20.$

$\dfrac{5x+3y-2z}{15+12-10}=\dfrac{z}{5}$,即$\dfrac{85}{17}=\dfrac{z}{5}$, $\quad\therefore\quad z=25.$

3. $\because$ $\dfrac{a}{10}=\dfrac{b}{8}=\dfrac{c}{9}=r$. 故 $a=10r,b=8r,c=9r$, 即 $\dfrac{a+b+c}{b+c}=\dfrac{10r+8r+9r}{8r+9r}=\dfrac{27r}{17r}=\dfrac{27}{17}$.

4. $\because$ $x=\dfrac{7}{9}y,z=\dfrac{8}{5}y$. 故 $\dfrac{x+z}{x-z}=\dfrac{\left(\dfrac{7}{9}+\dfrac{8}{5}\right)y}{\left(\dfrac{7}{9}-\dfrac{8}{5}\right)y}=-\dfrac{107}{37}$.

5. $\because$ $b^2=ac$. 则 $(a+b)(a-b)=a^2-b^2=a^2-ac=a(a-c)$,

$\therefore$ $a:(a+b)=(a-b):(a-c)$.

6. $\because$ $\dfrac{a}{b}=\dfrac{c}{d}$ $\therefore$ $\dfrac{a}{c}=\dfrac{b}{d}$, 两边都乘以 $\dfrac{a}{c}$, 则 $\dfrac{a^2}{c^2}=\dfrac{ab}{cd}$, 故 $\dfrac{a^2+c^2}{a^2-c^2}=\dfrac{ab+cd}{ab-cd}$.

7. $\because$ $\dfrac{a}{b}=\dfrac{c}{d}$, $\therefore$ $\dfrac{a}{c}=\dfrac{b}{d}$, 则 $\dfrac{a+c}{a-c}=\dfrac{b+d}{b-d}$.

$\because$ $\dfrac{a}{c}=\dfrac{b}{d}$ $\therefore$ $\dfrac{a^2}{c^2}=\dfrac{b^2}{d^2}$, 则 $\dfrac{a^2+c^2}{a^2-c^2}=\dfrac{b^2+d^2}{b^2-d^2}$.

$\therefore$ $\dfrac{(a+c)(a^2+c^2)}{(a-c)(a^2-c^2)}=\dfrac{(b+d)(b^2+d^2)}{(b-d)(b^2-d^2)}$.

8. $\because$ $\dfrac{3a+6b+c+2d}{3a-6b+c-2d}=\dfrac{3a+6b-c-2d}{3a-6b-c+2d}$.

故 $\dfrac{3a+6b+c+2d+3a-6b+c-2d}{3a-6b+c-2d-3a-6b-c+2d}=\dfrac{3a+6b-c-2d+3a-6b-c+2d}{3a-6b-c+2d-3a-6b+c-2d}$

$\dfrac{6a+2c}{-12b-4d}=\dfrac{6a-2c}{-12b+4d}$, 即 $\dfrac{3a+c}{-6b-2d}=\dfrac{3a-c}{-6b+2d}$,

$\therefore$ $\dfrac{3a+c}{3a-c}=\dfrac{-6b-2d}{-6b+2d}$, 则 $\dfrac{3a+c+3a-c}{3a+c-3a+c}=\dfrac{-6b-2d-6b+2d}{-6b-2d+6b-2d}$,

$\dfrac{3a}{c}=\dfrac{3b}{d}$, 则 $\dfrac{3a}{3b}=\dfrac{c}{d}$, $\therefore$ $\dfrac{a}{b}=\dfrac{c}{d}$.

9. $\dfrac{x}{a}=\dfrac{y}{b}=\dfrac{z}{c}=r$, $x=ar,y=br,z=cr$.

左式 $=\dfrac{x^3}{a^2}+\dfrac{y^3}{b^2}+\dfrac{z^3}{c^2}=ar^3+br^3+cr^3=r^3(a+b+c)$,

同理右式 $=\dfrac{(x+y+z)^3}{(a+b+c)^2}=\dfrac{r^3(a+b+c)^3}{(a+b+c)^2}=r^3(a+b+c)$,

可见, 左式＝右式.

10. $\because$ $\dfrac{a}{b}=\dfrac{c}{d}=r$, $\therefore$ $a=br,c=dr$.

左式 $=\dfrac{a^2+b^2+c^2+d^2}{(a+b)^2+(c+d)^2}=\dfrac{b^2r^2+b^2+d^2r^2+d^2}{(br+b)^2+(dr+d)^2}=\dfrac{b^2(r^2+1)+d^2(r^2+1)}{b^2(r+1)^2+d^2(r+1)^2}$

$=\dfrac{(r^2+1)(b^2+d^2)}{(r+1)^2(b^2+d^2)}=\dfrac{r^2+1}{(r+1)^2}$.

右式 $=\dfrac{(a+c)^2+(b+d)^2}{(a+b+c+d)^2}=\dfrac{(br+dr)^2+(b+d)^2}{(br+b+dr+d)^2}=\dfrac{(b+d)^2(r^2+1)}{(r+1)^2(b+d)^2}=\dfrac{r^2+1}{(r+1)^2}$.

可见, 左式＝右式.

连 分 数

一、引言

形如 $a+\cfrac{1}{a_1+\cfrac{1}{a_2+\cfrac{1}{a_3+\cfrac{\cdots}{a_{n-1}+\cfrac{1}{a_n}}}}}$（其中 $a,a_1,a_2,a_3,\cdots,a_{n-1},a_n$ 都是正整数）的繁分

数,称作连分数(continued fraction).可简记作 $(a,a_1,a_2,\cdots,a_n)$ 或 $a+\cfrac{1}{a_1}+\cfrac{1}{a_2}+\cdots+\cfrac{1}{a_n}$.

为什么已经有了繁分数的表达方式,还要引进连分数呢? 从理论上形象地说,引入连分数是为了要准确表达某些数量的"数学上的纯粹".怎么理解呢? 拿 $\dfrac{116}{48}$ 来举例吧,它的近似值为 $2.697674418\cdots$,显然,它是大于 2,小于 3 的.更准确地说,大于 2.69,又小于 2.70.若用连分数来表达,可以更准确地描述成:$2+\cfrac{1}{1+\cfrac{1}{2+\cfrac{1}{3+\cfrac{1}{4}}}}$.这个连分数也可简记作 $(2,1,2,3,4)$.我们不

妨逐步地计算它的值,来找出连分数表述的某些规律来.

原式 $=2+\cfrac{1}{1+\cfrac{1}{2+\cfrac{4}{13}}}=2+\cfrac{1}{1+\cfrac{13}{30}}=2+\cfrac{30}{43}=\dfrac{116}{43}$.写得更紧凑些,也可用如下式子来表述:

$$2+\frac{1}{1}+\frac{1}{2}+\frac{1}{3}+\frac{1}{4}=2+\frac{1}{1}+\frac{1}{2}+\frac{4}{13}=2+\frac{1}{1}+\frac{13}{30}=2+\frac{30}{43}=\frac{116}{43}.$$

请注意加号的位置(除整数部分与第一个分数的加号外)与下一个分数的分母平齐,而不与分数线平齐.

本讲旨在解决这样一些问题:

1. 能否设计一种计算连分数值的简捷方法;

2. 怎样将一个有理数展开成连分数——计算连分数值的反问题;

3. 连分数有些什么应用.

二、欧拉算法

我们仔细考察上述算式,可以得出这样几个计算连分数值的规律:

1. 应由下而上地进行计算.

2. 第一步中的 $\frac{4}{13}$ 的分母"13"是由连分数的最后一个分数 $\frac{1}{4}$ 的分母"4"乘以前一个分数 $\frac{1}{3}$ 的分母"3",再加上 $\frac{1}{4}$ 的分子"1"得到的,即 $13=4\times3+1$,而 $\frac{4}{13}$ 的分子"4"就是 $\frac{1}{4}$ 的分母.第二步中的 $\frac{13}{30}$ 也是如此得到的.依此类推,得到最后结果.

根据上述第 2 条规律,我们可以把计算连分数的值安排如下:

1. 把所给连分数的整数部分(本题是"2",若没有整数部分,就认为是"0")和分数部分的分母按相反次序(即由下而上地自左至右排列)写在第一列;

2. 在第二列的左边写数字"1"(这个"1"就是连分数最下一层分数的分子,本题是分数 $\frac{1}{4}$ 的分子);

3. 在第一列的第一个数字(连分数最下一层分数的分母,本题是"4")的下面(即第二列的第二个数字)写同一数字(本题是"4",即第一步运算中得到的分数 $\frac{4}{13}$ 的分子);

4. 把刚才得到的"4"乘以第一列的次一数字(即第二个数"3"),得到乘积 $4\times3=12$ 后再加上第二列的前一个数字(即第一个数"1"),即 $12+1=13$(这个"13"就是第一步计算中得到的分数 $\frac{4}{13}$ 的分母);

5. 把上述结果(即"13")写在第一列第二个数字下面.以此类推,重复 4、5 两个步骤,直到第一列的最后一个数字为止.

算式如下: $\dfrac{\quad 4 \quad\ 3 \quad\ 2 \quad\ 1 \quad\ 2 \quad}{1 \quad 4 \quad 13 \quad 30 \quad 43 \quad 116}$ ……(第一列)
……(第二列)

其中第二列的最后二个数 43 和 116,就是连分数值的分母和分子.

所以 $2+\dfrac{1}{1}+\dfrac{1}{2}+\dfrac{1}{3}+\dfrac{1}{4}=\dfrac{116}{43}$.

这种算法,也称"欧拉算法".

现在将这个连分数 $2+\dfrac{1}{1}+\dfrac{1}{2}+\dfrac{1}{3}+\dfrac{1}{4}$ 依次截段,得

$2,\ 2+\dfrac{1}{1}=3,\ 2+\dfrac{1}{1}+\dfrac{1}{2}=\dfrac{8}{3},\ 2+\dfrac{1}{1}+\dfrac{1}{2}+\dfrac{1}{3}=\dfrac{27}{10},\ 2+\dfrac{1}{1}+\dfrac{1}{2}+\dfrac{1}{3}+\dfrac{1}{4}=\dfrac{116}{43}.$

由于 $\left|2-\dfrac{116}{43}\right|=\left|-\dfrac{30}{43}\right|=\dfrac{30}{43}=\dfrac{900}{43\times3\times10}$,

$$\left|3-\frac{116}{43}\right|=\left|\frac{13}{43}\right|=\frac{13}{43}=\frac{390}{43\times3\times10},$$

$$\left|\frac{8}{3}-\frac{116}{43}\right|=\left|\frac{-4}{43\times3}\right|=\frac{4}{43\times3}=\frac{40}{43\times3\times10},$$

$$\left|\frac{27}{10}-\frac{116}{43}\right|=\left|\frac{1}{43\times10}\right|=\frac{1}{43\times10}=\frac{3}{43\times3\times10}.$$

可见,这些截段的值一个比一个地并且是"不足"和"过剩"相间地接近(或称"摆动地接近")连分数的值$\left(\frac{116}{43}\right)$,我们称这些截段的分数是连分数的第一、第二、……渐近分数.

在连分数的应用里,经常需要计算渐近分数的值,但像上述这样截段计算似乎显得有些繁琐.根据欧拉算法,渐近分数的计算也可作如下安排:(注意第一列数的排列是由上而下地自左至右排列,或者说是该连分数的简记排列):

	2	1	2	3	4	(第一列)
1	2	3	8	27	116	(第二列)
	1	1	3	10	43	(第三列)

上表中第二列是渐近分数的分子,第三列则是渐近分数的分母.其中第二列是由第一列作欧拉算法得来;至于第三列数字也是利用第一列导出,只不过从第二个数字"1"开始算起罢了[即在第一列数"2"下,然后从第一列第二个数字"1"与第三列数算起:$1\times1+0=1$(写在第一列的"1"下方),$2\times1+1=3,3\times3+1=10,4\times10+3=43$,分别列在第三列正对第一列的数字"1""2""3""4"之下方].

我们不妨来练一下.

例　求连分数$\dfrac{1}{2}+\dfrac{1}{2}+\dfrac{1}{3}+\dfrac{1}{4}$的渐近分数$\left(即\cfrac{1}{2+\cfrac{1}{2+\cfrac{1}{3+\cfrac{1}{4}}}}的渐近分数\right)$.

解

	0	2	2	3	4
1	0	1	2	7	30
	1	2	5	17	73

故得渐近分数是$0,\dfrac{1}{2},\dfrac{2}{5},\dfrac{7}{17},\dfrac{30}{73}$.

三、化普通分数为连分数

欧拉算法告诉我们求连分数值和它的渐近分数的简捷方法.到目前为止,我们遇到的连分数都是有限的(即有限连分数),其值总是一个既约分数——有理数.现在反过来,怎样将一个有理数(普通分数)展开成连分数? 我们还是以$\dfrac{116}{43}$为例.

$$\frac{116}{43}=2+\frac{30}{43}=2+\frac{1}{\frac{43}{30}}=2+\frac{1}{1+\frac{13}{30}}=2+\frac{1}{1+\frac{1}{\frac{30}{13}}}$$

$$=2+\cfrac{1}{1+\cfrac{1}{2+\cfrac{4}{13}}}=2+\cfrac{1}{1+\cfrac{1}{2+\cfrac{1}{\frac{13}{4}}}}=2+\cfrac{1}{1+\cfrac{1}{2+\cfrac{1}{3+\frac{1}{4}}}}$$

$$=2+\cfrac{1}{1}+\cfrac{1}{2}+\cfrac{1}{3}+\cfrac{1}{4}.[或简记作(2,1,2,3,4)]$$

考察这个算式,第一步中的"2"是分子 116 除以分母 43 所得商的整数部分;第三步中的 "1"是 43 除以 30 所得商的整数部分,而这里的 43 是第一步中的除数,30 是第一步中的余数, 也就是将第一步中的除数当作被除数,将第一步中的余数当作除数,求出其商的整数部分,即 得到第三步中的"1".同理可得到第五步中的"2",以此类推,可把这个算法安排如下:

116		43	
86	2		116÷43=2(余30)
30	1	30	43÷30=1(余13)
26	2	13	30÷13=2(余4)
4	3	12	13÷4=3(余1)
4	4	1	4÷1=4(余0)
0			

显然上列算式中间的一行数字(2,1,2,3,4)就是 $\dfrac{116}{43}$ 展开成的连分数.即 $\dfrac{116}{43}=2+\dfrac{1}{1}+\dfrac{1}{2}$

$+\dfrac{1}{3}+\dfrac{1}{4}.$

现在我们来看两道例题:

例 把 $\dfrac{7}{120},\dfrac{543}{236}$ 分别展开成连分数.

解

7		120	
0	0		7÷120=0(余7)
7	17	119	120÷7=17(余1)
0	7	1	7÷1=7(余0)
0			

543		236	
472	2		543÷236=2(余71)
71	3	213	236÷71=3(余23)
69	3	23	71÷23=3(余2)
2	11	22	23÷2=11(余1)
2	2	1	2÷1=2(余0)
0			

故 $\dfrac{7}{120}=(0,17,7)$

$=\dfrac{1}{17}+\dfrac{1}{7}$

$=\dfrac{1}{17+\dfrac{1}{7}}.$

故 $\dfrac{543}{236}=(2,3,3,11,2)$

$=2+\dfrac{1}{3}+\dfrac{1}{3}+\dfrac{1}{11}+\dfrac{1}{2}$

$=2+\cfrac{1}{3+\cfrac{1}{3+\cfrac{1}{11+\frac{1}{2}}}}.$

四、应用

那么,连分数到底有什么意义呢? 我们来介绍几项有趣的应用.

1. 齿轮问题

齿轮可以用来联系两个转轴,并使它们的角速度(单位时间内所转过的角度)的比值等于所给约数 A.由于两齿轮的角速度跟齿数成反比例关系,故齿数的反比就等于 A.在 A 为无理数(无限不循环小数),而齿数又总是整数且不十分大的情况下,我们的问题只可能有近似解,即取分母不十分大的简单分数作为 A 的近似值.

为此,最方便的办法是将 A 展开成连分数,取其渐近分数中的一个即可.

现在设两转轴角速度之比 $\dfrac{W_1}{W_2}=A=\sqrt{6}$,我们将之展开成连分数:

$$\sqrt{6}=2+\frac{1}{a}(a>1),则\frac{1}{a}=\sqrt{6}-2.$$

由此, $a=\dfrac{1}{\sqrt{6}-2}=\dfrac{\sqrt{6}+2}{(\sqrt{6}-2)(\sqrt{6}+2)}=\dfrac{\sqrt{6}+2}{2}=2+\dfrac{1}{b}(b>1)$,

则 $b=\dfrac{2}{\sqrt{6}-2}=\sqrt{6}+2=4+(\sqrt{6}-2)=4+\dfrac{1}{a}.$

考虑到 $\sqrt{6}=2+\dfrac{1}{a}$,这样,对于 $\sqrt{6}$ 的表达式相同的分母 a,b 就会相继重复出现.于是,我们

得到 $\sqrt{6}=2+\dfrac{1}{a}=2+\cfrac{1}{2+\cfrac{1}{b}}=2+\cfrac{1}{2+\cfrac{1}{4+\cfrac{1}{a}}}=2+\cfrac{1}{2+\cfrac{1}{4+\cfrac{1}{2+\cfrac{1}{b}}}}=\cdots$

即 $\sqrt{6}=2+\dfrac{1}{2}+\dfrac{1}{4}+\dfrac{1}{2}+\dfrac{1}{4}+\dfrac{1}{2}+\cdots$

计算其渐近分数可得

$$2,\frac{5}{2},\frac{22}{9},\frac{49}{20},\frac{218}{89},\cdots$$

若取第 4 个渐近分数作近似值(主要考虑到齿数不能过多),在角速度为 W_1 和 W_2 的转轴上分别用齿数为 20 和 49 的齿轮,就大致能使它们的角速度之比为 $\sqrt{6}$ 了.

2. 求近似平方根

如上述 $\sqrt{6}$ 展开成连分数后,其渐近分数 $2,\dfrac{5}{2},\dfrac{22}{9},\dfrac{49}{20},\dfrac{218}{89}\cdots$都可作为它的近似值.一般地,求 $\sqrt{N}$(N 是正整数)的近似值,可设 $N=a^2+b(a>0)$.则 $\sqrt{N}=a+(\sqrt{N}-a)=a+$

$\dfrac{(\sqrt{N}-a)(\sqrt{N}+a)}{\sqrt{N}+a}=a+\dfrac{N-a^2}{\sqrt{N}+a}=a+\dfrac{b}{a+\sqrt{N}}.$

在所得的分式中,分母中的 $\sqrt{N}$ 也可用 $a+\dfrac{b}{a+\sqrt{N}}$来迭代,这样不断迭代的结果:

$$\sqrt{N} = a + \frac{b}{a + \sqrt{N}} = a + \cfrac{b}{a + a + \cfrac{b}{a + \sqrt{N}}} = \cdots = a + \cfrac{b}{2a + \cfrac{b}{2a + \cfrac{b}{2a + \cdots}}}$$

$$= a + \frac{b}{2a} + \frac{b}{2a} + \cdots$$

很显然,在 $b=1$ 时,可利用前述的欧拉算法,方便地求出其渐近解.

例 1 求 $\sqrt{5}$ 的近似值.

解 $\because$ $N = 2^2 + 1$, $\therefore$ $a = 2, b = 1$.

即 $\sqrt{5} = 2 + \dfrac{1}{4} + \dfrac{1}{4} + \dfrac{1}{4} + \cdots$

利用欧拉算法

	2	4	4	4	4
1	2	9	38	161	682
	1	4	17	72	305

即得 $\sqrt{5}$ 越来越精确的近似值:

$$2, \frac{9}{4}, \frac{38}{17}, \frac{161}{72}, \frac{682}{305}, \cdots$$

那么,在 $b \neq 1$ 时,随不同的精度要求,我们可取:

$$\sqrt{N} \approx a + \frac{b}{2a} \qquad \qquad ①$$

$$\sqrt{N} \approx a + \frac{b}{2a} + \frac{b}{2a} = a + \frac{2ab}{4a^2 + b} \qquad \qquad ②$$

$$\sqrt{N} \approx a + \frac{b}{2a} + \frac{b}{2a} + \frac{b}{2a} = a + \frac{4a^2 b + b^2}{8a^3 + 4ab} \qquad ③$$

$\cdots\cdots$

例 2 求 $\sqrt{105}$ 的近似值.

解 $\because$ $105 = 10^2 + 5$, $\therefore$ $a = 10, b = 5$.

按式①:$\sqrt{105} \approx 10 + \dfrac{5}{20} = 10.25000$.

按式②:$\sqrt{105} \approx 10 + \dfrac{100}{405} \approx 10.24691$.

按式③:$\sqrt{105} \approx 10 + \dfrac{2025}{8200} \approx 10.24695$.

可见,只要我们取得足够的渐近值,总能求得足够的近似值.

不过,采用这种算法,结果的误差很难估计.

3. 历法

如果地球绕太阳一周是 365 天整,那么我们就不需要有平年和闰年了,也就是没有必要每隔 4 年把二月份的 28 天改为 29 天了.

如果地球绕太阳一周恰恰是 $365\frac{1}{4}$ 天,那么我们 4 年加 1 天的算法就很精确了,没有必要每隔 100 年又要少加一天了.

事实上,天文学家告诉我们:地球绕太阳一周需时 365 天 5 小时 48 分 46 秒,也就是一年有

$$365+\frac{5}{24}+\frac{48}{24\times 60}+\frac{46}{24\times 60\times 60}=365\frac{10463}{43200}(\text{天}).$$

显然,在实际生活中用这个数来计算一年的天数是很不方便的,必须用较简单的数来代替它,即使准确度稍差一些也行.为此,把上述一年的天数展开成连分数:

$$365\frac{10463}{43200}=365+\frac{1}{4}+\frac{1}{7}+\frac{1}{1}+\frac{1}{3}+\frac{1}{5}+\frac{1}{64}.$$

计算各个渐近分数得:

$$365,365\frac{1}{4},365\frac{7}{29},365\frac{8}{33},365\frac{31}{128},365\frac{163}{673},365\frac{10463}{43200}.$$

这里第二个渐近分数表明 4 年加一天是初步(最简单)的近似值,所谓旧历或称儒略历,即每逢第四年增嵌一日于二月,这就是闰年.但由于 $365\frac{1}{4}>365\frac{10463}{43200}$,故四年一闰又太多.由第三个渐近分数可知每 29 年加 7 天更精确一些;而第四个渐近分数则告诉我们,每 33 年加 8 天更精确,即每 99 年加 24 天,即每四年一闰,每百年少一闰,但是 $365\frac{8}{33}>365\frac{10463}{43200}$,所以这种历法还是加得太多,其结果是落后于实际时间.事实上,从第七个渐近分数知道,每 43200 年应加 10463 天,但按四年一闰,百年少一闰的算法(即百年加 24 天),过了 43200 年应加 $432\times 24=10368$ 天,实际上少加了 $10463-10368=95$ 天.这样,岂不是过了 43200 年,人们将提前 95 天过年,也就是在秋初就要过新年了.可见,积少成多,万万不可忽视呀!

我们现今用的历法已经弥补了这个缺点,就是除规定四年一闰,百年少一闰外,还规定每 400 年再加一闰,这样就是过了 43200 年,人们也不会在初秋过年了.

其他有关联分数的应用,我们可阅读华罗庚先生著的《从祖冲之的圆周率谈起》一书.

1. 求下列连分数的各个渐近分数的值

(1) $3+\frac{1}{4}+\frac{1}{1}+\frac{1}{5}$

(2) $\frac{1}{1}+\frac{1}{1}+\frac{1}{3}+\frac{1}{10}+\frac{1}{12}$

2. 把下列各数展开成连分数

(1) $\frac{142}{513}$

(2) 3.54

(3) $\sqrt{38}$

3. 用连分数的头三个渐近分数来表示 $\sqrt{26}$ 和 $\sqrt{111}$ 的近似值.

4. 1959 年苏联发射的第一颗人造行星绕日一周需时 450 天,如果一年以 $365\frac{1}{4}$ 计算,试证明该人造行星将于 2113 年又非常接近地球.

1. (1) $3,\frac{13}{4},\frac{16}{5},\frac{93}{29}$. 草式:

	3	4	1	5
1	3	13	16	93
	1	4	5	29

(2) $0,1,\frac{1}{2},\frac{4}{7},\frac{41}{72},\frac{496}{871}$.

草式:

	0	1	1	3	10	12
1	0	1	1	4	41	496
	1	1	2	7	72	871

2. (1) $\frac{142}{513}=\frac{1}{3}+\frac{1}{1}+\frac{1}{1}+\frac{1}{1}+\frac{1}{1}+\frac{1}{2}+\frac{1}{1}+\frac{1}{1}+\frac{1}{4}$.

(2) $3.54=3+\frac{1}{1}+\frac{1}{1}+\frac{1}{5}+\frac{1}{1}+\frac{1}{3}$.

草式:(1)

142		513
0	0	
142	3	426
87	1	87
55	1	55
32	1	32
23	1	.23
18	2	9
5	1	5
4	1	4
1	4	4
		0

草式:(2)

354		100
300	3	
54	1	54
46	1	46
8	5	40
6	1	6
2	3	6
		0

(3) $38=6^2+2$, $\because$ $a=6,b=2$.

根据 $\sqrt{N}=a+\dfrac{b}{2a}+\dfrac{b}{2a}+\dfrac{b}{2a}.$ 则 $\sqrt{38}=6+\dfrac{2}{12}+\dfrac{2}{12}+\dfrac{2}{12}+\cdots$

或者 $\sqrt{38}=6+\dfrac{1}{6}+\dfrac{1}{12}+\dfrac{1}{6}+\dfrac{1}{12}+\cdots$

3. $\because$ $\sqrt{26}=\sqrt{5^2+1}=5+\dfrac{1}{10}+\dfrac{1}{10}+\cdots$

$\therefore$ $\sqrt{26}\approx 5,\sqrt{26}\approx\dfrac{51}{10},\sqrt{26}\approx\dfrac{515}{101}$.

$\because$ $\sqrt{111}=\sqrt{10^2+11}=10+\dfrac{11}{20}+\dfrac{11}{20}+\cdots$

$\therefore$ $\sqrt{111}\approx 10+\dfrac{11}{20}\approx 10.55$,

$\therefore$ $\sqrt{111}\approx 10+\dfrac{2\times 10\times 11}{4\times 10^2+11}=10+\dfrac{220}{411}\approx 10.5357$,

$\sqrt{111}\approx 10+\dfrac{4\times 10^2\times 11+11^2}{8\times 10^3+4\times 10\times 11}=10+\dfrac{4521}{8440}\approx 10.5357$.

4. $\dfrac{450}{365.25}=\dfrac{45000}{36525}=\dfrac{1800}{1461}$,其连分数是

$$\frac{1800}{1461}=1+\cfrac{1}{4+}\cfrac{1}{3+}\cfrac{1}{4+}\cfrac{1}{2+}\cfrac{1}{1+}\cfrac{1}{2}.$$

它的渐近分数是

$$1,\frac{5}{4},\frac{16}{13},\frac{69}{56},\frac{154}{125},\frac{223}{181},\frac{600}{487},\cdots$$

草式:

	1	4	3	4	2	1	2
1	1	5	16	69	154	223	600
	1	4	13	56	125	181	487

草式:

1800		1461
1461	1	
339	4	1356
315	3	105
24	4	96
18	2	9
6	1	6
6	2	3
0		

说明地球绕日 5 周,人造行星绕日 4 周,即 5 年后人造行星和地球接近,以此类推,从第五个渐近分数可知,地球绕日 154 周,人造行星绕日 125 周,将非常接近地球,即 154 年后,1959+154=2113 年时,人造行星和地球非常接近.

第八讲

根式化简

一、引言

初中数学根式部分的内容主要是根式的概念、算术根的概念、算术根的恒等变形法则、根式化简和根式运算.由于根式运算在后续课程及应用中会较频繁地出现,故在根式部分的基础学习时,对根式化简该引起足够重视.同学们在根式运算中,出错率较高,仔细分析,主要是对算术根概念不够清楚,以及没有注意到随时要把根式予以化简.本讲着重探讨根式化简的问题.

二、几个基本概念

1. 算术根与被开方数

正数的正的方根叫算术根.

（1）在实数范围内研究根式,符号 $\sqrt[n]{a}\,(a>0)$ 总是表示算术根.例如 $\sqrt{4}=2,\sqrt[3]{8}=2.$

（2）4 的平方根跟 4 的算术平方根是不同的.前者表示 $\pm\sqrt{4}$,即 $+2$ 和 -2;但后者表示 $\sqrt{4}$,即 $+2$.

（3）遇奇次根式而被开方数是负数时,我们作下述规定:

$$\sqrt[2n+1]{-a}=-\sqrt[2n+1]{a}\,(a>0,n\text{ 是自然数}).$$

例如 $\sqrt[3]{-5}=-\sqrt[3]{5}$,$\sqrt[5]{-2}=-\sqrt[5]{2}$,等等.

（4）遇偶次根式而被开方数是负数时,在实数范围内是无意义的.

例如 $\sqrt[4]{-4}$ 在实数范围内是没有意义的,千万不能写作 $\sqrt[4]{-4}=-\sqrt[4]{4}.$

（5）遇到被开方数含有字母的情况,在化简时要注意算术根的规定.

例如 $\sqrt{a^2}=|a|=\begin{cases}a & (a\geqslant 0)\\ -a & (a<0).\end{cases}$

$$\sqrt{(m-n)^2}=|m-n|=\begin{cases}m-n & (m\geqslant n)\\ n-m & (m<n)\end{cases}$$

（6）被开方数里字母允许取值问题:当根指数是偶数时,被开方数只能为非负数.例如 $\sqrt{x-4}$ 中,x 允许取值是大于或等于 4 的一切值,即 $x\geqslant 4$;又如在 $\sqrt{3x+5}$ 里,x 允许取值范围

是 $x \geqslant -\dfrac{5}{3}$；而在 $\sqrt{5-2x}$ 里，x 允许取值范围则是 $x \leqslant 2\dfrac{1}{2}$，等等.

通常我们遇到的有关根式化简和根式运算等问题中的根式，总认为是有意义的.

2. 根式化简

根式化简可以应用算术根的恒等变形公式、开方运算（诸如 $\sqrt[n]{a^n}=a$，$a \geqslant 0$）、方根的意义〔诸如 $(\sqrt[n]{a})^n=a$〕等关系进行，目的是使根式成为最简根式.

所谓最简根式一般具有下述条件：

（1）被开方数的指数和根指数是互质数；

（2）被开方数的每一个因式的指数都小于根指数；

（3）被开方数不含分母.

3. 根式的运算

（1）**根式的加减法**　把各根式化成最简根式，再合并同类根式（被开方数及根指数都相同）.若不是同类根式，则写成代数和的形式.

（2）**根式的乘除法**　把各根式化成同次根式（被开方数不一定相同，而根指数必定相同），再应用算术根的恒等变形公式运算，例如 $\sqrt[n]{a} \cdot \sqrt[n]{b}=\sqrt[n]{ab}$；$\dfrac{\sqrt[n]{a}}{\sqrt[n]{b}}=\sqrt[n]{\dfrac{a}{b}}$（$a>0,b>0$）.如果除式是几个根式的代数和的形式，那只能写成分子分母的形式，再把分母有理化.

（3）**根式的乘方**　应用公式 $(\sqrt[n]{a})^m=\sqrt[n]{a^m}$（$a>0$），再作化简.遇几个根式代数和的乘方，则类似于多项式乘方法则进行运算.例如 $(\sqrt{a}+\sqrt{b})^2=a+2\sqrt{ab}+b$ 等.

（4）**根式的开方**

① 根式 $\sqrt[n]{a}$ 的开方，可应用公式 $\sqrt[m]{\sqrt[n]{a}}=\sqrt[mn]{a}$（$a>0$）.

② $a \pm \sqrt{b}$ 的开平方公式：$\sqrt{a \pm \sqrt{b}}=\sqrt{\dfrac{a+\sqrt{a^2-b}}{2}} \pm \sqrt{\dfrac{a-\sqrt{a^2-b}}{2}}$.这个公式只有在 $a>0,b>0$，而且 a^2-b 是一个完全平方数的时候，方能求得较简单的结果，故在应用公式前，经判断 a^2-b 是不是一个完全平方数.

例如：$\sqrt{2+\sqrt{3}}=\sqrt{\dfrac{2+\sqrt{4-3}}{2}}+\sqrt{\dfrac{2-\sqrt{4-3}}{2}}=\sqrt{\dfrac{3}{2}}+\sqrt{\dfrac{1}{2}}=\dfrac{1}{2}(\sqrt{6}+\sqrt{2})$.

$a \pm \sqrt{b}$ 的开方，也可化成 $A \pm 2\sqrt{B}$ 的形式，如果 A^2-4B 是一个完全平方数，就可得到 $\sqrt{A \pm 2\sqrt{B}}=\sqrt{x} \pm \sqrt{y}$，其中 $x+y=A$，$xy=B$（x、y 都是正数）.

例如：$\sqrt{6-4\sqrt{2}}=\sqrt{6-2\sqrt{8}}=\sqrt{4}-\sqrt{2}=2-\sqrt{2}$.

这里要注意，$\sqrt{A \pm 2\sqrt{B}}$ 是一个算术根的形式，故必须将较大的数作为 x，较小的数作为 y，切勿颠倒，以防出错.

例如：$\sqrt{4-2\sqrt{3}}=\sqrt{1-2\sqrt{3}+3}=\sqrt{(\sqrt{1})^2-2\sqrt{3}+(\sqrt{3})^2}=\sqrt{(\sqrt{1}-\sqrt{3})^2}$
$=1-\sqrt{3}$.这就错了，而应为 $\sqrt{3}-1$.

4. 分母有理化

把分母里的根号化去,称作把分母有理化.

要把分母有理化,可以应用公式的基本性质,把分式的分子和分母乘以同样的因式(不能为零).这个因式能使与原分母相乘后,积里没有根号,我们称这样的因式为分母的有理化因式.常见的较简单的有理化因式有下述几种形式:

(1) 对于 $\sqrt[m]{a^n}$ $(m>n)$ 的有理化因式是 $\sqrt[m]{a^{m-n}}$;

(2) 对于 $\sqrt[m]{a}+\sqrt[n]{b}$ 的有理化因式是 $\sqrt[m]{a}-\sqrt[n]{b}$,

   对于 $\sqrt[m]{a}-\sqrt[n]{b}$ 的有理化因式是 $\sqrt[m]{a}+\sqrt[n]{b}$;

(3) 对于 $a+\sqrt{b}$ 的有理化因式是 $a-\sqrt{b}$,

   对于 $a-\sqrt{b}$ 的有理化因式是 $a+\sqrt{b}$;

(4) 对于 $\sqrt[3]{a}-\sqrt[3]{b}$ 的有理化因式是 $\sqrt[3]{a^2}+\sqrt[3]{ab}+\sqrt[3]{b^2}$,

   对于 $\sqrt[3]{a^2}+\sqrt[3]{ab}+\sqrt[3]{b^2}$ 的有理化因式是 $\sqrt[3]{a}-\sqrt[3]{b}$;

(5) 对于 $\sqrt[3]{a}+\sqrt[3]{b}$ 的有理化因式是 $\sqrt[3]{a^2}-\sqrt[3]{ab}+\sqrt[3]{b^2}$,

   对于 $\sqrt[3]{a^2}-\sqrt[3]{ab}+\sqrt[3]{b^2}$ 的有理化因式是 $\sqrt[3]{a}+\sqrt[3]{b}$.

而对于其他较复杂的形式,则要根据实际情况来确定各自的有理化因式.

三、例题解析

例 1 化简以下各式

(1) $\sqrt[n]{\dfrac{c^{n+2}}{a^2 \cdot b^{2n-1}}}$;   (2) $\sqrt{(3-2a)^2}-\sqrt{(3a-10)^2}$ $(2<a<3)$;

(3) $\dfrac{x-y}{y}\sqrt{\dfrac{x^4y^3+x^3y^4}{x^2-2xy+y^2}}$;   (4) $\sqrt[4]{17+12\sqrt{2}}$.

解 (1) 原式 $=\sqrt[n]{\dfrac{c^{n+2} \cdot a^{n-2} \cdot b}{a^2 \cdot b^{2n-1} \cdot a^{n-2} \cdot b}}=\sqrt[n]{\dfrac{a^{n-2} \cdot b \cdot c^{n+2}}{a^n \cdot b^{2n}}}=\dfrac{c}{ab^2}\sqrt[n]{a^{n-2} \cdot bc^2}$.

(2) 原式 $=|3-2a|-|3a-10|=-(3-2a)-[-(3a-10)]=5a-13$.

(3) 原式 $=\dfrac{x-y}{y}\sqrt{\dfrac{x^2y^2(x^2y+xy^2)}{(x-y)^2}}=\begin{cases} x\sqrt{x^2y+xy^2} & (x>y) \\ -x\sqrt{x^2y+xy^2} & (x<y) \end{cases}$.

(4) 原式 $=\sqrt{\sqrt{17+12\sqrt{2}}}$ ($\because$ $\sqrt{a^2-b}=\sqrt{17^2-12^2 \cdot 2}=\sqrt{289-288}=1$)

$=\sqrt{\sqrt{\dfrac{17+1}{2}}+\sqrt{\dfrac{17-1}{2}}}$

$=\sqrt{3+\sqrt{8}}$ ($\because$ $\sqrt{a^2-b}=\sqrt{3^2-8}=1$)

$=\sqrt{\dfrac{3+1}{2}}+\sqrt{\dfrac{3-1}{2}}$

$=\sqrt{2}+1$.

例2　比较 $\dfrac{6}{\sqrt[3]{25}-\sqrt[3]{5}+1}$ 与 $\dfrac{4}{\sqrt[3]{9}-\sqrt[3]{3}+1}$ 的大小.

解　$\dfrac{6}{\sqrt[3]{25}-\sqrt[3]{5}+1}=\dfrac{6(\sqrt[3]{5}+1)}{(\sqrt[3]{25}-\sqrt[3]{5}+1)(\sqrt[3]{5}+1)}=\dfrac{6(\sqrt[3]{5}+1)}{5+1}=\sqrt[3]{5}+1.$

$\dfrac{4}{\sqrt[3]{9}-\sqrt[3]{3}+1}=\dfrac{4(\sqrt[3]{3}+1)}{(\sqrt[3]{9}-\sqrt[3]{3}+1)(\sqrt[3]{3}+1)}=\dfrac{4(\sqrt[3]{3}+1)}{3+1})=\sqrt[3]{3}+1.$

$\because\ \sqrt[3]{5}>\sqrt[3]{3}.\quad\therefore\ \sqrt[3]{5}+1>\sqrt[3]{3}+1.$

即 $\dfrac{6}{\sqrt[3]{25}-\sqrt[3]{5}+1}>\dfrac{4}{\sqrt[3]{9}-\sqrt[3]{3}+1}.$

例3　若 x 为任意实数,计算 $x+\sqrt{x^2-2x+1}.$

解　原式 $=x+\sqrt{(x-1)^2}=x+|x-1|$

当 $x\geqslant1$ 时　原式 $=x+x-1=2x-1,$

当 $x<1$ 时　原式 $x+1-x=1.$

例4　化简:$\dfrac{(\sqrt{x}-\sqrt{y})^3+\dfrac{2x^2}{\sqrt{x}}+y\sqrt{y}}{x\sqrt{x}+y\sqrt{y}}+\dfrac{3\sqrt{y}(\sqrt{x}-\sqrt{y})}{x-y}.$

解　原式 $=\dfrac{(\sqrt{x})^3-3x\sqrt{y}+3y\sqrt{x}+(\sqrt{y})^3+2(\sqrt{x})^3+(\sqrt{y})^3}{(\sqrt{x})^3+(\sqrt{y})^3}+\dfrac{3\sqrt{y}(\sqrt{x}-\sqrt{y})}{x-y}$

$=\dfrac{3(\sqrt{x})^3-3x\sqrt{y}+3y\sqrt{x}}{(\sqrt{x})^3+(\sqrt{y})^3}+\dfrac{3\sqrt{y}}{\sqrt{x}+\sqrt{y}}$

$=\dfrac{3\sqrt{x}(x-\sqrt{xy}+y)}{(\sqrt{x})^3+(\sqrt{y})^3}+\dfrac{3\sqrt{y}}{\sqrt{x}+\sqrt{y}}$

$=\dfrac{3\sqrt{x}}{\sqrt{x}+\sqrt{y}}+\dfrac{3\sqrt{y}}{\sqrt{x}+\sqrt{y}}$

$=3.$

例5　已知 $x=\dfrac{2ab}{b^2+1}$,求 $\dfrac{\sqrt{a+x}+\sqrt{a-x}}{\sqrt{a+x}-\sqrt{a-x}}$ 之值.

解　$\dfrac{\sqrt{a+x}+\sqrt{a-x}}{\sqrt{a+x}-\sqrt{a-x}}=\dfrac{(\sqrt{a+x}+\sqrt{a-x})^2}{(a+x)-(a-x)}$

$=\dfrac{a+x+a-x+2\sqrt{a^2-x^2}}{2x}$

$=\dfrac{2a+2\sqrt{a^2-x^2}}{2x}$

$=\dfrac{a+\sqrt{a^2-x^2}}{x}$

$$= \frac{a + \sqrt{a^2 - \dfrac{4a^2b^2}{(b^2+1)^2}}}{\dfrac{2ab}{b^2+1}} \qquad (\because \quad x = \frac{2ab}{b^2+1})$$

$$= \frac{a + \dfrac{a(b^2-1)}{b^2+1}}{\dfrac{2ab}{b^2+1}}$$

$$= \frac{\dfrac{2ab^2}{b^2+1}}{\dfrac{2ab}{b^2+1}}$$

$$= \frac{2ab^2}{b^2+1} \cdot \frac{b^2+1}{2ab}$$

$$= b.$$

1. 化简以下各式

(1) $\sqrt{\dfrac{a^2-2ab+b^2}{a^2+2ab+b^2}}$ $\qquad (a<b)$.

(2) $\sqrt{(a-3)^2} + \sqrt{(a-7)^2}$ $\qquad (3<a<7)$.

(3) $a\sqrt{\dfrac{a+b}{a-b}} - b\sqrt{\dfrac{a-b}{a+b}} - \dfrac{2b^2}{\sqrt{a^2-b^2}}$ $\qquad (a>b)$.

(4) $\left(\sqrt{a} + \dfrac{b-\sqrt{ab}}{\sqrt{a}+\sqrt{b}}\right) \div \left(\dfrac{a}{\sqrt{ab}+b} + \dfrac{b}{\sqrt{ab}-a} - \dfrac{a+b}{\sqrt{ab}}\right)$ $\qquad (a>0, b>0, a\neq b)$.

(5) $\left(\dfrac{1}{\sqrt{1+x}} + \sqrt{1-x}\right) \div \left(\dfrac{1}{\sqrt{1-x^2}} + 1\right)$.

2. 计算以下各式

(1) $5\sqrt[3]{-250} - 2\sqrt[3]{-16} + 4\sqrt[3]{686}$.

(2) $\left(\sqrt[5]{a^2} + \sqrt[3]{a^4} + a\sqrt{a^3}\right) \cdot 2a\sqrt[3]{a^2}$.

(3) $\sqrt{\dfrac{3}{x}} + \sqrt{\dfrac{x}{3}} + \sqrt{\dfrac{x^2+9}{3x}} + 2 + \sqrt{\dfrac{x^2+9}{3x}} - 2$ $\qquad (0<x<3)$.

3. 当 $x = \dfrac{\sqrt{3}}{2}$ 时,试求 $\dfrac{1+x}{1+\sqrt{1+x}} + \dfrac{1-x}{1-\sqrt{1-x}}$ 的值.

1. (1) 原式 $= \sqrt{\dfrac{(a-b)^2}{(a+b)^2}} = \dfrac{b-a}{a+b}$ $\qquad (\because \quad a<b)$.

(2) 原式 $= |a-3| + |a-7|$ $\qquad (\because \quad 3<a<7)$

$\qquad\qquad = a-3 + (7-a)$

$\qquad\qquad = 4.$

（3）原式 $=a\sqrt{\dfrac{a^2-b^2}{(a-b)^2}}-b\sqrt{\dfrac{a^2-b^2}{(a+b)^2}}-\dfrac{2b^2\sqrt{a^2-b^2}}{a^2-b^2}$ 　　（∵　$a>b$）

$=\dfrac{a}{a-b}\sqrt{a^2-b^2}-\dfrac{b}{a+b}\sqrt{a^2-b^2}-\dfrac{2b^2}{a^2-b^2}\sqrt{a^2-b^2}$

$=\dfrac{a(a+b)\sqrt{a^2-b^2}-b(a-b)\sqrt{a^2-b^2}-2b^2\sqrt{a^2-b^2}}{(a+b)(a-b)}$

$=\dfrac{\sqrt{a^2-b^2}\,(a^2+ab-ab+b^2-2b^2)}{(a+b)(a-b)}$

$=\sqrt{a^2-b^2}$.

（4）原式 $=\dfrac{\sqrt{a}\,(\sqrt{a}+\sqrt{b})+b-\sqrt{ab}}{\sqrt{a}+\sqrt{b}}\div$

$\dfrac{a\,\sqrt{ab}\,(\sqrt{ab}-a)+b\,\sqrt{ab}\,(\sqrt{ab}+b)-(a+b)(\sqrt{ab}-a)(\sqrt{ab}+b)}{\sqrt{ab}\,(\sqrt{ab}+b)(\sqrt{ab}-a)}$

$=\dfrac{a+b}{\sqrt{a}+\sqrt{b}}\cdot\dfrac{b-a}{a+b}$

$=\sqrt{b}-\sqrt{a}$.

（5）原式 $=\dfrac{1+\sqrt{1-x^2}}{\sqrt{1+x}}\cdot\dfrac{\sqrt{1-x^2}}{1+\sqrt{1-x^2}}$

$=\dfrac{\sqrt{1-x^2}}{\sqrt{1+x}}$

$=\sqrt{1-x}$.

2.（1）原式 $=-5\sqrt[3]{250}+2\sqrt[3]{16}+4\sqrt[3]{686}$

$=-5\times5\sqrt[3]{2}+2\times2\sqrt[3]{2}+4\times7\cdot\sqrt[3]{2}$

$=-25\sqrt[3]{2}+4\sqrt[3]{2}+28\sqrt[3]{2}$

$=7\sqrt[3]{2}$.

（2）原式 $=\sqrt[5]{a^2}\cdot2a\sqrt[3]{a^2}-\sqrt[3]{a^4}\cdot2a\sqrt[3]{a^2}+a\sqrt{a^3}\cdot2a\sqrt[3]{a^2}$

$=\sqrt[15]{a^6}\cdot2a\sqrt[15]{a^{10}}-2a\sqrt[3]{a^6}+2a^2\sqrt[6]{a^9}\cdot\sqrt[6]{a^4}$

$=2a^2\sqrt[15]{a}-2a^3+2a^4\sqrt[6]{a}$

$=2a^2(\sqrt[15]{a}-a+a^2\sqrt[6]{a})$.

（3）原式 $=\dfrac{1}{x}\sqrt{3x}+\dfrac{1}{3}\sqrt{3x}+\dfrac{x+3}{3x}\sqrt{3x}+\dfrac{3-x}{3x}\sqrt{3x}$

$=\sqrt{3x}\left(\dfrac{1}{x}+\dfrac{1}{3}+\dfrac{x+3}{3x}+\dfrac{3-x}{3x}\right)$

$=\dfrac{x+9}{3x}\sqrt{3x}$.

3. 原式 $= \dfrac{1+\dfrac{\sqrt{3}}{2}}{1+\sqrt{1+\dfrac{\sqrt{3}}{2}}} + \dfrac{1-\dfrac{\sqrt{3}}{2}}{1-\sqrt{1-\dfrac{\sqrt{3}}{2}}}$

$= \dfrac{1+\dfrac{\sqrt{3}}{2}}{1+\dfrac{\sqrt{3}}{2}+\dfrac{1}{2}} + \dfrac{1-\dfrac{\sqrt{3}}{2}}{1-\dfrac{\sqrt{3}}{2}+\dfrac{1}{2}}$

$= \dfrac{2+\sqrt{3}}{3+\sqrt{3}} + \dfrac{2-\sqrt{3}}{3-\sqrt{3}}$

$= \dfrac{(2+\sqrt{3})(3-\sqrt{3})+(2-\sqrt{3})(3+\sqrt{3})}{(3+\sqrt{3})(3-\sqrt{3})}$

$= 1.$

第九讲

绝对值　算术根

一、绝对值、算术根在代数运算中所处的地位

带有绝对值及根式的运算是代数式恒等变换的一个重要方面,在整个数学学习中其应用是很广泛的.在初中阶段学习一元二次方程中的求根公式、根与系数的关系、解无理方程等方面都要用到根式运算.

同学们在绝对值及根式的恒等变形和运算中,经常会发生一些错误,本讲旨在帮助大家进一步认识绝对值及算术根的概念.通过常见错误的剖析和例题讲解,学好根式,掌握算术根的条件.

二、绝对值的概念

$$|a| = \begin{cases} a & (a > 0) \\ 0 & (a = 0) \\ -a & (a < 0) \end{cases} \quad 或者 |a| = \begin{cases} a & (a \geq 0) \\ -a & (a < 0) \end{cases}$$

$|a|$ 的几何意义是数 a 在数轴上的对应点到原点的距离.

例如:

$|x| \leq A$ ，即 $-A \leq x \leq A$

$|x| \geq A$ ，即 $x \geq A$ 或 $x \leq -A$

$|x-a| \leq A$ ，即 $a-A \leq x \leq a+A$

三、算术根的概念

1. 方根

如果 $x^n = a$（n 是大于 1 的整数）,那么 x 叫作 a 的 n 次方根.

方根的性质

$\sqrt[n]{a}$ n	a		
	正数	零	负数
偶数	两个相反的数	0	在实数范围内无意义
奇数	只有一个且是正数	0	只有一个且必是负数

2. 算术根

正数的正方根叫作算术根,零的算术根是零.在 $a\geqslant 0$ 时,符号 $\sqrt[n]{a}$ 表示算术根.

$$\sqrt{a^2}=|a|=\begin{cases}a & (a>0)\\0 & (a=0)\\-a & (a<0)\end{cases} \qquad \sqrt{(a-2)^2}=|a-2|=\begin{cases}a-2 & (a>2)\\0 & (a=2)\\2-a & (a<2)\end{cases}$$

四、常见的几种错误

1. $x^2<4$ 错解为:$x<\pm 2$,或 $x<2$;

正解为:$-2<x<2$(即当 $x\geqslant 0$ 时,$x<2$;当 $x<0$ 时,$x>-2$).

2. $\sqrt[3]{-3}=\sqrt[6]{9}$(错解),$\sqrt[3]{-3}=-\sqrt[3]{3}=-\sqrt[6]{9}$(正确).

$\sqrt[3]{-3}=\sqrt[6]{-9}$(错解),$\sqrt[3]{-3}=-\sqrt[6]{9}$(正确).

3. $\sqrt[3]{(-8x^3)^2}=-\sqrt[3]{(2x)^6}=-4x^2$(错解),

$\sqrt[3]{(-8x^3)^2}=\sqrt[3]{(8x^3)^2}=\sqrt[3]{(2x)^6}=4x^2$(正确).

4. $\sqrt[4]{(4ab^2)^4}=4ab^2$(错解),$\sqrt[4]{(4ab^2)^4}=\begin{cases}4ab^2 & (a\geqslant 0)\\-4ab^2 & (a<0)\end{cases}$(正确).

5. 当 a 为何值时,$\sqrt[3]{a+1}=-\sqrt[6]{(a+1)^2}$?

错解为:当 $a<-1$ 时,$\sqrt[3]{a+1}=-\sqrt[6]{(a+1)^2}$,

正确为:当 $a\leqslant -1$ 时,$\sqrt[3]{a+1}=-\sqrt[6]{(a+1)^2}$.

6. 求 $y=\sqrt{x+3}$ 关于 x 的允许值.

错解为:$x>-3$ 是 $y=\sqrt{x+3}$ 的允许值,

正确为:$x\geqslant -3$ 是 $y=\sqrt{x+3}$ 的允许值.

7. 化简 $\sqrt[4]{4x^6y^4}$.

错解为:$\sqrt[4]{4x^6y^4}=xy\sqrt{2x}$(误以为 x、y 均为正数,缺少讨论);

正确为:

$$\sqrt[4]{4x^6y^4}=\left.\begin{cases}xy\sqrt{2x}\ (x>0,y>0)①\\-xy\sqrt{2x}\ (x>0,y<0)②\\-xy\sqrt{-2x}\ (x<0,y>0)③\\xy\sqrt{-2x}\ (x<0,y<0)④\end{cases}\right\}=0(x=0,\text{或 }y=0).$$

若 x 和 y 中有一个或两个等于零,则上述结果都能成立,且都等于零.

现在令 $x=\pm 3$,$y=\pm 2$ 再来说明上述四种结果.

不论 $x=\pm 3, y=\pm 2$ 中的哪一组：

① $x=3, y=2$，原式 $=2\times 3\sqrt{2\times 3}=6\sqrt{6}$；

② $x=3, y=-2$，原式 $-(3)(-2)\sqrt{2\times 3}=6\sqrt{6}$；

③ $x=-3, y=2$，原式 $=-(-3)(2)\sqrt{-2(-3)}=6\sqrt{6}$；

④ $x=-3, y=-2$，原式 $=(-3)(-2)\sqrt{-2(-3)}=6\sqrt{6}$.

8. $\sqrt{(-4)(-25)(-16)(-49)}=\sqrt{-4}\cdot\sqrt{-25}\cdot\sqrt{-16}\cdot\sqrt{-49}=(-2)(-5)(-4)(-7)$
$=280$(错解，等式第二、三步均无意义)，

$\sqrt{(-4)(-25)(-16)(-49)}=\sqrt{4\times 25\times 16\times 49}=\sqrt{4}\cdot\sqrt{25}\cdot\sqrt{16}\cdot\sqrt{49}$
$=2\times 5\times 4\times 7=280$.(正确)

9. $\sqrt{x-y}\cdot\sqrt[3]{y-x}=\sqrt[6]{(x-y)^3(y-x)^2}$.(错解)

只有在 $x\geqslant y$ 时，原式才能成立，

故 $\sqrt{x-y}\cdot\sqrt[3]{y-x}=\sqrt[6]{(x-y)^3}\cdot[-\sqrt[6]{(x-y)^2}]=-\sqrt[6]{(x-y)^3(x-y)^2}$
$=-\sqrt[6]{(x-y)^5}$.(正确)

五、有关算术根的讨论

1. 下列各等式是否成立？为什么？

(1) $\sqrt{3x-2}=-4$ 不成立.偶次根不可能是负数.

(2) $\sqrt{2x^2+7}=-(x^2+5)$ 不成立.偶次根不可能是负数.

(3) $\sqrt{x-8}-\sqrt{3-x}=6$ 不成立.若被减数根式能成立，则必须 $x\geqslant 8$，则 $3-x<0$，即减数根式就不成立了.

(4) $\sqrt{5-x}=x-7$ 不成立.若等式左边成立，必有 $x\leqslant 5$，这就导致等式右边成为负数，而偶次根不可能为负数.

(5) $\sqrt{x-1}+\sqrt{x-2}+\sqrt{x-3}=0$ 不成立.欲使等式左边三个根式成立，必有 $x\geqslant 3$，满足这个条件的 $\sqrt{x-1}$ 和 $\sqrt{x-2}$ 都不可能为零.

(6) $\sqrt{x+1}+\sqrt{x-4}-1=0$ 不成立.欲使两个根式成立，必有 $x\geqslant 4$，则 $\sqrt{x+1}$ 必然大于 1，故等式不可能为零.

(7) $\sqrt{2x+15}+\dfrac{10}{\sqrt{2x-1}}=\sqrt{2x-1}$ 不成立.欲使等式左侧成立，必有 $x>\dfrac{1}{2}$，此时整个等式(方程)不成立.

(8) $|x+1|+|x+2|+3=0$ 不成立.绝对值必然大于等于零，则三个加数之和不可能为零.

2. x 取何值，下列等式才有意义

(1) $\sqrt{(x-8)^2}=x-8$ ($x\geqslant 8$).

(2) $\sqrt{x^2-1}=\sqrt{x-1}\cdot\sqrt{x+1}$ ($x\geqslant 1$).

(3) $\sqrt{3x^2}=-x\sqrt{3}$ $\quad (x\leqslant 0)$.

(4) $\sqrt{(2x-1)^2(3-x)}=(2x-1)\sqrt{3-x}$ $\quad \left(\dfrac{1}{2}\leqslant x\leqslant 3\right)$.

(5) $\sqrt{(2x-1)^2(3-x)}=(1-2x)\sqrt{3-x}$ $\quad \left(x\leqslant \dfrac{1}{2}\right)$.

(6) $\sqrt{x}\div\sqrt{x-1}=\sqrt{\dfrac{x}{x-1}}$ $\quad (x>1)$.

(7) $\sqrt{\dfrac{x-2}{x-3}}=\dfrac{\sqrt{x-2}}{\sqrt{x-3}}$ $\quad (x>3)$.

(8) $-\sqrt[6]{4x^2-20x+25}=\sqrt[3]{2x-5}$ $\quad \left(x\leqslant \dfrac{5}{2}\right)$.

六、例题分析

例 1 计算 $|x-2|$.

解 $|x-2|=\begin{cases}x-2 & (x\geqslant 2),\\ 2-x & (x\leqslant 2).\end{cases}$

例 2 化简 $|3a|-a+|-2a|$.

解 (1) 当 $a>0$ 时,原式$=3a-a+2a=4a$.

(2) 当 $a=0$ 时,原式$=0$.

(3) 当 $a<0$ 时,原式$=-3a-a-2a=-6a$.

例 3 化简 $|y^2+5|$.

解 当 $y\geqslant 0$ 或 $y<0$ 时.总有 $y^2\geqslant 0$,故原式$=y^2+5$.

例 4 化简 $|x|-|x+3|+|x-3|$.

解 本题我们应分四个区间来讨论.

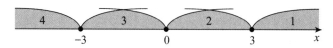

(1) 当 $x\geqslant 3$ 时,

原式$=x-(x+3)+(x-3)=x-x-3+x-3=x-6$.

(2) 当 $0\leqslant x<3$ 时,

原式$=x-(x+3)+(3-x)=x-x-3+3-x=-x$.

(3) 当 $-3\leqslant x<0$ 时,

原式$=-x-(x+3)+(3-x)=-x-x-3+3-x=-3x$.

(4) 当 $x<-3$ 时,

原式$=-x+(x+3)+(3-x)=-x+x+3+3-x=6-x$.

至于上述这四个区间怎么得来,那是对三个取绝对值的代数式分别作大于零、等于零以及小于零的情况进行讨论,并将讨论结果在数轴上予以反应,求得了四个公共区间所致.

例 5 解不等式 $\dfrac{7-|x|}{|x|}<3$.

解 $\because$ $|x|>0$，$\therefore$ $7-|x|<3|x|$，$4|x|>7$，$|x|>\dfrac{7}{4}$，即 $x>\dfrac{7}{4}$ 或 $x<-\dfrac{7}{4}$.

例 6 化简 $\sqrt{x^2}-\sqrt{(x+2)^2}+\sqrt{(x-2)^2}$.

解 $\sqrt{x^2}-\sqrt{(x+2)^2}+\sqrt{(x-2)^2}=|x|-|x+2|+|x-2|$.

类似上述例题，我们也应分为四个区间来讨论.

(1) 当 $x<-2$ 时，

原式 $=-x+(x+2)+(2-x)=-x+x+2+2-x=4-x$.

(2) 当 $-2\leqslant x<0$ 时，

原式 $=-x-(x+2)+(2-x)=-x-x-2+2-x=-3x$.

(3) 当 $0\leqslant x<2$ 时，

原式 $=x-(x+2)+(2-x)=x-x-2+2-x=-x$.

(4) 当 $x\geqslant 2$ 时，

原式 $=x-(x+2)+(x-2)=x-x-2+x-2=x-4$.

例 7 解方程：$\left|\dfrac{x^2+2x-3}{x^2-6x+5}\right|=2.\,(x\neq 1)$

解 原式 $=\left|\dfrac{(x+3)(x-1)}{(x-5)(x-1)}\right|=2$，

$\because$ $x\neq 1$，则 $\left|\dfrac{x+3}{x-5}\right|=2$.

即存在 $\dfrac{x+3}{x-5}=2$，或 $\dfrac{x+3}{x-5}=-2$，

解之得 $x+3=2x-10$，$x_1=13$.

或 $x+3=10-2x$，$x_2=\dfrac{7}{3}$.

经检验，x_1 和 x_2 都是原方程之解.

例 8 解不等式 $5x-3+\sqrt{x-5}>3x+1+\sqrt{x-5}$.

解 在 $x\geqslant 5$ 的条件制约下，两边消去 $\sqrt{x-5}$，

$5x-3>3x+1$，$2x>4$，$x>2$，

但由于受 $x\geqslant 5$ 条件制约，故不等式解为 $x\geqslant 5$.

例 9 计算 $\sqrt[3]{a-3}\div\sqrt{a+1}$，$(-1<a<3)$

解 原式 $=-\sqrt[6]{(3-a)^2}\div\sqrt[6]{(a+1)^3}$

$\qquad\quad =-\sqrt[6]{(3-a)^2\cdot\dfrac{1}{(a+1)^3}}$

$\qquad\quad =-\sqrt[6]{\dfrac{(3-a)^2}{(a+1)^3}}$

$\qquad\quad =-\dfrac{1}{a+1}\sqrt[6]{(3-a)^2(a+1)^3}$.

例 10 如果 $|x-3|<2$，计算 $\sqrt{(x-6)^2}-|1-2x|+\sqrt{(3x-2)^2}$.

解 ∵ $|x-3|<2$,则有 $-2<x-3<2$,即 $1<x<5$.

原式 $=6-x-(2x-1)+(3x-2)$

$\qquad =6-x-2x+1+3x-2$

$\qquad =5$.

1. 化简下列各式(式中各字母均为任意实数)

(1) $3\sqrt{80c^4d^2}$.

(2) $a^2\sqrt[4]{\dfrac{1}{a^3}-\dfrac{b}{a^4}}$.

(3) $\sqrt{a-\dfrac{1}{a^2}}$.

(4) $3\sqrt{125a^3b^2}+b\sqrt{20a^3}-\sqrt{500a^3b^2}$ $\qquad(a\geqslant0)$.

2. 解下列不等式

(1) $|x-3|<5$.

(2) $2<|x|<3$.

(3) $|x-1|>5$.

(4) $\sqrt{2x+1}+\sqrt{x-1}\geqslant\sqrt{3x}$

[提示:根据不等式性质,原式必须在 $x\geqslant1$ 的条件下,两边才能平方.]

3. 化简

(1) $|x-3|+\sqrt{(2-x)^2}$ $\qquad(x<2)$.

(2) $a+\sqrt{1-2a+a^2}$.

(3) $\sqrt{(x-2)^2}+\sqrt{(x+3)^2}+\sqrt{(x-5)^2}$.

[提示:从(1)$x<-3$;(2)$-3\leqslant x<2$;(3)$2\leqslant x<5$;(4)$x\geqslant5$ 讨论.]

(4) $\dfrac{1}{x-1}\sqrt{(x^2+1)^2-4x^2}$ $\qquad(-1<x<1)$.

4. 解方程

(1) $|x-4|+|x+1|=5$.

(提示:从(1)$x<-1$;(2)$x\geqslant4$;(3)$4>x\geqslant-1$ 讨论)

(2) $|x-3|+\sqrt{(2-x)^2}=3$.

1. (1) $3\sqrt{80c^4d^2}=12\sqrt{5}c^2d$ $\qquad(d\geqslant0)$.

(2) $a^2\sqrt[4]{\dfrac{1}{a^3}-\dfrac{b}{a^4}}=a^2\cdot\sqrt[4]{\dfrac{a-b}{a^4}}=a\sqrt[4]{a-b}$ $\qquad(a>b,a\neq0)$.

(3) $\sqrt{a-\dfrac{1}{a^2}}=\sqrt{\dfrac{a^3-1}{a^2}}=\dfrac{1}{a}\sqrt{a^3-1}$ $\qquad(a\geqslant1)$.

(4) 必要条件 $a\geqslant0$.

原式 $=15a|b|\sqrt{5a}+2ab\sqrt{5a}-10a|b|\sqrt{5a}$

$\qquad =(5a|b|+2ab)\sqrt{5a}$

$$=\begin{cases} 7ab\sqrt{5a} & (b>0), \\ -3ab\sqrt{5a} & (b<0). \end{cases}$$

2. (1) $-5<x-3<5$,则$-2<x<8$.

(2) 当$x\geqslant0$时,$2<x<3$;

当$x<0$时,$2<-x<3$ $-2>x>-3$.

(3) $-5>x-1>5$,则$-4>x>6$.

(4) 在$x\geqslant1$时,原式两边取平方

$(\sqrt{2x+1}+\sqrt{x-1})^2\geqslant(\sqrt{3x})^2$,$2x+1+x-1+2\sqrt{(2x+1)(x-1)}\geqslant3x$,即

$2\sqrt{(2x+1)(x-1)}\geqslant0$,

则$\sqrt{(2x+1)(x-1)}\geqslant0$.

① $\begin{cases} 2x+1\geqslant0 \\ x-1\geqslant0 \end{cases}$ 则$\begin{cases} x\geqslant-\dfrac{1}{2} \\ x\geqslant1 \end{cases}$ 共同区间为$x\geqslant1$;

② $\begin{cases} 2x+1\leqslant0 \\ x-1\leqslant0 \end{cases}$ 则$\begin{cases} x\leqslant-\dfrac{1}{2} \\ x\leqslant1 \end{cases}$ 共同区间为$x\leqslant-\dfrac{1}{2}$.

由于是在$x\geqslant1$时,不等式方能取平方解算,故本题之解应为$x\geqslant1$.

3. (1) 原式$=3-x+(2-x)=5-2x$.

(2) 原式$=a+\sqrt{(1-a)^2}$

　　　　$=a+|1-a|$

　　　　$=\begin{cases} 1 & (a\leqslant1), \\ 2a-1 & (a>1). \end{cases}$

(3) ① 在$x<-3$时,

原式$=2-x-(x+3)-(x-5)=2-x-x-3-x+5=-3x+4$;

② 在$-3\leqslant x<2$时,

原式$=-(x-2)+(x+3)-(x-5)=-x+2+x+3-x+5=10-x$;

③ 在$2\leqslant x<5$时,

原式$=x-2+x+3-(x-5)=x+6$;

④ 在$x\geqslant5$时,

原式＝$x-2+x+3+x-5=3x-4$.

(4) 原式＝$\dfrac{1}{x-1}\sqrt{(x^2+1+2x)(x^2+1-2x)}$

　　　　＝$\dfrac{1}{x-1}\sqrt{(x+1)^2(x-1)^2}$　　（$\because$　$-1<x<1$）

　　　　＝$\dfrac{1}{x-1}(x+1)(1-x)$

　　　　＝$-x-1$.

4. (1) ① 在 $x<-1$ 时，

则有$-(x-4)-(x+1)=5$　$-2x=2,x=1$；

② 在 $x\geqslant4$ 时，

则有 $x-4+x+1=5$　$2x=8$　$x=4$；

③ 在 $-1\leqslant x<4$ 时，

则有$-(x-4)+x+1=5$　$0=0$,故无解，

(2) 原式变形为$|x-3|+|2-x|=3$.

自设讨论区间：

当 $x-3\geqslant0$ 时,$x\geqslant3$；当 $x-3<0$ 时,$x<3$；

当 $2-x\geqslant0$ 时,$x\leqslant2$,当 $2-x<0$ 时 $x>2$.

将这些取值在数轴上表示后,得区间：

①$x\geqslant3$；　②$2\leqslant x<3$；　③$x<2$.

① 当 $x\geqslant3$ 时，

则有 $x-3-(2-x)=3,2x=8,x=4$；

② 当 $2\leqslant x<3$ 时，

则有 $3-x-(2-x)=3$,无根；

③ 当 $x<2$ 时，

则有$-(x-3)+(2-x)=3,-2x=-2,x=1$.

第十讲

数的概念

一、数的概念不断拓展

随着生产力的发展，出于计数和运算的需求，人们对数的认知不断加深，相应地对数的概念也不断拓展，数的范畴也就逐步扩大了.这段历史道来话长，本讲我们只能用下述简表来大体浏览一下数的概念发展的进程.

自然数———(引入正分数)———→正有理数———(引入负数和零)———→有理数———(引入无理数)———→实数———(引入虚数)———→复数……

在初中阶段，同学们只接触到数的实数范围.

二、自然数、零、正分数

由于人类生存的需求，必须学会数东西，于是产生了自然数 $1,2,3,4,\cdots$

自然数中的单位是 1.也就是说，自然数中 1 是最小的数.不过，自然数中没有最大的数.

全体自然数可以粗略地分为三类：

第一类是质数（即大于 1 的自然数，除了 1 和其自身外，不能被其他自然数整除的数），如 $2,3,5,7,11,13,\cdots$

第二类是合数（即大于 1 的自然数，除了 1 和其自身外，还能被某些自然数整除的数），如 $4,6,8,9,10,12,\cdots$

第三类是 1，单独一个数.

我们日常计数和记数大都采用十进位制，这也许与人类有十个手指或从中获得启示有关.现在已很少使用十二进位制和六十进位制了.不过，在信息技术中，依然采用着二进位制.二进位制与"逢 10 进 1"的十进位制所使用的"0"到"9"十个数字的不同之处在于：二进位制只使用"0"和"1"两个数字，且规定"逢 2 进 1".这样，我们可以把自然数 $1,2,3,4,5,6,7,8,\cdots$ 依次写作：$1,10,11,100,101,110,111,1000,\cdots$ 也就是说，在二进位制中，自"个位"起依次向左的各个数位上的"1"分别表示 $2^0,2^1,2^2,2^3,\cdots$ 考虑到在二进位制数书写时，可能与十进位制发生混淆，常用符号"B"写在二进位制数的最右端，以示与十进位制数的区别.例如：1010B 其实就表示它是十进位制数的 10（在 2^3 位上的"1"表示 $8,2^1$ 位上的"1"表示 2）.

在二进位制数之间进行手工加减运算，也是由低位到高位逐位进行，每一位上的计算规则比十进位制简单得多.

对于加法:0+0=0,0+1=1,1+0=1,1+1=0 并进位.

对于减法:0-0=0,1-0=1,1-1=0,0-1=1 并借位.

例如计算 1101001B+101100B;10010101B-1101001B.

$$
\begin{array}{r}
1\,1\,0\,1\,0\,0\,1\,B \\
+)\quad 1\,0\,1\,1\,0\,0\,B \\
\hline
1\,0\,0\,1\,0\,1\,0\,1\,B
\end{array}
\qquad
\begin{array}{r}
1\,0\,0\,1\,0\,1\,0\,1\,B \\
-)\quad 1\,1\,0\,1\,0\,0\,1\,B \\
\hline
1\,0\,1\,1\,0\,0\,B
\end{array}
$$

与十进位制相比,二进位制使用的符号少,可适用电路的"通"(1)与"断"(0)两种状况;运算规则简单,但不便于书写和叙述.例如一个十进位制的 4 位数 9999,表示成二进位制是 10011100001111,共 14 位.为了克服这一弱点,人们在信息技术中,又常采用十六进位制.

十六进位制则使用 16 种不同的符号,分别表示 0 到 15 这 16 种数值,数位间采用"逢 16 进 1".这 16 种符号是"0"到"9",再加上表示 10,11,12,13,14,15 的"A""B""C""D""E""F"(大小写均可).为了与二进位制及十进位制相区别,十六进位制书写时常在其最右端加上符号"H".

例如:15(十进位制)写成 FH,

16(十进位制)写成 10H,

17(十进位制)写成 11H.

十六进制数之间的加减法也可用竖式,从低位到高位逐位计算,加法满 16 进 1,减法借 1 作 16.

例如:计算 72E6H+2A39H,F00EH-4C7BH.

$$
\begin{array}{r}
7\,2\,E\,6\,H \\
+)\quad 2\,A\,3\,9\,H \\
\hline
9\,D\,1\,F\,H
\end{array}
\qquad
\begin{array}{r}
F\,0\,0\,E\,H \\
-)\quad 4\,C\,7\,B\,H \\
\hline
A\,3\,9\,3\,H
\end{array}
$$

把一个十进位制的数表示成二进位制(简称"十转二"),可以使用"除以 2 取余数"的方法.

例如:把 18(十进位制)表示成二进位制.

18÷2=9 　　余 0

9÷2=4 　　余 1

4÷2=2 　　余 0

2÷2=1 　　余 0

1÷2=0 　　余 1

将各次的余数(自下而上)从左向右排列可得 10010B,即 18=10010B.

把十进位制数表示成十六进位制,方法与"十转二"相似,不同点在于除以 2 改为除以 16.

例:把 9999(十进位制)表示成十六进制.

9999÷16=624 　　余 15(F)

624÷16=39 　　余 0

39÷16=2 　　余 7

2÷16=0 　　余 2

于是 9999=270FH,也是将余数(自下而上)从左至右排列.

而二进位制与十六进位制互换则要容易得多,也直观得多.这正是采用十六进位制的主要原因.因为十六进制的每一位恰好对应二进位制的四位.

例如把 2C3DH 表示成二进位制,只要把 2,C,3,D 分别转为四位二进位制的数,依次排列即可.

　　2C3DH＝0010110000111101B(或 10110000111101B).

　　可见,数的进位制内容确实是很丰富的.

　　在自然数范围里,加法和乘法是永远可以实施的.

　　零的引进是比较迟的.零是数学史上的一大发明,其意义非同小可.零本身表示什么也没有,即零代表"无".但是,没有"无"何来"有"? 零是一个数,其用处很大.零不是一个自然数,进行运算时,它不能作为除数.把零写在自然数列的前面,就得到了一个扩大的自然数列,即由原先的 1,2,3,4,5,…变成了 0,1,2,3,4,5,…其次,没有零就没有进位制,没有进位制就难以表示大数,数学就走不了多远.难怪科普作家沈致远先生写了一首《零赞》:"你自己一无所有/却成十倍地赐予别人/难怪你这样美/像中秋夜的一轮明月."零的特点还表现在其运算功能上:任何数加减零,其值不变;任何数乘以零,得零;零除以非零数,得零.以后我们还会学到:任何非零数除以零,得无限大;零除以零,得任何数.零的原型是什么? 是"一无所有"抑或"四大皆空"? 这个深奥的哲学命题,只能随着同学们认知的拓展,自己去细细体会了.

　　相传大数学家高斯年幼时,老师让高斯计算 1+2+3+…+100,还没等老师在黑板写完,转过身,却发现高斯已如流地答出是 5050.高斯的方法很简捷,$1+2+3+4+\cdots+n=\dfrac{n}{2}(n+1)$.

　　由于单靠自然数和零不能满足实际计量的需要,于是人们引进了分数,并用 $\dfrac{a}{b}$ 来表示(这里 a、b 是自然数,$b\neq 1$,$b\neq 0$).有了这种新的数后,自然数的除法就可以通行无阻了.

三、有理数

　　自然数、零和正分数是原先小学《算术》课程里讨论的数.自然数也就是我们已认知的"正整数".正整数和正分数又统称为"正有理数".

　　其实,小学《算术》课程里的数是远远不能满足实际生活需要的.当有些量不但要考虑其大小,还必须表明其方向(例如要测量具有相反方向的量)或者使减法运算可以通行无阻地得以实施,就必须再引进一种新的数——负数.

　　引进负数以后,我们学过的数就拓展成了:

整数与分数统称"有理数".

为了对有理数概念有较明晰的认识,弄清数的概念间的关系,不妨列成下列两表:

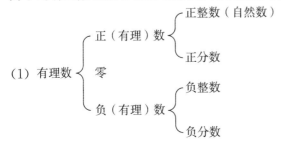

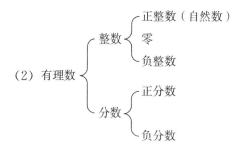

$$(2)\ 有理数\begin{cases}整数\begin{cases}正整数（自然数）\\零\\负整数\end{cases}\\分数\begin{cases}正分数\\负分数\end{cases}\end{cases}$$

任何一个有理数可用分数 $\frac{m}{n}$ 的形式来表示. $\frac{m}{n}$ 又可以化成有限十进小数或无限循环小数，而有限小数又都可以写成无限循环小数的形式. 所以，有理数都可用无限循环小数来表示.

在有理数范围内，加、减、乘、除(除数不为 0)四则运算是永远可以实施的.

为了帮助人们理解，数学家形象地引进了"数轴". 以零为中心，将所有的整数(正整数和负整数)从左到右依次等距排列在数轴上，负数和正数分列"零"的左右，如大雁展翅. 零据中央，颇有王者风范. 引入分数概念后，那么在相邻两个整数之间可以插入无限多个分数以填充数轴上的空白. 做了这样直观的处理后，数学家一度兴奋异常，认为这下总算把整个数轴填满了. 换言之，似乎所有数都已被发现了. 那么，是不是如此呢？

四、实数

既然有"有理数"，那么是否还有对称的"无理数"？ 有这种对世间事物的对称思维其实是很了不起的.

无理数的引进也是跟度量问题有关的，因为人类在生产实践中需要度量长度、质量等. 我们不妨举长度度量问题来予以说明.

用一单位长度线段 b 去量线段 $a(a>b)$，若将单位长度线段 b 分成 n(自然数)等分后，线段 a 正好被量尽，则线段 a 和线段 b 称作"有公度"的两个线段.

但是，如果将单位长度线段 b 作 n 等分后去量 a 线段时，永远得不到恰好是整数次能量尽的机会，那么这两段线段称作"无公度"的线段. 有关"公度"的直观理解，不妨看下述例题.

例 1 如果用下方线段 b 去量线段 a，不能正好量尽，但将 b 线段 4 等分后，用其 $\frac{b}{4}$ 再去量 a 线段，量到 17 次后正好量尽. 由于 $b=4\left(\frac{b}{4}\right)$，$a=17\left(\frac{b}{4}\right)$. 那么，用 b 去量 a 时，a 的量数为 $\frac{17}{4}=4.25$.

例 2 若用下方线段 b 去量线段 a，不能正好量尽，但把 b 线段 3 等分后，用 $\frac{b}{3}$ 再去量线段 a，量到 14 次后正好量尽. 由于 $b=3\left(\frac{b}{3}\right)$，$a=14\left(\frac{b}{3}\right)$. 那么，用 b 去量 a 时，a 的量数为 $\frac{14}{3}=4.\dot{6}$.

由此我们得出结论:如果被量线段与单位线段有公度时,被量线段的量必可用正有理数来表示.

为了证明无公度线段的存在,我们先引进一条定理.

定理 任何一个有理数的平方都不等于 2.

证明: 由于 $1^2 < 2 < 2^2$,所以,任何整数的平方都不会是 2.

再证明任何既约分数 $\dfrac{m}{n}$(n、m 都是自然数,$n > 1$)的平方也不会是 2.(所谓"既约分数"就是我们常说的"最简分数",即该分数的分子和分母没有大于 1 的公约数,例如 $\dfrac{3}{4}$).

假设 $\left(\dfrac{m}{n}\right)^2 = 2$,那么 $m^2 = 2n^2$,所以 m 必定是偶数,设 $m = 2p$(p 为正整数),于是 n 应为奇数$\left(由于 \dfrac{m}{n} 是既约分数\right)$,但由于 $m^2 = (2p)^2 = 2n^2$,故 $n^2 = 2p^2$.因此,n 也一定是偶数,但这与 n 应为奇数有矛盾,故不存在平方等于 2 的有理数.

应用这个定理,我们就可以证明无公度线段的存在.

定理 一正方形的对角线与它的边长无公度.

证明:已知四边形 $ABCD$ 是正方形,设它的边长是 1 个单位长度.又以其对角线 AC 为边作一正方形 $ACEF$,很显然 $S_{ACEF} = 2S_{ABCD}$.可参见图 10-1.

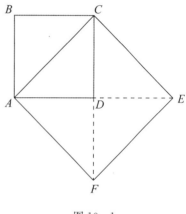

设正方形 $ACEF$ 的边长为 x,则 $x^2 = 2$,从上述定理的证明,我们显然发现,正方形的对角线长与其边长无公度.

为了表示 AC 之长,我们必须用 $\sqrt{2}$,而 $\sqrt{2} = 1.41421\cdots$ 是一个无限不循环小数.

无限不循环小数是一种新的数,数学家称这种数为"无理数".出现(引进)无理数后,数的范围显然又扩大了.不妨列出下表来展示:

图 10-1

有理数和无理数被统称"实数".下面是"实数"的"全家福".

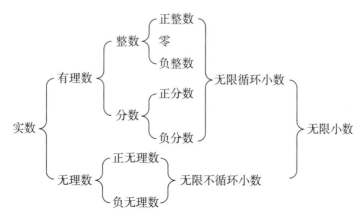

无理数中最著名的代表就是圆周率(即圆周长与其直径之比 $\pi = 3.14159265358979323846\cdots$),

它既不循环,也无终结,包含着无限的信息.自从祖冲之算出圆周率的数值介于"约率" $\left(\frac{22}{7}\right)$ 和 "密率" $\left(\frac{355}{113}\right)$ 之间以来,一直有人在计算 π 的更精确的数值.据报道,已有人利用电子计算机算到了小数点后数百万亿位!其实,就算用最快的超级电子计算机不停地算下去,一直算到地老天荒,也无法穷尽!当然,对圆周率 π 精确值的计算,也可用作评估高性能计算机运算能力的基准.2021 年 7 月,来自瑞士格劳宾登应用科学大学的"数据分析、可视化和模拟中心"(DAViS)研究团队宣布,他们使用超级计算机,耗时 108 天零 9 小时,得到了 π 小数点后 62.8 万亿位的精确值.目前 π 精确值计算位数的吉尼斯世界纪录为 50 万亿位,是由美国人蒂莫西·马利坎于 2020 年 1 月创造的,该纪录的运算耗费时间超过 8 个月.这次 DAViS 的运算速度是蒂莫西·马利坎所使用计算机的 3.5 倍.接下来,DAViS 需要将运算结果从十六进制转换成十进制,并使用特殊的算法检查其是否正确.若运算结果正确,也就创下新的 π 计算位数的新的吉尼斯世界纪录了.还有人利用电子计算机将已算出的圆周率数值化为二进制数后,对其进行了统计分析,发现它像随机数那样具有最大的不确定性.圆周率本是圆周与直径之完全确定的比值,但它产生的无穷数列却具有最大的不确定性,我们不能不为大自然的神奇奥妙而惊讶和震撼.

由此可见,引入了无理数后,数的王国确实更强盛了,在零这位"国王"两边雁翅般排开的阵容就更加威武雄壮了.当然,实数和数轴上的点是一一对应的.

此外,常见无理数还有诸如:

$\sqrt{3} \approx 1.7320508075689\cdots$; $\sqrt{5} \approx 2.2360679774998\cdots$; $301.0100100010010\cdots$.

当然,无限循环小数都是能化成分数的.

引进实数以后,除加、减、乘、除四则运算永远可以实施外,还可以求正数的任何次方根;负数的奇次方根;不过,零的任何次方根仍是零.

对数的概念的寻求是否已大功告成? 数学家可不这么认为."−1 的平方根是什么?"按已有的数的概念和运算法则无法解决,因为任何数的平方均为正数,据此 −1 的平方根就根本不存在.但不存在的东西可以创造出来! 这就是科学的创新精神.数学家为此创造了"虚数",以符号"i"表示,并规定 i 的平方为 −1,则 $\sqrt{-1}$ 当然就成立了.这样,负数开平方的难题也就迎刃而解了.

我们将虚数和实数又统称为"复数".但复数的概念要到高中阶段数学课再介绍.那么,是否引进复数概念后,对数的概念的寻求是真正大功告成了呢? 数的发展是否还有更新的篇章? 人们是否还有更大的创新? 我们拭目以待.

1. (1) 在六种代数运算中,哪几种运算在正有理数范围里都能实施? 哪几种运算在有理数范围里都能实施? 有些什么例外? 哪几种运算在实数范围里都能实施? 有些什么例外?

(2) 如果 a 和 b 是任意两个自然数,那么在哪一种数的范围里,方程 $x+a=b$ 一定可解? 方程 $x-a=b$ 一定可解? 方程 $ax=b$ 一定可解? 方程 $\frac{x}{a}=b$ 一定可解? 方程 $ax^2=b$ 一定可解?

(3) 如果 a 和 b 是任意两个有理数,方程 $ax^2=b$ 是不是在实数的范围里一定可解?

2. 下列各数中哪些是有理数？哪些是无理数？

$-\sqrt[3]{-27}$, $\sqrt[12]{0}$, $0.\dot{3}$, $(\sqrt{2}-1)(\sqrt{2}+1)$, $\sqrt[3]{16}$, π, 0.571428571428.

3. 写出 1 到 50 中间的质数和合数.

4.（1）有五个连续整数,a 是中间的一个,求证它们的和是中间的一个的 5 倍.

（2）求证三个连续整数的积与中间之数的和等于这中间数的立方.

5.（1）已知 $|m|=|n|$,那么 $m=n$ 对吗？举例说明.

（2）已知 $|m|>|n|$,那么 $m>n$ 对吗？举例说明.

（3）已知 $|m|<|n|$,那么 $m<n$ 对吗？举例说明.

6. 设 $a<0$,那么 $|a|-|-2a|+\dfrac{|a|}{2}$ 等于什么？

7. 设 $a^5<0$,那么 a^{2n+1} 与 $-a^{2n+1}$ 哪一个大？ a^{2n} 与 $-a^{2n}$ 呢？

8. 要使 $3x5y$ 这个数能被 5 和 9 整除,我们应当怎样选取 x 和 y 这两个数字？

9. n 是自然数,$-n^2-5$ 的最大值是多少？n 是整数,那么 $-n^2-5$ 的最大值又是多少？

10. x 是怎样的值时,分式 $\dfrac{|x|}{2|x|-1}$ 的值是 0？是 1？没有意义？

11. 计算 $\sqrt{5}-\dfrac{1}{7}+\dfrac{4}{3}-0.9437+\sqrt{11}$（精确到 0.01）.

12. 普通分数能化为有限十进小数的条件是什么？能化为无限十进循环小数的条件是什么？

13. 在实数范围内,分解 x^4-4 的因式.

14. 举例说明两个无理数的和、差、积、商未必是无理数.

1.（1）在正有理数范围里,加、乘、除、乘方运算都能实施.在有理数范围里,加、减、乘、除、乘方运算都能实施,例外是 0 不能作除数.在实数范围里,加、减、乘、除、乘方、开方这六种运算都能实施,例外是负数的偶次方根无意义.

（2）如果 a 和 b 是任意两个自然数,那么方程 $x+a=b$,即 $x=b-a$ 在整数范围内一定可解;方程 $x-a=b$,即 $x=a+b$ 在正整数范围内一定可解;方程 $ax=b$,即 $x=\dfrac{b}{a}$ 在正数范围内一定可解;方程 $\dfrac{x}{a}=b$,即 $x=ab$ 在正整数范围内一定可解;方程 $ax^2=b$,即 $x=\pm\sqrt{\dfrac{b}{a}}$ 在实数范围内一定可解.

（3）如果 a 和 b 是任意两个有理数,方程 $ax^2=b$,即 $x=\pm\sqrt{\dfrac{b}{a}}$,不一定在实数范围里一定可解,必须满足:$a\neq 0$,且 a、b 同号的条件.

2. 有理数为 $-\sqrt[3]{-27}$, $\sqrt[12]{0}$, $0.\dot{3}$, $(\sqrt{2}-1)(\sqrt{2}+1)$, 0.571428571428

无理数为 $\sqrt[3]{16}$, π.

3. 1 到 50 间质数:1,2,3,5,7,11,13,17,19,23,29,31,37,41,43,47

1 到 50 间合数:4,6,8,9,10,12,14,15,16,18,20,21,22,24,25,26,27,28,30,32,33,34,35,36,38,39,40,42,44,45,46,48,49,50.

4. (1) 这 5 个连续整数是 $(a-2),(a-1),a,(a+1),(a+2)$,

则 $\dfrac{(a-2)+(a-1)+a+(a+1)+(a+2)}{a}=\dfrac{5a}{a}=5$.

(2) 这 3 个连续整数为 $(a-1),a,(a+1)$,则

$(a-1)\times a\times(a+1)+a=(a^2-1)a+a=a^3-a+a=a^3$.

5. (1) 已知 $|m|=|n|$,那么 m 不一定等于 n.当 m、n(异号)为相反数时,若 $m=3,n=-3$ 时,$|3|=|-3|$ 但 $3\neq-3$.

(2) 已知 $|m|>|n|$,那么 m 不一定大于 n,当 m、n 为异号不等两数时,若 $m=-9,n=8$ 时,$|-9|>|8|$ 但 $-9\ngtr 8$.

(3) 已知 $|m|<|n|$,那么 m 不一定小于 n.当 m、n 为异号不等的两数时,若 $m=+2$,$n=-3$ 时,$|2|<|-3|$,但 $2\nless-3$.

6. 设 $a<0$,则 $|a|-|-2a|+\dfrac{|a|}{2}=-a-(-2a)+\dfrac{-a}{2}=\dfrac{a}{2}$.

7. 设 $a^5<0$,则 $a^{2n+1}<0$,而 $-a^{2n+1}>0$,故 $a^{2n+1}<-a^{2n+1}$,$a^5<0$,则 $a^{2n}>0$,$-a^{2n}<0$,故 $a^{2n}>-a^{2n}$.

8. 欲使 $3x5y$ 能同时被 5 与 9 整除,则必须使 y 为 0 或 5,

当 $y=0$ 时,$3+x+5+0=8+x$,则 x 必为 1;

当 $y=5$ 时,$3+x+5+5=13+x$,则 x 必为 5.

9. 当 n 是自然数时,$-n^2-5$ 的最大值(即 $n=1$ 时)为 -6.

当 n 是整数时,$-n^2-5$ 的最大值(即 $n=0$ 时)为 -5.

10. 当 $x=0$ 时,分式 $\dfrac{|x|}{2|x|-1}=0$(分子为零);

当 $x=\pm1$ 时,分式 $\dfrac{|x|}{2|x|-1}=1$;

当 $x=\pm\dfrac{1}{2}$ 时分式 $\dfrac{|x|}{2|x|-1}$ 无意义.

11. $\sqrt{5}-\dfrac{1}{7}+\dfrac{4}{3}-0.9437+\sqrt{11}$(精确到 0.01)

$=2.236-0.143-0.944+3.317$

≈3.20.

12. 普通分数能化为有限十进小数的条件是:

凡分母能被 2 与 5 整除.

普通分数能化为无限十进循环小数的条件是:

凡分母是除了 2 与 5 以外的质数.

13. $x^4-4=(x^2+2)(x^2-2)=(x^2+2)(x+\sqrt{2})(x-\sqrt{2})$.

14. 例如:$2.1212212221+1.2121121112=3.3333333333=3.\dot{3}$,

$\sqrt{2}-\sqrt{2}=0$;

$\sqrt{2}\cdot\sqrt{2}=\sqrt{4}=2$;

$\sqrt{2}\div\sqrt{2}=1$.

二元一次方程的整数解

一、前言

在代数课中,我们曾遇到过的二元一次方程如下:

$$11x + 13y = 229 \qquad ①$$

这个二元一次方程有无数组解,下面用表格形式给出一部分解.

x	-1	2	21	9	4	$20\frac{112}{121}$	$\cdots$
y	$18\frac{6}{13}$	$16\frac{1}{13}$	$-\frac{2}{13}$	10	21	$-\frac{1}{11}$	$\cdots$

可见,二元一次方程的解可以是整数、分数、正整数(自然数)等.若对一个二元一次方程的解没有什么特殊的要求,那么可以很方便地从不确定的解群中任求一组,难怪有人称这种方程为"不定方程".但在有些问题中出现的二元一次方程往往只要求我们求出整数解或正整数解.例如,把229分成两个数,一个是11的倍数,另一个是13的倍数.由于11的倍数可写成$11x$(x是整数),13的倍数可以写成$13y$(y是整数).依题意就有了上述方程①,这就是要求方程①的整数解的问题.

又例如,某工厂利用厂内已有的大小两种木箱,包装229个零件,大箱可装13个零件,小箱可装11个零件,问需大、小木箱各几只.我们同样可列出上述方程①,只不过箱子的只数是正整数.因此,本题也是要求方程①的正整数解的问题.

求二元一次方程的整数解或正整数确比求它的一般解稍麻烦一些,因为有了制约条件.下面,我们分两方面来介绍.

二、怎样的二元一次方程有整数解

根据本次讲座的主题,我们旨在探讨二元一次方程的整数解.我们设方程为$ax + by = c$,若系数a、b和c之中有分数的,我们可以把所有系数予以通分,化成整数系;若a、b和c有任一公因数时,可把它约去.为此,我们假定a、b和c为整数,且没有公因数.

若a和b除1以外,还有公因数,例如:

$$a=ma_1, b=mb_1,$$

于是,方程的形式可变为:

$$ma_1x+mb_1y=c,$$

以 m 除方程各项,则得

$$a_1x+b_1y=\frac{c}{m},$$

当 x 和 y 的值为整数时,则方程左边为整数,而右边是分数,很显然,这个等式不能成立. 因此,假如二元一次方程的未知数的系数有某公因数,而常数项却无此公因数时,则该二元一次方程没有整数解.也就是说,a 和 b 除 1 以外,没有公因数时,才有整数解.

三、怎样求二元一次方程的整数解或正整数解

例 1 求方程 $2x+y=1$ 的整数解.

解 ∵ x 和 y 的系数除 1 以外没有其他公因数,

∴ 这个二元一次方程有整数解.

又 ∵ y 的系数是 1,可先解出 y 得

$$y=1-2x.$$

令 x 为整数 t,则得 $y=1-2t$ 也为整数,

∴ 该二元一次方程可由 $\begin{cases} x=t, \\ y=1-2t. \end{cases}$ (t 为整数)

求得任一组整数解,并列出下表(仅举出一部分数例)

t	-4	-3	-2	-1	0	1	2	3	4
x	-4	-3	-2	-1	0	1	2	3	4
y	9	7	5	3	1	-1	-3	-5	-7

例 2 求二元一次方程 $3x+5y=7$ 的整数解.

解 由系数可判断,这个方程有整数解.

解出 x 得 $x=\dfrac{7-5y}{3}$.

分离出整式为 $\qquad\qquad x=2-2y+\dfrac{1+y}{3}$ ①

欲在 y 是整数时,x 也得整数,则必须 $\dfrac{1+y}{3}$ 也为整数.设 $\dfrac{1+y}{3}=t$,即 $3t-y=1$ ②

由方程②求出 y 和 t 的整数值,并由此求出 x 值,这些 x 和 y 的值都适合于原方程.但是, 此方程未知数的系数比原方程的系数小,运算时比较简便,特别在方程②中,y 的系数是 -1, 如同例 1 那样,求出方程②的解是很容易的.由方程②得:

$$y=3t-1$$ ③

③代入①得 $x=4-5t$,

故原方程的整数解可由下述联立式求得

$$\begin{cases} x = 4 - 5t \\ y = 3t - 1 \end{cases} (其中\ t\ 为整数).$$

例 3 求二元一次方程 $7x + 19y = 213$ 的正整数解.

解 由 x 和 y 的系数,可判断该方程有整数解,我们不妨先求整数解.

解出 $x = \dfrac{213 - 19y}{7}$,

分离出整式为
$$x = 30 - 3y + \dfrac{3 + 2y}{7} \qquad\qquad ①$$

设 $\dfrac{3 + 2y}{7} = t_1$,即 $2y - 7t_1 = -3$.

解得 $y = \dfrac{-3 + 7t_1}{2}$,

分离出整式为
$$y = -1 + 3t_1 + \dfrac{-1 + t_1}{2} \qquad\qquad ②$$

再设 $\dfrac{-1 + t_1}{2} = t_2$ 即 $t_1 - 2t_2 = 1$.

解得
$$t_1 = 1 + 2t_2 \qquad\qquad ③$$

③代入②得
$$y = 2 + 7t_2 \qquad\qquad ④$$

④代入①得
$$x = 25 - 19t_2 \qquad\qquad ⑤$$

由于 t_2 为整数,将④⑤两式联立,可求出原方程的整数解.但现在要求的是正整数解,故必须选取这样的整数 t_2,使 $x > 0$,并且使 $y > 0$,即 $25 - 19t_2 > 0$,并且 $2 + 7t_2 > 0$.解这两个不等式得到 $-\dfrac{2}{7} < t_2 < \dfrac{25}{19}$(见图 11-1)

图 11-1

由图可见,t_2 只有 0 和 1 两个可能解,故原二元一次方程的解为:$\begin{cases} x = 25 \\ y = 2 \end{cases}$($t_2 = 0$ 时) 和 $\begin{cases} x = 6 \\ y = 9 \end{cases}$($t_2 = 1$ 时).

从上述三道例题可知求二元一次方程整数解的步骤是:

(1) 解出系数较小的(绝对值较小的)未知数.

(2) 从被解出的未知数的表达式中分出整式.

(3) 在分出整式以后的等式中,如含有分母的项,则令该项为某个字母(例如 t_1).

(4) 在所令的等式中,解出另一个未知数,必要时可重复上述步骤(2)和(3),当解出所令的字母的表达式中不含有系数是分数的项时,就停止重复.

(5) 用依次代入的方法,以最后一个所令的字母(例如 t)来表示 x 和 y,得到形如(其中

t 是整数) $\begin{cases} x = p + at \\ y = q - bt \end{cases}$ 的式子,这就是原二元一次方程的整数解的一般公式.

（6）若欲求正整数解,则可先求整数解,然后利用 $x > 0$,且 $y > 0$ 的制约条件,从不等式中解出 t 的取值,再代入一般整数解的公式[即步骤(5)中的联立式中]即可.

例 4 某工厂利用厂内已有的大小两种木箱,包装 229 个零件,大箱可装 13 个零件,小箱可装 11 个零件,问需大、小木箱各几只.

解 设需小木箱 x 只,大木箱 y 只.则按题意列方程

$$11x + 13y = 229 \quad （x \text{ 和 } y \text{ 都必须是正整数}）$$

显然方程要求有整数解,为此可先求得整数解的一般公式

$$\begin{cases} x = 22 - 13t \\ y = 11t - 1 \end{cases} \quad （t \text{ 为整数}）.$$

由于 x 和 y 都是正整数,故 $\begin{cases} -1 + 11t > 0 \\ 22 - 13t > 0 \end{cases}$ 即 $\begin{cases} t > \dfrac{1}{11} \\ t < \dfrac{22}{13} \end{cases}$.

因为 t 必须是整数,故 t 只能取 1.代入上述联立式,得 $x = 9, y = 10$.故需小木箱 9 只,大木箱 10 只.

例 5 我国古代有道名题:"百钱买百鸡".意思是:100 元钱买 100 只鸡,小鸡 1 元钱 3 只,母鸡 3 元钱 1 只,公鸡 5 元钱 1 只,小鸡、母鸡和公鸡各买几只?

解 设买小鸡 x 只,母鸡 y 只,则公鸡 $z = (100 - x - y)$ 只.依题意得 $\dfrac{1}{3}x + 3y + 5(100 - x - y) = 100$,就是 $7x + 3y = 600$.

显然上述二元一次方程有整数解,解之得整数解联立式为: $\begin{cases} x = 3t \\ y = 200 - 7t \end{cases}$ （t 为整数）   ①

并且 $z = -100 + 4t$ ②

又由于 x、y、z 都必须是非负数,则

$3t \geq 0, 200 - 7t \geq 0, -100 + 4t \geq 0$.解之得

$\dfrac{200}{7} \geq t \geq 25$,即 t 只有 25,26,27,28 四个解,将它们分别代入①、②两式,可得到本题有下表所列出的四组解.

t	25	26	27	28
x	75	78	81	84
y	25	18	11	4
z	0	4	8	12

1. 求下列二元一次方程的整数解:

（1） $3x - 2y = 10$

（2） $23x + 53y = 109$

2. 有米袋两种,一种能装米 60 千克,另一种能装米 80 千克,问大、小两种米袋各多少方能恰好装完 440 千克米?

3. 1 元钱买了 15 张邮票,其中有 4 分的、8 分的、1 角的三种,问可有哪几种买法?

1. (1) $3x-2y=10$,由 x 和 y 的系数可判断,该方程有整数解,则 $x=\dfrac{10+2y}{3}=3+y+\dfrac{1-y}{3}$,

令 $\dfrac{1-y}{3}=t$,则得 $\begin{cases} y=1-3t \\ x=4-2t \end{cases}$($t$ 为整数).

可求得任一组整数解,下表可列举几组:

t	-2	-1	0	1	2
x	8	6	4	2	0
y	7	4	1	-2	-5

(2) $23x+53y=109$,由 x 和 y 的系数可判断该二元一次方程有整数解.并可求得 $23x=109-53y$.

$$x=4-2y+\dfrac{17-7y}{23}, \quad 令\ t_1=\dfrac{17-7y}{23},得\ y=\dfrac{17-23t_1}{7}=2-3t_1+\dfrac{3-2t_1}{7} \qquad ①$$

$$令\ t_2=\dfrac{3-2t_1}{7}, \quad 得\ t_1=\dfrac{3-7t_2}{2}=1-3t_2+\dfrac{1-t_2}{2} \qquad ②$$

$$令\ t_3=\dfrac{1-t_2}{2}, \quad 得\ t_2=1-2t_3 \qquad ③$$

③代入② 得 $t_1=-2+7t_3$ $\qquad ④$

④代入① 得 $y=9-23t_3$,则 $x=-16+53t_3$

故原二元一次方程的整数解可由公式 $\begin{cases} x=-16+53t \\ y=9-23t \end{cases}$($t$ 为整数)求得.

下表列举了五组解.

t	-2	-1	0	1	2
x	-122	-69	-16	37	90
y	55	32	9	-14	-37

2. 设有小米袋 x 只,大米袋 y 只,按题意列方程 $60x+80y=440$,化简成 $3x+4y=22$,由 x 和 y 的系数可判断该二元一次方程有整数解.由 $y=\dfrac{22-3x}{4}=5-x+\dfrac{2+x}{4}$ $\qquad ①$

令 $t=\dfrac{2+x}{4}$,则 $x=4t-2$.代入①得

$$y=7-3t(t\ 为整数)$$

由于 $x>0,y>0$,即袋的只数是自然数,故 $4t-2>0,7-3t>0$.解这两个不等式得 $\frac{1}{2}<t<2\frac{1}{3}$,故 t 的整数解只有 1 和 2.

当 $t=1$ 时 $\begin{cases} x=2 \\ y=4 \end{cases}$;当 $t=2$ 时 $\begin{cases} x=6 \\ y=1 \end{cases}$.

3. 设 4 分的为 x 张,8 分的为 y 张,1 角的为 $z=(15-x-y)$ 张.则按题意列出方程 $4x+8y+10(15-x-y)=100$,化简后得 $3x+y=25$.由 x 和 y 的系数可判断该二元一次方程有整数解.令 $x=t$,(t 为整数)则由 $\begin{cases} x=t \\ y=25-3t \\ z=2t-10 \end{cases}$ 可求出整数解.又由于 $x\geq0,y\geq0,z\geq0$,故有 $t\geq0$,$25-3t\geq0,2t-10\geq0$ 解这三个不等式得 $5\leq t\leq 8\frac{1}{3}$,又由于 t 只能取整数,故 t 只能取 5,6,7,8 四个解,由此,可求出 x,y,z 的四组解(见下表).

t	5	6	7	8
x	5	6	7	8
y	10	7	4	1
z	0	2	4	6

生活中处处有数学

数学是自然科学的基础,也是重大技术创新与发展的基础.实践表明:数学已成为航天航空、国防安全、生物医药、信息技术、能源技术、海洋技术、人工智能、先进制造等领域不可或缺的重要支撑.

诚可谓"宇宙之大、粒子之微、火箭之速、化工之巧、地球之变、生物之谜,日用之繁,无处不用数学."其实,就是我们日常的生活中也处处充满数学问题.对本次讲座主题中的"处处"也许同学们会不以为然,甚至认为"太夸张"了.其实,只要同学们细细留神,会体察到"生活中处处有数学"是恰如其分的.不是吗? 我们可从几个方面举些实例.

一、时钟问题

每天早晨醒来,首先想到看一看时钟,几点了? 该不该起床了? 人们很难想象,要是没有时钟,一切会混乱到什么程度.而时钟上大有数学学问.譬如你每天早晨本该六点整起身,可闹钟"害病"了,每小时慢了 4 分钟.假如晚上七点半将它跟标准钟对准了,那么按闹钟指示的时间,你该几点起床呢? 如果当闹钟指着六点时你才起身,那你比原定时间迟了多久? 要准确地回答,就要用上数学.

标准钟从晚上七点半到第二天清晨六点整共走了十个半小时,闹钟共慢了 $10\frac{1}{2} \times 4 = 42$（分钟）,所以当闹钟指着 5 点 18 分时,你就该起床了.那么,闹钟走到六点整,是不是还需要 42 分钟呢? 答案是比 42 分钟还要多一些.因为闹钟每走 1 分钟,标准钟走了 $\frac{60}{56}$ 分钟.故闹钟走 42 分钟的时间,标准钟走了 $42 \times \frac{60}{56} = 45$（分钟）.现在你该明白,你实际迟起身多少时间了吧!

如果现在恰好是五点整,那么至少经过多长时间,时钟的短针和长针组成直角? 两针重合? 两针成一直线?

解决这个问题的关键在于了解时钟的时针和分针在转动时的关系,即分针转一周,时针只转了 $\frac{1}{12}$ 周.

设 5 点整后,分针至少走过 x 分钟$\left(\text{当然时针转过了}\dfrac{x}{12}\right)$,时针与分针成直角(见图 12 - 1).按题意,$x+15=25+\dfrac{x}{12}$,解之得 $x=10\dfrac{10}{11}$(分).

图 12 - 1　　　　　　　　图 12 - 2　　　　　　　　图 12 - 3

假如问题中没有"至少"字眼,那么问题还有另一解,即 $x-15=25+\dfrac{x}{12}$,(解之得 $x=43\dfrac{7}{11}$分).这又怎么理解呢?

设至少过 x 分钟,两针重合(见图 12 - 2).按题意,$x=25+\dfrac{x}{12}$,解之得 $x=27\dfrac{3}{11}$(分).

设至少经过 x 分钟,两针成一直线(见图 12 - 3).按题意,$x=25+\dfrac{x}{12}+30$.解之得 $x=60$(分),即 6 点整.

其实,关于时钟还有许多有趣的数学问题.

二、历法问题

为了核对今天是否轮到我班值日,你会很自然地看一下日历,并随手撕去昨天的一页.同学们几乎每天都重复这件简单而又明了的事——按日历计算日子.但你是否想过编制日历跟数学的关系?

经过天文学家仔细观察,积累大量天文数据,发现地球绕日一周时间为 365 天 5 小时 48 分 46 秒.平时我们记一年 365 天只是个概数.其实,这些"零头"时间忽略不得,年代一长积累起来,可是了不得的事.为此,数学家费了好大的劲,将一年 $=365+\dfrac{5}{24}+\dfrac{48}{24\times60}+\dfrac{46}{24\times60\times60}=$

$365+\cfrac{1}{4+\cfrac{1}{7+\cfrac{1}{1+\cfrac{1}{3+\cfrac{1}{5+\cfrac{1}{64}}}}}}$,得到了一个渐近分数的数列:$365\dfrac{1}{4}$,$365\dfrac{7}{29}$,$365\dfrac{8}{33}$,

$365\dfrac{31}{128}$,$365\dfrac{163}{673}$,$365\dfrac{10463}{43200}$.

它们分别表示每年应在 365 天基础上,每隔 4 年加一天(一闰);每 29 年加 7 闰;每 33 年加 8 闰(即每 99 年加 24 闰)……

由此,我们今天的历法规定,每四年加一闰,每百年少一闰.也许有同学发现,按这种历法,每 100 年加 24 天,那么过了 43200 年,总共加了 $432 \times 24 = 10368$ 天,而按上述第六个渐近分数,每 43200 年应加 10463 天才对呀,它不是少加了 95 天? 到那时初秋就要过年了! 这个问题看来得留待后人去解决了.

其实,人类发明了电子计算机后也带来了一系列计时问题.诸如日历从 1999 年翻到 2000 年,要捉"千年虫",你感兴趣吗? 你是否也曾动脑筋投入电脑时钟设置?

三、用材问题

每天起身后,需要漱洗,稍留意便可发现:热水瓶、漱口杯等都是圆柱形的,其实装液体的各类容器诸如茶缸、油桶、奶粉罐等也往往都是圆柱形的,这里除了美观、坚固等原因,用材节省恐怕是最重要的因素呢!

对于柱体的容积来说,等于底面积乘以高.而在等容积(等底面积等高)的柱体中,圆柱体用材最省,这是因为底面积一定时,圆的周长比任何多边形周长要短,这就使圆柱侧面用材大大节省.

我们不妨这样来思考:用一块 $l \times h$ 的矩形材料沿 l 围成高为 h 的柱体,分别将它围成圆柱,正方柱,三棱柱.此时,围成的圆底面 $S_{圆} = \left(\dfrac{l}{2\pi}\right)^2 \pi = \dfrac{l^2}{4\pi}$,围成的正方形底面 $S_{方} = \left(\dfrac{l}{4}\right)^2 = \dfrac{l^2}{16}$,围成的正三角形底面 $S_{三} = \dfrac{1}{2}\left(\dfrac{l}{3}\right)\left(\dfrac{l}{2\sqrt{3}}\right) = \dfrac{l^2}{12\sqrt{3}}$,比较后发现:$S_{圆} > S_{方} > S_{三}$.

我们在不少化工厂能看到许多装原材料的球形罐,这种造型除了跟球罐的美观、坚固、散热诸因素有关外,是否也与用材节省有关呢?

我们再来看一个例子.某工厂用 10 cm 见方的金箔上冲裁直径为 1 cm 的小圆片,应该怎样排列最省材? 一张金箔上最多能冲裁多少小圆片?

可能你以为像图 12 - 4(a)那样排列最省料,可排 10 行,每行 10 个,总共可轧 100 个.实际上这样排列虽比无规则排列省料,但圆片间的空隙还是相当大的,可见图 12 - 4(a)中的阴影部分.

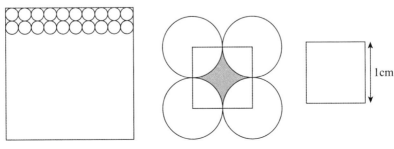

(a)

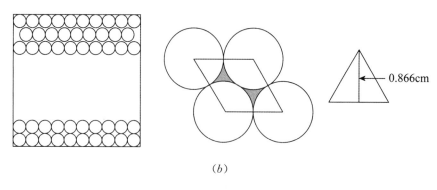

(b)

图 12 - 4

其实,若能像图 12 - 4(b)那样排列,能令圆片间空隙更小,相邻三个圆的圆心组成正三角形,该正三角形边长为 1 cm,高 $h = \sqrt{1^2 - \left(\frac{1}{2}\right)^2} = \sqrt{\frac{3}{4}} = \frac{\sqrt{3}}{2} \approx 0.866(\text{cm})$,即每两行圆片的圆心间隔为 0.87 cm(过剩近似值),这样 10 cm 见方的金箔可排 11 行,其中 7 行每行为 10 片,4 行每行为 9 片,共计 106 片(为何是 7 行每行 10 片,请大家思考).

又如在一家家具厂的库房里堆放大量优质柚木边角料,而这些边角料均为形状、大小、厚度一致的任意四边形,倘若要用它们锯成比较规则(诸如矩形、菱形)来铺地板,必须花费大量人力、物力.一位有经验的师傅建议:直接用这些任意四边形来铺职工俱乐部的地板,居然不用锯一下,拼成的花纹新颖别致,很有情趣.在大家啧啧称赞之余,更叹服这位师傅的数学知识.请同学们想想这位师傅是运用了四边形的什么性质?(四边形的内角和等于 360°)

四、生产问题

1. 生产计划

假如要你制订一个生产计划,条件如下,你能行吗?

在适宜种蔬菜、棉花和水稻的 50 亩土地上,使用 20 个劳力,每亩地所需劳力和预计产值如下:

	每亩地所需劳力	每亩地预计产值
蔬菜	$\frac{1}{2}$	1100 元
棉花	$\frac{1}{3}$	750 元
水稻	$\frac{1}{4}$	600 元

必须每亩地都种上作物,所有劳力都有活干,而且必须预计产值达最高.

我们不妨设蔬菜种 x 亩,棉花种 y 亩,水稻种 z 亩,按题意可列出方程组:

$$\begin{cases} x + y + z = 50 & ① \\ \dfrac{x}{2} + \dfrac{y}{3} + \dfrac{z}{4} = 20 & ② \\ \text{且有 } x \geqslant 0, y \geqslant 0, z \geqslant 0 \end{cases}$$

而产值 $W=1100x+750y+600z$.

由②得　$6x+4y+3z=240$　　　　　　　　　　　　　　　③

③－①×3　得　$3x+y=90$，即 $y=90-3x$　　　　　　　④

③－①×4　得　$2x-z=40$，即 $z=2x-40$　　　　　　　⑤

④⑤代入 W 表达式　$W=1100x+750(90-3x)+600(2x-40)=43500+50x$　　⑥

由于 $y \geqslant 0$，故 $90-3x \geqslant 0$，得 $x \leqslant 30$｝即 $20 \leqslant x \leqslant 30$.

由于 $z \geqslant 0$，故 $2x-40 \geqslant 0$，得 $x \geqslant 20$

显然，当 $x=30$ 时，W 值最大，此时 $W=43500+50 \times 30=45000$（元）.

则 $y=90-3x=90-3 \times 30=0$（亩），$z=2x-40=2 \times 30-40=20$（亩）.

可见，当蔬菜种 30 亩，棉花种 0 亩，水稻种 20 亩时，预计产值最高，达 45000 元.

2. 产量预测

在庄稼收割前，必须预先估计一下亩产.

常用的方法是：选出有代表性的作物若干株，算出每株作物的平均产量，然后根据密植程度，算出每亩株数，从而估算亩产.

今有棉田一块，行距 1.5 尺，株距 1 尺，今选出有代表性的 10 株预测，数出每株棉铃个数如下表，根据棉铃大小，估得每 300 个棉铃可产籽棉 1 斤，试估计亩产.

株次	1	2	3	4	5	6	7	8	9	10
棉铃个数	18	16	8	9	11	14	6	15	10	13

由上表列式计算平均每株有棉铃 $\dfrac{18+16+8+9+11+14+6+15+10+13}{10}=12$（个）.

故每株平均产籽棉 $12 \times \dfrac{1}{300}=0.04$（斤）.

每亩约有棉株 6000 平方尺÷1.5 尺÷1 尺＝4000（株）.

所以每亩可产籽棉约 $0.04 \times 4000=160$（斤）.

这个例题只要用算术方法就能解决，是较简单的.

3. 平均单产

庄稼收获后，往往需要计算作物的平均每亩的产量.

例如某生产队种植了 36 亩棉花，籽棉亩产如下表，所以如何计算平均每亩产量呢？

籽棉每亩产量明细表（单位：斤）

165 +5	136 −24	181 +21	175 +15	133 −27	162 +2
179 +19	145 −15	139 −21	185 +25	140 −20	185 +25
173 +13	164 +4	156 −4	157 −3	177 +17	183 +23
148 −12	187 +27	196 +36	180 +20	184 +24	143 −17
124 −36	163 +3	142 −18	160	141 −19	159 −1
153 −7	178 +18	135 −25	147 −13	155 −5	190 +30

你一定会说,这个问题太简单了,求出总产量再除以 36,不就可以了吗?但真要请你算一下,又嫌太麻烦,要是数字再多一些,那就更麻烦了.我们不妨用一种巧算法.

仔细观察,这 36 个数字都是一百多,平均也必然是一百多.故百位上数字可以暂不管它.而十位数字是从二十几到九十几,平均大概是六十几.故我们暂且假定平均数是 60,于是在每格右下角把各个数字和平均数的差额写下,如 65 比 60 多 5,就写下 $+5$,36 比 60 少 24,就写下 -24 等.然后将这些差额差相加(相反数可以相消,剩下 7 个数字)得 60,除以 36,得 $1\frac{2}{3}$.故平均每亩产籽棉 $161\frac{2}{3}$ 斤.

4. 堆垒问题

在工厂的原材料堆栈中,钢管或圆木总是整齐地堆放起来,既美观,又便于统计.譬如有一堆钢管(等粗等长)从底层算起,每层依次少一根地堆叠,材料管理员只要数一下底层和顶层的根数,立即知道这堆钢管的总根数.你觉得奇怪吗?

其实道理很简单,他是根据 $\frac{1}{2}$(底层根数+顶层根数)×层数立即心算出来的.若底层 20 根,顶层 5 根,那么 $\frac{1}{2}(20+5)\times16=200$(根).因为从底层向上数,每层少一根,或从顶层向下数,必然每层增加一根.其横截面类似于等腰梯形,求堆垒总根数类似于求梯形面积.

五、运输问题

在双轨铁路线上对开的两列列车相遇了:货车时速 36 千米,客车时速 45 千米.客车上旅客发现货车开过用了 6 秒钟,他计算一下,告诉同伴,开过去的货车长度为 $36\times\frac{6}{60\times60}=0.06$(千米)=60(米).同伴说他错了,他怎么也想不通.他错在哪里呢?

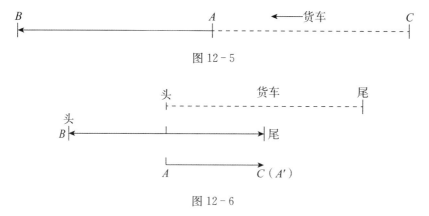

图 12-5

图 12-6

原来旅客忘记自己所坐的客车也在运动呀!如 12-5 图所示,如果旅客静止不动,则在 6 秒钟内货车车头从相遇点 A 到位置 B,而车尾则从位置 C 移到 A,故货车长度即为 AB 之距离,即 60 米(见图 12-6).而现在客车也在开动,当旅客在 A 处遇货车车头时,过了 6 秒钟,货车车头移出 B 点,而旅客则从 A 点移到了 C 点时见货车车尾,故货车车身长度应为 BC 间距

离(也就是说,作为观察者的旅客相对货车的速率,是货车速率加上客车速率,是速率叠加),即两列车 6 秒钟内所走距离之和:

$$(45+36)\times\frac{6}{60\times60}=\frac{81}{600}=0.135(千米)=135(米).$$

我们再来看一个问题:船速一定的一艘货轮往返于 A、B 两地间,有两条等距离水路可走,一条是静水,另一条水有流速.那么,走哪条水路比较省时间?

粗粗一想,大多数人都会认为两条水路所花时间是一样.理由很简单,在有流速的水路中,如果轮船去的时候遇到逆流,速度减少了,那么回来时是顺流,速度会增加.这样,去时多花费的时间和回来时所节省的时间相抵消,不就跟在静水中往返一次所花的时间一样了么? 我们不忙于下结论,不妨先来计算一下.

若设 A、B 两地相距 50 千米,轮船速度 20 千米/时,水速 5 千米/时,那么,静水中往返一次所花时间:

$$(50\times2)\div20=5(小时).$$

在有流速的水路中往返一次需要时间:

$$50\div(20-5)+50\div(20+5)=5\frac{1}{3}(小时).$$

可见,有流速时,轮船往返一次所花时间较多.

这是什么原因呢? 因为轮船逆流多花的时间并不恰好等于顺流所少花的时间.

一般情况下,设两地相距为 S,船速为 V,水速为 v,则,船在静水中往返所花时间都是 S/V.

而逆流中、顺流中所花时间分别为: $\dfrac{S}{V-v}$,$\dfrac{S}{V+v}$.

故逆流较静水多花的时间: $\dfrac{S}{V-v}-\dfrac{S}{V}=\dfrac{Sv}{V(V-v)}$;

顺流较静水少花的时间: $\dfrac{S}{V}-\dfrac{S}{V+v}=\dfrac{Sv}{V(V+v)}$.

很显然 $\dfrac{Sv}{V(V-v)}>\dfrac{Sv}{V(V+v)}$.

上述两个问题告诉我们:运输上也充满数学问题;对任何事情不能想当然地去下结论,否则会闹笑话,犯错误.

六、购物速算

商店里购物付款和找零款经常要计算,如何又快又准确,这里也有些窍门——速算.一般可掌握这样几个方面.

1. 个位数是 5 的二位数平方的速算

任何一个个位数是 5 的两位数都可写成 $10a+5$,其中 a 代表十位数字,根据乘法公式 $(a+b)^2=a^2+2ab+b^2$,则 $(10a+5)^2=100a^2+100a+25=100a(a+1)+25=a(a+1)\times100+25$.可见,只要用十位上的数字 a 乘以 $(a+1)$,然后再在所得的乘积后面写上 25,就得到个位数是 5 的二位数的平方了.

例如：$25^2=625$，$(2\times3=6,5\times5=25)$.

$85^2=7225$，$(8\times9=72,5\times5=25)$.

$95^2=9025$，$(9\times10=90,5\times5=25)$.

2. 十位数相同，个位数字之和为 10 的二位数相乘的速算

设两个二位数的十位数字都是 a，个位数分别是 b 和 c，且 $b+c=10$，则这两个二位数分别是 $(10a+b)$ 和 $(10a+c)$，

由于
$$\begin{aligned}(10a+b)(10a+c)&=100a^2+10ac+10ab+bc\\&=100a^2+10a(b+c)+bc\\&=100a^2+100a+bc\qquad(\because\quad b+c=10)\\&=100a(a+1)+bc\\&=a(a+1)\times100+bc\end{aligned}$$

例如：$75\times75=5625$，$(7\times8=56,5\times5=25)$.

$73\times77=5621$，$(7\times8=56,3\times7=21)$.

$54\times56=3024$，$(5\times6=30,4\times6=24)$.

这一方法还可推广到多位数.

例如：$216\times214=46224$，$(21\times22=462,4\times6=24)$.

$3924\times3976=15601824$，$(39\times40=1560,24\times76=1824)$.其中，$24\times76=(50-26)(50+26)=50^2-26^2=1824$.

$29975\times29925=897001875$，$(299\times300=89700,75\times25=1875)$.

3. 任何数平方的速算

从公式 $a^2-b^2=(a+b)(a-b)$ 可得 $a^2=(a+b)(a-b)+b^2$.利用这个公式的变形来速算.

例如：$27^2=(27+3)(27-3)+3^2=30\times24+9=720+9=729$.

$96^2=(96+4)(96-4)+4^2=100\times92+16=9200+16=9216$.

$103^2=(103+3)(103-3)+3^2=106\times100+9=10609$.

$975^2=(975+25)(975-25)+25^2=1000\times950+625=950625$.

其实，速算远远不止上述介绍的三种方法，有兴趣的同学可参考其他介绍速算的读本.

七、球赛问题

你若喜欢看乒乓球比赛或其他运动项目的对抗赛，总能发现第一轮中往往有参赛者要轮空，这是怎么回事呢？到底怎样安排比赛场数的呢？

记得第 26 届世界乒乓球锦标赛在我国进行，男子单打参赛选手有 158 名，女子单打参赛选手有 96 名，比赛采用淘汰制，那么该进行多少场比赛呢？

计算方法挺简单，只要从报名参赛人数减去 1，就得到需要进行比赛的场数了.譬如男子单打应进行 157 场比赛；女子单打应进行 95 场比赛.

那么，为什么比赛场数总是比参赛选手数少 1 呢？是怎样安排这些比赛的呢？

因为最后参加决赛的总是 2 个人，而这两个人应该从 $2^2=4$ 个人比赛中产生，而这 4 个人

又应该是从 $2^3=8$ 个人中产生,依次类推,$2^4=16$,$2^5=32$,$2^6=64$,$2^7=128$,$2^8=256$…….如果参赛人数恰是 2 的整数次幂,那么只要每两人一组比赛,逐步淘汰就是了.如果参赛人数不是 2 的整数次幂,那么第一轮就有选手要轮空了.例如男子单打参赛选手是 158 人,而 $2^7<158<2^8$,由于 $2^7=128$,$158-128=30$,所以必须从第一轮中淘汰 30 人,为此得进行 30 场比赛,这样第一轮参赛就有 60 名选手,其余 98 名选手便轮空了.这样经过第一轮比赛,剩下了 128 人,那么第二轮起就不会有选手轮空了.第二轮得进行 64 场比赛,以后各轮分别进行 32 场、16 场、8 场、4 场、2 场,到第八轮就可决赛产生冠、亚军了,这样八轮共进行的比赛场数是:

$30+64+32+16+8+4+2+1=157$,恰好比 158 少 1.

那么,女子单打比赛第一轮又有多少选手轮空?共进行几轮比赛?几场比赛?相信同学们能方便地计算出来.

其实如果只要探讨比赛的场数为什么总比参赛选手数少 1,我们还有更简捷的方法:每场比赛总要淘汰 1 人,在由 M 名选手参赛的比赛中,要产生一名冠军,就得淘汰 $(M-1)$ 人,所以就得比赛 $(M-1)$ 场.这是显而易见的.

八、称地图算面积

也许同学们会认为:计算面积很简单.不是吗?计算三角形、平行四边形、矩形、圆、梯形等图形的面积都有现成公式,挺简单的.然而,当人们要你根据地图来计算一下浙江省的面积时,你会觉得挺棘手,"那怎么行呢?数学课本上没教过计算地图面积的方法呀!"能不能巧算呢?

木工出身的数学家于振善就运用他的智慧,用称地图来算面积呢!

他找来一块质地均匀的木板,两面刨光,令处处等厚,再锯成四四方方的,那么这块木板的面积就是已知的了.他称出这块木板的质量,除以木板面积,就得到了单位面积木板的质量了.然后将浙江省地图仔仔细细地复描在这块木块上,按地图的轮廓线锯下来,得到一块"木地图".最后将称得的木地图质量除以单位面积的质量,就轻而易举地得出了地图的面积.

设木板的面积是 a 平方米,质量是 6 千克;"木地图"的面积是 x 平方米,质量是 c 千克,那么,$\frac{b}{a}=\frac{c}{x}$,即 $x=\frac{ac}{b}$(平方米).如果地图的面积与真实地理面积之比是 1∶10000,那真实面积应该是 $10000\frac{ac}{b}$(平方米).

难怪人们称于振善此举为"巧木匠称地图"呢!

九、数学游戏

课余或周末,同学们聚在一起可进行一些数学游戏,诸如算 21 点,电脑排方阵等,既能锻炼敏捷的思维,又能陶冶情操.下面,介绍两种有趣的数学游戏.

1. 取棋子

桌上放着 12 颗棋子,参加游戏的两个人轮流从这堆棋子中任意拿 1、2 或 3 颗,但不能超过 3 颗,谁取了最后 1 颗棋子,就算谁输.先拿棋的人能不能迫使对方取这最后 1 颗呢?

为此,在最后一轮取棋子时,第一个人应留 1 颗给对方,那么在最末第二轮,第一个人应留给对方几颗棋呢?留 4 颗或 4 颗以下是不行的,留 5 颗以上(诸如 6、7、8 颗)也不行,而应留 5

颗,因为这轮中不论对方取掉 1、2 或 3 颗,第一个人都可以相应地取 3、2 或 1 颗,以满足留给对方 5-4=1 颗的结局.

同理可知,第一个人在第一轮中应留给对方 9 颗棋子,不论对方取走 1、2 或 3 颗,第一个人也都可以相应地取走 3、2 或 1 颗,使得留给对方总是 9-4=5 颗.

现在我们顺着来叙述.一共是 12 颗棋子,先拿的人应拿 3 颗,留给第二人 9 颗;在第二轮里,第一个人应留下 5 颗,第三轮留 1 颗而获胜.

在游戏过程中,第一个人留给第二个人的棋子颗数,从末尾算起为:1,5,9.第一个数是 1,以后每一个数均较前一个数大 4,按此规律计算,我们就能找到游戏开始时棋子颗数是其他数目时的制胜窍门.若开始时有 42 颗棋,根据 1,5,9,13,17,21,25,29,33,37,41 的规律排列,那么,先拿的人开头应拿 1 颗,把 41 颗留给对方,以后均按上述数列留棋给对方,逼对方取最后 1 棋.若开始时有 41 颗棋,并且双方都掌握了这一窍门,那么获胜的就不是先取棋者,而是第二人了.

2. 猜年龄

如果你将自己的年龄乘以 67,然后将乘积的末二位数字告诉我,我马上就能说出你的年龄来,你相信吗?

这是什么窍门呢? 它是利用了 $67 \times 3 = 201$ 的性质,因为任何一个二位数乘以 201,所得积的末两位仍然是原来的二位数.现在你把自己的年龄乘以 67,我再把你的乘积的末二位数乘以 3,也就相当于把你的年龄乘以 201 而取末二位,因此就得到了你的年龄.

例如某人年龄是 63 岁,把 $63 \times 67 = 4221$($6 \times 7 = 42$,$3 \times 7 = 21$)报出末二位数是 21,我只要把 $21 \times 3 = 63$,这个 63 就是某人的年龄了,实际上 $63 \times 201 = 12663$,末二位仍是 63 呢!

上述种种日常生活中的问题,都与数学密不可分.现在回过头来想想本讲开场白时所讲的:"我们日常的生活中处处充满数学问题"这句话,应该还是挺有道理的吧!

因式分解（一） 十字相乘法

一、引言

一般地说，将一个整式恒等变形为由几个整式相乘的形式，称作整式的因式分解。乘积中的每个整式则称作原来整式的因式。

在教材中，我们已经学过了提取公因式法、利用公式法、分组分解法、十字相乘法、配方法等方法来分解因式。从本讲起，我们分三讲，分别着重探讨十字相乘法、配方法及多种方法的综合运用。

二次三项式的因式分解经常采用的方法是十字相乘法。

一般地说，要把二次三项式 x^2+px+q 分解因式，若能将常数项 q 分解成两个因数 a 和 b，即 $a \times b = q$，且使 $a+b=p$，则

$$x^2+px+q=(x+a)(x+b).$$

而要把二次三项式 lx^2+mx+n 分解因式，若能将二次项系数 l 分解成两个因数 a 和 c，即 $a \times c = l$；常数项 n 也可分解成两个因数 b 和 d，即 $b \times d = n$，且使 $ad+bc=m$，则

$$lx^2+mx+n=(ax+b)(cx+d).$$

这里所说的"若能将……"那是因为并非任何一个二次三项式都可以分解成有理数的两个一次因式的。诸如 x^2-x+1 就不能，而 x^2-2x-2 在有理数范围内也不能，故本讲所探讨的都是指可以分解成有理数系数的两个一次因式的二次三项式。

二、常数项因数的符号规律

应用十字相乘法，我们很容易将下列二次三项式分解成如下因式：

(1) $x^2+6x+5=(x+5)(x+1)$

$$\begin{array}{cc} 1 & 5 \\ 1 & 1 \end{array}$$

(2) $x^2-9x+18=(x-6)(x-3)$

$$\begin{array}{cc} 1 & -6 \\ 1 & -3 \end{array}$$

(3) $x^2+5x-14=(x+7)(x-2)$

$$\begin{array}{cc} 1 & 7 \\ 1 & -2 \end{array}$$

(4) $x^2-2x-24=(x+4)(x-6)$

$$\begin{array}{cc} 1 & 4 \\ 1 & -6 \end{array}$$

(5) $3x^2+8x-3=(x+3)(3x-1)$ $\begin{matrix}1 & \searrow & 3 \\ 3 & \nearrow & -1\end{matrix}$

(6) $6x^2-7x-3=(2x-3)(3x+1)$ $\begin{matrix}2 & \searrow & -3 \\ 3 & \nearrow & 1\end{matrix}$

(7) $2x^2-3x-9=(2x+3)(x-3)$ $\begin{matrix}2 & \searrow & 3 \\ 1 & \nearrow & -3\end{matrix}$

(8) $3x^2+4x-4=(3x-2)(x+2)$ $\begin{matrix}3 & \searrow & -2 \\ 1 & \nearrow & 2\end{matrix}$

从上述八个例子可以看出,常数项所分成的两个因数的符号规律是:

(1) 若常数项是正数,则其两因数同号;若中项系数是正数,则这两个因数都为正数;反之,都为负数。

(2) 若常数项是负数,则其两因数异号;对于二次项系数为 1 的二次三项式来说,若中项系数是正的,则两因数中绝对值较大的数为正;反之,绝对值较大的数为负。

三、十字相乘法的技巧

遇到二次三项式的常数项和二次项系数所含的因数较大,采用十字相乘法来校核哪一种分法合适,常很费时,又不简捷。如要分解 $x^2+28x-288$ 的因式,由于 $-288=-2^5\cdot 3^2$,故把 -288 分成两因数之乘积,有下列:

$1\times(-288)$ 或 $(-1)\times 288$;

$2\times(-144)$ 或 $(-2)\times 144$;

$3\times(-96)$ 或 $(-3)\times 96$;

$4\times(-72)$ 或 $(-4)\times 72$;

$6\times(-48)$ 或 $(-6)\times 48$;

$8\times(-36)$ 或 $(-8)\times 36$;

$9\times(-32)$ 或 $(-9)\times 32$;

$12\times(-24)$ 或 $(-12)\times 24$;

$16\times(-18)$ 或 $(-16)\times 18$.

若按上述次序一一试验,一直要试到 $\begin{matrix}1 & \searrow & -8 \\ 1 & \nearrow & 36\end{matrix}$,才找到合适的一对,从而得 $x^2+28x-288=(x-8)(x+36)$,就显得很繁琐。那么,有没有较简捷的办法,而不是用穷举法呢?

我们来观察 18 与 42,它们均是 2 的倍数,可以发现它们的和与差也仍是 2 的倍数($18+42=60,18-42=-24,42-18=24$).又例如 18 与 -21 都是 3 的倍数,其和与差也仍是 3 的倍数,即 $18+(-21)=-3,18-(-21)=39,-21-18=-39$.

定理一   如果整数 a、b 都是 c 的倍数,则 $a+b$ 和 $a-b$ 也都是 c 的倍数.

证明 $\because$ a、b 都是 c 的倍数,

即 $a=a'c,b=b'c(a'$、b' 都是整数)

$\therefore$ $a+b=a'c+b'c=(a'+b')c$,

$a-b=a'c-b'c=(a'-b')c$.

由于两整数之和与差仍是整数(正整数、负整数或零),

故 $a'+b'$ 和 $a'-b'$ 都是整数,

∴ $a+b$ 与 $a-b$ 都是 c 的倍数.

我们再来观察 25 与 -11,其中 25 是 5 的倍数,-11 不是 5 的倍数,可以发现它们的和与差$[25+(-11)=14,25-(-11)=36,-11-25=-36]$也都不是 5 的倍数.

定理二 如果两个整数 a、b,一个是 c 的倍数,一个不是 c 的倍数,则 $a+b$ 和 $a-b$ 都不是 c 的倍数.

证明 设 a 是 c 的倍数,b 不是 c 的倍数.

令 $a+b=d$,$a-b=d'$;

则 $d-a=b$,$a-d'=b$.

如果 d 是 c 的倍数,那么由于 a 是 c 的倍数,由定理一可知,$d-a$ 亦应是 c 的倍数,即 b 为 c 的倍数,显然跟已知不符.同理,也可证得 $a-b$ 也不是 c 的倍数.

现在,我们运用这两条定理来研究 $x^2+28x-288$ 的因式分解.因为 28 是 4 的倍数而不是 3 的倍数,故可能合适的两个因数应该每一个都含有因数 4,而其中有一个应不含有因数 3,即 288 可拆成:36(即 $2^2×3^2$)与 8(即 2^3);

4(即 2^2)与 72(即 $2^3×3^2$).显然由于 $-8+36=28$,故

$x^2+28x-288=(x-8)(x+36)$.

我们再来举个例子:

分解 $x^2-210x-8575$ 的因式.

因为 $8575=5^2×7^3$,而 210 是 5 的倍数又是 7 的倍数,所以可能的两个因数是 35 与 245. 故 $x^2-210x-8575=(x-245)(x+35)$.

同理,我们可以方便地用十字相乘法来分解下述因式:

$x^2-34x+288=(x-16)(x-18)$.

$x^2+222x+7560=(x+180)(x+42)$.

$x^2-10x-600=(x+20)(x-30)$.

$x^2-24x-5040=(x-84)(x+60)$.

但上述方法只能适用于常数项的因数有较多相同的情况下,如果常数项的因数有很多不相同或都不相同,那么这个方法就束手无策了.例如下述因式的分解:

$x^2-29x+210$ 中 $210=2×3×5×7$,这里没有相同的因数,显然 29 也不是这 4 个因数的倍数,因而上述两条定理似乎对解本题不起作用,无奈只能再用穷举法,可能的多对因数是:

1 与 $2×3×5×7$; 2 与 $3×5×7$; 3 与 $2×5×7$; 5 与 $2×3×7$; 7 与 $2×3×5$; $2×3$ 与 $5×7$; $2×5$ 与 $7×3$; $2×7$ 与 $3×5$.

兴许待试到最后一对:$2×7$ 与 $3×5$,才是合适的,即

$x^2-29x+210=(x-14)(x-15)$.

可见,穷举法很麻烦,常常还会遗漏.我们还是以上例来剖析.先看看 $x^2-29x+210$ 中常数项的多对因数的和与差:

1 与 210 $210-1=209,210+1=211$;

2 与 105 $105-2=103,105+2=107$;

3 与 70　70－3＝67,70＋3＝73;

5 与 42　42－5＝37,42＋5＝47;

6 与 35　35－6＝29,35＋6＝41;

7 与 30　30－7＝23,30＋7＝37;

10 与 21　21－10＝11,21＋10＝31;

14 与 15　15－14＝1,15＋14＝29.

我们知道,上述各对正因数的乘积都是相等的(210).我们发现:当两个因数的差由大变小时,其和也在相应地缩小.这不是偶然的现象,而是一条普遍的规律,有助于用十字相乘法来解二次三项式.

定理三　若两正数 a、b 的积与另两正数 a'、b' 的积相等,而 $|a-b|>|a'-b'|$,则 $a+b>a'+b'$.

证明　$\because$　$|a-b|>|a'-b'|$,　$\therefore$　$(a-b)^2>(a'-b')^2$.

即 $a^2-2ab+b^2>a'^2-2a'b'+b'^2$.

已知 $ab=a'b'$.　$\therefore$　$4ab=4a'b'$,

$\therefore$　$a^2-2ab+b^2+4ab>a'^2-2a'b'+b'^2+4a'b'$

即 $a^2+2ab+b^2>a'^2+2a'b'+b'^2$,两边开平方,取正平方根,得 $a+b>a'+b'$.

运用这个规律,我们来看怎样较简捷地解决常数项因数没有相同的或相同因数很少的二次三项式的因式分解.

分解 $x^2-179x+2310$ 的因式.

$2310=2\times3\times5\times7\times11$,我们任取一对因数:70 与 33,其和是 103,而中项(一次项)系数是 179,远大于 103,故适合的两因数的和应该还要大一些,其差也还要大一些,即这两个因数还要离得远一些.若选 231 与 10,和为 241 又嫌大了,即两因数离得太远了,应再靠近一些,于是取 165 与 14,其和正好是 179,故 $x^2-179x+2310=(x-165)(x-14)$.

这种办法至少可避免穷举法的繁琐,使选数对有个方向.

例如:(1) $x^2+127x+2310=(x+22)(x+105)$.

(2) $x^2-23x-420=(x-35)(x+12)$.

(3) $x^2+x-600=(x+25)(x-24)$.

(4) $x^2-71x-462=(x-77)(x+6)$.

但上述例子都只是指二次项系数是 1 的情况,若不是 1,其实也一样,只要把二次项系数的因数与常数项的因数一并考虑,同样可以应用上面三条定理.

例 1　分解 $18x^2-273x+980$ 因式.

解　$18=2\times3^2$,$980=2^2\times5\times7^2$.由于 273 是 3 和 7 的倍数,故可取 $\begin{matrix}3\times2 \\ 3\end{matrix}\diagdown\begin{matrix}-7\times4 \\ -7\times5\end{matrix}$

但和为 -294,其绝对值比 273 大,故应接近一些,取 $\begin{matrix}3\times2 \\ 3\end{matrix}\diagdown\begin{matrix}-7\times5 \\ -7\times4\end{matrix}$,其和恰为 -273,

$\therefore$　$18x^2-273x+980=(6x-35)(3x-28)$.

例 2　分解 $20x^2-9x-20$ 因式.

解　$20=2^2\times5$,$20=2^2\times5$,中项系数 9 不是 2 与 5 的倍数,所以可能合适的因数是

$\begin{smallmatrix} 4 & \diagdown & -5 \\ 5 & \diagup & 4 \end{smallmatrix}$,$16-25=-9.$故 $20x^2-9x-20=(4x-5)(5x+4).$

想想练练

●知识巩固●

分解下列各式的因式

1. $x^2-49x+600.$

2. $x^2+115x-600.$

3. $x^2-10x-600.$

4. $x^2+248x+15360.$

5. $x^2-119x-1152.$

6. $x^2-47x+420.$

7. $5x^2+37x+60.$

8. $7x^2+62x-9.$

9. $5x^2-216x-1152.$

10. $125x^2-110x+8.$

解题参考

●想想练练●

1. $x^2-49x+600=(x-25)(x-24).$

2. $x^2+115x-600=(x+120)(x-5).$

3. $x^2-10x-600=(x-30)(x+20).$

4. $x^2+248x+15360=(x+128)(x+120).$

5. $x^2-119x-1152=(x-128)(x+9).$

6. $x^2-47x+420=(x-12)(x-35).$

7. $5x^2+37x+60=(x+5)(5x+12).$

8. $7x^2+62x-9=(7x-1)(x+9).$

9. $5x^2-216x-1152=(x-48)(5x+24).$

10. $125x^2-110x+8=(5x-4)(25x-2).$

因式分解(二)　配方法

一、引言

在算术解应用题中,我们已经初步接触过配方法.在代数中,它的用处更大,诸如在化简 $\sqrt{a+2\sqrt{b}}$ 的二次根式中、在证明等式与不等式中、在解方程中、在求函数极值中、在化简二元二次方程中,甚至在日后要学习的高等代数、高等几何中,它都是不可或缺的.本讲主要探讨因式分解中的配方法.

配方法种类很多,最基本的有配平方与配立方两种.从理论上,它们源于代数式恒等变换原则以及完全平方、完全立方公式.因此,我们须熟练掌握这些公式,方能进一步理解并运用配方法.

二、配平方法

配平方法有两种:配末项与配中项.

1. 配末项

凡形如 ax^2+bx+c 的二次三项式均可以配方,但只在可分解因式的情况下,才能用配方法来因式分解.这话怎样理解呢?

我们知道,在 $a\neq0$ 的情况下,

$$
\begin{aligned}
ax^2+bx+c &=a\left(x^2+\frac{b}{a}x\right)+c \\
&=a\left(x^2+2\cdot\frac{b}{2a}x+\frac{b^2}{4a^2}\right)-\frac{b^2}{4a}+c \\
&=a\left(x+\frac{b}{2a}\right)^2-\frac{b^2-4ac}{4a} \\
&=a\left[\left(x+\frac{b}{2a}\right)^2-\frac{b^2-4ac}{(2a)^2}\right]
\end{aligned}
$$

显见,只要 b^2-4ac 是某个数的平方时,总能运用平方差公式,将上式分解因式.若设 $b^2-4ac=d^2$,则

$$上式＝a\left[\left(x+\frac{b}{2a}\right)^2-\left(\frac{d}{2a}\right)^2\right]$$

$$＝a\left(x+\frac{b}{2a}+\frac{d}{2a}\right)\left(x+\frac{b}{2a}-\frac{d}{2a}\right)$$

但是,这种说法是不严格的.为什么呢? 因为我们忽略了一个讨论的前提——这个二次三项式在哪个数集内进行因式分解.

其实,在复数集内,ax^2+bx+c(显然 a、b、c 都为复数).总可分解,因为 b^2-4ac 总可写成复数的平方.诸如:

$$x^2-x+1＝x^2-2\left(\frac{1}{2}\right)x+\left(\frac{1}{2}\right)^2-\left(\frac{1}{2}\right)^2+1$$

$$＝\left(x-\frac{1}{2}+\frac{\sqrt{3}}{2}\mathrm{i}\right)\left(x-\frac{1}{2}-\frac{\sqrt{3}}{2}\mathrm{i}\right)$$

因为在复数集内,上式的 $b^2-4ac=-3$,-3 可以写成 $(\sqrt{3}\,\mathrm{i})^2$.

而在实数集内,分解 ax^2+bx+c(显然,a、b、c 都是实数)因式时,当且仅当 b^2-4ac 是非负数的实数时,b^2-4ac 可以写成实数的平方,ax^2+bx+c 才可以分解因式.诸如:

$$x^2+x-1＝x^2+2\left(\frac{1}{2}\right)x+\frac{1}{4}-\frac{5}{4}$$

$$＝\left(x+\frac{1}{2}+\frac{\sqrt{5}}{2}\right)\left(x+\frac{1}{2}-\frac{\sqrt{5}}{2}\right).$$

因为在实数集内,上式的 $b^2-4ac=5>0$;5 可以写成 $(\sqrt{5})^2$.

在有理数集内,分解 ax^2+bx+c(显然,a、b、c 都是有理数)时,当且仅当 b^2-4ac 是完全平方数时,b^2-4ac 可以写成有理数的平方,ax^2+bx+c 才可以分解因式.诸如:

$$2x^2+\frac{1}{2}x-\frac{1}{4}＝2\left(x^2+\frac{1}{4}x+\frac{1}{64}-\frac{1}{64}-\frac{1}{8}\right)$$

$$＝2\left[\left(x+\frac{1}{8}\right)^2-\frac{9}{64}\right]$$

$$＝2\left(x+\frac{1}{8}+\frac{3}{8}\right)\left(x+\frac{1}{8}-\frac{3}{8}\right)$$

$$＝2\left(x+\frac{1}{2}\right)\left(x-\frac{1}{4}\right).$$

因为在有理数集内,上式的 $b^2-4ac=\frac{9}{4}$,$\frac{9}{4}$ 可以写成 $\left(\frac{3}{2}\right)^2$.

而在整数集内,分解二次项系数为 1 的三项式 x^2+px+q(显然,p、q 都是整数)的因式时,当且仅当 $b^2-4ac=p^2-4q$ 可以写成整数平方时,x^2+px+q 才可以分解因式.诸如:

$$x^2-x-2＝\left(x-\frac{1}{2}\right)^2-\left(\frac{3}{2}\right)^2$$

$$＝\left(x-\frac{1}{2}+\frac{3}{2}\right)\left(x-\frac{1}{2}-\frac{3}{2}\right)$$

$$＝(x+1)(x-2)$$

因为在整数集内,上式的 $p^2-4q=9$,9 可以写成 3^2.

可见,对配末项的方法,确实存在一个数集的问题.

例1 $x^2-6x-16=x^2-6x+9-25=(x-3)^2-5^2$
$$=[(x-3)-5][(x-3)+5]=(x-8)(x+2).$$

例2 $2x^2-24x-170=2(x^2-12x-85)=2[(x^2-12x+36)-36-85]$
$$=2[(x-6)^2-121]=2(x-17)(x+5).$$

例3 $2x^2-x-3=2\left(x^2-\dfrac{1}{2}x-\dfrac{3}{2}\right)=2\left[\left(x^2-\dfrac{1}{2}x+\dfrac{1}{16}\right)-\dfrac{1}{16}-\dfrac{3}{2}\right]$
$$=2\left[\left(x-\dfrac{1}{4}\right)^2-\dfrac{25}{16}\right]=2\left(x-\dfrac{1}{4}-\dfrac{5}{4}\right)\left(x-\dfrac{1}{4}+\dfrac{5}{4}\right)$$
$$=2\left(x-\dfrac{6}{4}\right)\left(x+\dfrac{4}{4}\right)=(2x-3)(x+1).$$

例4 $2x^2-4x-7=2(x^2-2x+1)-9=[\sqrt{2}(x-1)]^2-3^2$
$$=[\sqrt{2}(x-1)+3][\sqrt{2}(x-1)-3]=(\sqrt{2}x-\sqrt{2}+3)(\sqrt{2}x-\sqrt{2}-3).$$

例5 $3x^2-5x-11=3\left[x^2-\dfrac{5}{3}x+\left(\dfrac{5}{6}\right)^2\right]-\dfrac{25}{12}-11=\left[\sqrt{3}\left(x-\dfrac{5}{6}\right)\right]^2-\left(\sqrt{\dfrac{157}{12}}\right)^2$
$$=\left[\sqrt{3}\left(x-\dfrac{5}{6}\right)+\sqrt{\dfrac{157}{12}}\right]\left[\sqrt{3}\left(x-\dfrac{5}{6}\right)-\sqrt{\dfrac{157}{12}}\right]$$
$$=3\left(x-\dfrac{5}{6}+\dfrac{\sqrt{157}}{6}\right)\left(x-\dfrac{5}{6}-\dfrac{\sqrt{157}}{6}\right).$$

2. 配中项

凡形如 ax^4+bx^2+c 的双二次三项式,一般都可以用配中项法来分解因式.但也只有在可分解的数集范围内,其数学意义类似于上述"配末项"所解释的.

我们不妨来看下述例子,将 x^4-6x^2+1 分解因式.

我们先用配末项方法来分解:
$$x^4-6x^2+1=(x^4-2\cdot3\cdot x^2+9)-8=(x^2-3)^2-8$$
$$=(x^2-3+2\sqrt{2})(x^2-3-2\sqrt{2}).$$

当然这是在实数范围内分解的,而在有理数范围内就不能分解下去了.但若我们用配中项的方式来分解呢?
$$x^4-6x^2+1=x^4-2x^2+1-4x^2=(x^2-1)^2-4x^2$$
$$=(x^2+2x-1)(x^2-2x-1).$$

也就是说,用配方法将一元双二次三项式 ax^4+bx^2+c 分解因式,可有两种途径:(1)将 ax^4+bx^2 配成完全平方式(即配末项),再应用平方差公式进行分解;(2)将 ax^4+c 配成完全平方式(配中项),再应用平方差公式进行分解.

下面,我们在有理数集内来讨论一元双二次三项式可以因式分解的情况,以及在何种情况下配末项或配中项.

先讨论首项系数为1的情况.

配末项:

$$x^4 + px^2 + q = x^4 + px^2 + \left(\frac{p}{2}\right)^2 - \left(\frac{p}{2}\right)^2 + q$$

$$= \left(x^2 + \frac{p}{2}\right)^2 - \frac{p^2 - 4q}{4}.$$

若 $p^2 - 4q$ 是有理数的平方,则

$$原式 = \left(x^2 + \frac{p + \sqrt{p^2 - 4q}}{2}\right)\left(x^2 + \frac{p - \sqrt{p^2 - 4q}}{2}\right).$$

配中项:

$$x^4 + px^2 + q = x^4 + 2\sqrt{q}\,x^2 + q - (2\sqrt{q} - p)x^2$$

$$= (x^2 + \sqrt{q})^2 - (2\sqrt{q} - p)x^2.$$

当然为使该式在有理数集可分解因式,必须使 q 为有理数之平方.若 $(2\sqrt{q} - p)$ 也为有理数之平方,则

$$上式 = (x^2 + \sqrt{2\sqrt{q} - p}\,x + \sqrt{q})(x^2 - \sqrt{2\sqrt{q} - p}\,x + \sqrt{q}).$$

对于首次项系数不为 1 的情况,可先将首项系数提出来.诸如 $ax^4 + bx^2 + c = a\left(x^4 + \frac{b}{a}x^2 + \frac{c}{a}\right)$,则将问题转化为首项系数为 1 的一元双二次三项式的因式分解了.

我们也很容易证明,二元四次齐次式 $ax^4 + bx^2y^2 + cy^4$(a、c 不同时为零)也有上述相同的结论.

例1　$x^4 - 13x^2 + 36 = (x^2)^2 + 12x^2 + 6^2 - 25x^2$

$$= (x^2 + 6)^2 - (5x)^2 = (x^2 + 5x + 6)(x^2 - 5x + 6)$$

$$= (x + 2)(x + 3)(x - 2)(x - 3). \qquad\qquad (配中项)$$

或者　$x^4 - 13x^2 + 36 = (x^4 - 12x^2 + 36) - x^2$

$$= (x^2 - 6)^2 - x^2 = (x^2 - 6 + x)(x^2 - 6 - x)$$

$$= (x + 3)(x - 2)(x - 3)(x + 2). \qquad\qquad (也是配中项)$$

例2　$x^4 - 25x^2 + 144 = x^4 + 24x^2 + 144 - 49x^2$

$$= (x^2 + 12)^2 - (7x)^2 = (x^2 + 7x + 12)(x^2 - 7x + 12)$$

$$= (x + 3)(x + 4)(x - 3)(x - 4).$$

例3　$3x^2 - 5x + 12 = 3(x^2 + 4x + 4) - 17x = 3(x + 2)^2 - 17x$

$$= 3\left[(x + 2) - \sqrt{\frac{17}{3}x}\right]\left[(x + 2) + \sqrt{\frac{17}{3}x}\right].$$

例4　$x^4 - 5x^2 + 1 = x^4 - 2x^2 + 1 - 3x^2 = (x^2 - 1)^2 - (\sqrt{3}\,x)^2$

$$= (x^2 + \sqrt{3}\,x - 1)(x^2 - \sqrt{3}\,x - 1).$$

例5　$a^4 + b^4 + (a + b)^4 = a^4 + 2a^2b^2 + b^4 - 2a^2b^2 + (a + b)^4$

$$= (a^2 + b^2)^2 - 2a^2b^2 + (a + b)^4$$

$$= (a^2 + 2ab + b^2 - 2ab)^2 - 2a^2b^2 + (a + b)^4$$

$$= [(a + b)^2 - 2ab]^2 - 2a^2b^2 + (a + b)^4$$

$$= (a + b)^4 - 4ab(a + b)^2 + 4a^2b^2 - 2a^2b^2 + (a + b)^4$$

$$=2(a+b)^4-4ab(a+b)^2+2a^2b^2$$
$$=2[(a+b)^4-2ab(a+b)^2+a^2b^2]$$
$$=2[(a+b)^2-ab]^2$$
$$=2(a^2+ab+b^2)^2.$$

三、配立方法

例1　$x^3-3x^2+3x+26=x^3-3x^2+3x-1+27=(x-1)^3+3^3$
$$=[(x-1)+3][(x-1)^2-3(x-1)+3^2]$$
$$=(x+2)(x^2-5x+13).$$

例2　$x^3+6x^2+12x+7=x^3+6x^2+12x+8-1=(x+2)^3-1^3$
$$=[(x+2)-1][(x+2)^2+(x+2)+1]=(x+1)(x^2+5x+7).$$

例3　$26x^3+27x^2+9x+1=27x^3+27x^2+9x+1-x^3$
$$=(3x+1)^3-x^3$$
$$=[(3x+1)-x][(3x+1)^2+x(3x+1)+x^2]$$
$$=(2x+1)(13x^2+7x+1).$$

例4　$9x^3+12x^2+6x+1=8x^3+12x^2+6x+1+x^3$
$$=(2x+1)^3+x^3$$
$$=[(2x+1)+x][(2x+1)^2-x(2x+1)+x^2]$$
$$=(3x+1)(3x^2+3x+1).$$

四、多元代数式的配方

例1　$x^2+y^2+4x+4y+2xy+4=(x^2+2xy+y^2)+4(x+y)+4$
$$=(x+y)^2+4(x+y)+4$$
$$=[(x+y)+2]^2=(x+y+2)^2.$$

例2　$x^2+9y^2+z^2+6xy+6yz+2xz$
$$=(x^2+6xy+9y^2)+z^2+(6yz+2xz)$$
$$=(x+3y)^2+2z(x+3y)+z^2$$
$$=(x+3y+z)^2.$$

例3　$x^2-2y^2+z^2-2xy-2yz+2xz$
$$=(x^2+2xz+z^2)-(2xy+2yz)-2y^2$$
$$=(x+z)^2-2y(x+z)+y^2-3y^2$$
$$=(x+z-y)^2-(\sqrt{3}\,y)^2$$
$$=(x-y+\sqrt{3}\,y+z)(x-y-\sqrt{3}\,y+z).$$

•知识巩固•
想想练练

分解下列因式

1. x^4+4x^2-5.　　　　　2. $x^2+12x-133$.

3. $x^2+10x-144$.　　　　4. $2x^2-6x-8$.

5. $6x^2-7x-20$.　　　　 6. $x^4+x^2y^2+9y^2$.

7. $x^4-11x^2y^2+y^4$.

8. x^4+4.

9. $2x^5+128x$.

10. $x^3+3x^2+3x+217$.

11. $x^3+6x^2+12x-19$.

12. $26x^3+27x^2+9x+1$.

13. x^2-8x-9.

14. $x^2-18x-40$.

15. $2x^2-x-3$.

16. $4x^2-8x-12$.

17. x^4-5x^2+4.

18. $x^4-13x^2y^2+36y^4$.

19. $x^3+21x^2+147x+342$.

20. $a^2+2ab-2ac-3b^2+2bc$.

21. $(x+y+z)^3-x^3-y^3-z^3$.

22. $x^3+y^3+z^3-3xyz$.

●想想练练●
解题参考

1. $x^4+4x^2-5=x^4+4x^2+4-9=(x+2)^2-3^2$
　　　$=(x+5)(x-1)$.

2. $x^2+12x-133=x^2+12x+36-169=(x+6)^2-13^2$
　　　$=(x+19)(x-7)$.

3. $x^2+10x-144=x^2+10x+25-169=(x+5)^2-13^2=(x+18)(x-8)$.

4. $2x^2-6x-8=2(x^2-3x-4)=2\left(x^2-3x+\dfrac{9}{4}-\dfrac{25}{4}\right)$

$$=2\left[\left(x-\dfrac{3}{2}\right)^2-\left(\dfrac{5}{2}\right)^2\right]=2(x+1)(x-4).$$

5. $6x^2-7x-20=6\left(x^2-\dfrac{7}{6}x-\dfrac{10}{3}\right)=6\left[x^2-\dfrac{7}{6}x+\left(\dfrac{7}{12}\right)^2-\left(\dfrac{7}{12}\right)^2-\dfrac{10}{3}\right]$

$$=6\left[\left(x-\dfrac{7}{12}\right)^2-\left(\dfrac{23}{12}\right)^2\right]=6\left(x+\dfrac{4}{3}\right)\left(x-\dfrac{5}{2}\right)=(3x+4)(2x-5).$$

6. $x^4+x^2y^2+9y^2=x^4+6x^2y^2+9y^4-5x^2y^2=(x^2+3y^2)^2-(\sqrt{5}\,xy)^2$
　　　$=(x^2+\sqrt{5}\,xy+3y^2)(x^2-\sqrt{5}\,xy+3y^2)$.

7. $x^4-11x^2y^2+y^4=x^4-2x^2y^2+y^4-9x^2y^2=(x^2-y^2)^2-(3xy)^2$
　　　$=(x^2+3xy-y^2)(x^2-3xy-y^2)$.

8. $x^4+4=x^4+4x^2+4-4x^2=(x^2+2)^2-(2x)^2=(x^2+2x+2)(x^2-2x+2)$.

9. $2x^5+128x=2x(x^4+64)=2x\left[(x^4+16x^2+64)-16x^2\right]$
　　　$=2x(x^2+4x+8)(x^2-4x+8)$.

10. $x^3+3x^2+3x+217=x^3+3x^2+3x+1+216=(x+1)^3+6^3$
　　　　$=\left[(x+1)+6\right]\left[(x+1)^2-6(x+1)+36\right]$
　　　　$=(x+7)(x^2-4x+31)$.

11. $x^3+6x^2+12x-19=x^3+6x^2+12x+8-27=(x+2)^3-3^3$
　　　　$=(x-1)(x^2+7x+19)$.

12. $26x^3+27x^2+9x+1=27x^3+27x^2+9x+1-x^3=(3x+1)^3-x^3$
　　　　$=(2x+1)(13x^2+7x+1)$.

13. $x^2-8x-9=x^2-8x+16-25=(x-4)^2-5^2=(x+1)(x-9)$.

14. $x^2-18x-40=x^2-18x+81-121=(x-9)^2-11^2=(x+2)(x-20)$.

15. $2x^2-x-3=2\left(x^2-\dfrac{1}{2}x-\dfrac{3}{2}\right)=2\left[x^2-\dfrac{1}{2}x+\left(\dfrac{1}{4}\right)^2-\left(\dfrac{1}{4}\right)^2-\dfrac{3}{2}\right]$

$$=2\left[\left(x-\frac{1}{4}\right)^2-\left(\frac{5}{4}\right)^2\right]=(x+1)(2x-3).$$

16. $4x^2-8x-12=4x^2-8x+4-16=(2x-2)^2-4^2=(2x+2)(2x-6).$

17. $x^4-5x^2+4=x^4-4x^2+4-x^2=(x^2-2)^2-x^2$

$$=(x^2+x-2)(x^2-x-2)=(x+2)(x-1)(x-2)(x+1).$$

18. $x^4-13x^2y^2+36y^4=x^4-12x^2y^2+36y^4-x^2y^2=(x^2-6y^2)^2-(xy)^2$

$$=(x^2+xy-6y^2)(x^2-xy-6y^2)$$

$$=(x+3y)(x-2y)(x-3y)(x+2y).$$

19. $x^3+21x^2+147x+342=x^3+21x^2+147x+343-1=(x+7)^3-1^3$

$$=(x+6)(x^2+15x+57).$$

20. $a^2+2ab-2ac-3b^2+2bc=(a^2+2ab+b^2)-2ac+2bc-4b^2$

$$=(a+b)^2-4b^2-2c(a-b)$$

$$=(a+b+2b)(a+b-2b)-2c(a-b)$$

$$=(a-b)(a+3b-2c).$$

21. $(x+y+z)^3-x^3-y^3-z^3$

$$=(x+y+z-x)[(x+y+z)^2+x(x+y+z)+x^2]-(y+z)(y^2-yz+z^2)$$

$$=(y+z)(x^2+y^2+z^2+2xy+2yz+2xz+2x^2+xy+xz-y^2+yz-z^2)$$

$$=(y+z)[3(x^2+xy+yz+xz)]$$

$$=3(y+z)(x+y)(x+z).$$

22. $x^3+y^3+z^3-3xyz=(x+y)^3-3x^2y-3xy^3-3xyz+z^3$

$$=(x+y+z)(x^2+2xy+y^2-xz-yz+z^2)-3xy(x+y+z)$$

$$=(x+y+z)(x^2+y^2+z^2-xy-xz-yz)$$

$$=\frac{1}{2}(x+y+z)(2x^2+2y^2+2z^2-2xy-2xz-2yz)$$

$$=\frac{1}{2}(x+y+z)[(x-y)^2+(y-z)^2+(z-x)^2].$$

因式分解(三)　多种方法综合应用

一、引言

多项式的因式分解,在初中代数中占有重要地位.分式运算几乎离不开因式分解;解一元二次方程及二元二次方程也常用到因式分解,并且一元二次方程的解的公式就是用配方法推导出来的;在今后的函数研究及三角学中的恒等变形、解方程等方面,也常用到因式分解.因此,熟练地运用所学到的各种方法灵活地进行因式分解是顺利学好中学数学的重要条件.在进行多项式因式分解的同时,也进一步提高了我们关于代数式恒等变换的技能与技巧.

回过头来,我们体会到,所谓因式分解就是将一个多项式分解成几个因式连乘的过程.特别应引起重视的是:必须分解成几个质因式的连乘积,即分解到不能再分解.过去我们研究的多项式因式分解是指在有理数范围内,但随着我们研究的数域的扩大,往往按题意应在实数范围内分解,今后甚至要在复数范围内分解.

关于因式分解的方法,教材中着重介绍的是提取公因式法、分组分解法、配方法、利用乘法公式法、十字相乘法等,我们在前两讲中又专门深入地研讨了十字相乘法及配方法,本讲则简单介绍待定系数法、用余数定理和因式定理来分解因式,而着重探讨使用上述多种方法的综合应用技巧,并介绍一些因式分解的简单应用.

二、待定系数法

例1　把 $x^2+3xy+2y^2+4x+5y+3$ 分解因式.

分析　我们已经学会将一个二次三项式分解因式,即把它们分解成两个一次因式.本题前三项 $x^2+3xy+2y^2=(x+y)(x+2y)$,可见若要将 $x^2+3xy+2y^2+4x+5y+3$ 分解因式,它们必然形如 $(x+y+m)(x+2y+n)$.现在的问题是怎样来判定 m 和 n 是否存在,如果存在,它们又各为什么?

解　设 $x^2+3xy+2y^2+4x+5y+3$

$\Rightarrow(x+y+m)(x+2y+n)$

$=x^2+3xy+2y^2+(m+n)x+(2m+n)y+mn.$

比较对应系数,可得 $\begin{cases} m+n=4, \\ 2m+n=5, \\ mn=3. \end{cases}$　解这个方程组得 $\begin{cases} m=1, \\ n=3. \end{cases}$　可见,m 和 n 是存在的,故原式

可分解成$(x+y+1)(x+y+3)$.

像这样一种恒等变换的手法:先假设一个形状已知的恒等式,其中含有待定系数(诸如上例的m、n),然后根据恒等式的性质,列出方程组并求解方程组后,得到各个待定系数值,我们称之为"待定系数法".

例1所举的是二元二次六项式,其实对不同的多项式,在很多场合都可用这种方式来分解因式.

例2 用待定系数法分解 $x^3+6x^2+11x+6$ 的因式.

分析 这是一个不缺项的一元三次四项式,可用拆项分组分解法,若用待定系数法,则该式必可写成$(x+m)(x^2+nx+l)$的形式.

解 设 $x^3+6x^2+11x+6$

$$\Rightarrow(x+m)(x^2+nx+l)$$
$$=x^3+(m+n)x^2+(mn+l)x+ml.$$

比较对应项系数,则有 $\begin{cases} m+n=6, \\ mn+l=11, \\ ml=6. \end{cases}$

解该方程组,可得三组解.

$(\text{I})\begin{cases} m=1, \\ n=5, \\ l=6; \end{cases}$ $(\text{II})\begin{cases} m=2, \\ n=4, \\ l=3; \end{cases}$ $(\text{III})\begin{cases} m=3, \\ n=3, \\ l=2. \end{cases}$

将(I)代入原式,得 $x^3+6x^2+11x+6=(x+1)(x^2+5x+6)=(x+1)(x+2)(x+3)$;
将(II)代入原式,得 $x^3+6x^2+11x+6=(x+2)(x^2+4x+3)=(x+2)(x+1)(x+3)$;
将(III)代入原式,得 $x^3+6x^2+11x+6=(x+3)(x^2+3x+2)=(x+3)(x+1)(x+2)$.
可见,三者结果都一致.

例3 m 为何值时 $12x^2-10xy+2y^2+11x-5y+m$ 能分解因式?

分析 由于这个多项式的前三项能分解成两个一次因式$(3x-y)(4x-2y)$之积,故可用待定系数法来确定 m 之值.

解 设 $12x^2-10xy+2y^2+11x-5y+m$
$$=(3x-y+l)(4x-2y+n)$$
$$=12x^2-10xy+2y^2+(4l+3n)x-(n+2l)y+nl.$$

比较对应系数得方程组 $\begin{cases} 4l+3n=11, \\ n+2l=5, \\ nl=m. \end{cases}$

解之得 $n=1,l=2$,故 $m=2$.
即当 $m=2$ 时,原多项式能分解成$(3x-y+2)(4x-2y+1)$.

例4 把 $x^2-3y^2-8z^2+2xy+2xz+14yz$ 分解成两个一次因式.

分析 由于原式整理成 $x^2+2xy-3y^2+2xz+14yz-8z^2$ 的前三项可分解为$(x-y)$ $(x+3y)$,故采用待定系数法可将原式化为形如$(x-y+lz)(x+3y+mz)$的形式,来确定 m,l 之值.

解　设 $x^2+2xy-3y^2+2xz+14yz-8z^2$

$\Rightarrow(x-y+lz)(x+3y+mz)$

$=x^2-2xy-3y^2+(l+m)xz+(3l-m)yz+lmz^2$

比较对应系数得方程组 $\begin{cases}l+m=2,\\3l-m=14,\\lm=-8.\end{cases}$　解之得 $\begin{cases}l=4,\\m=-2.\end{cases}$

故原式分解成的两个一次因式为 $(x-y+4z)(x+3y-2z)$.

　　从上述四例的解题思路可见,待定系数法是一种典型的逆向思维方法,它根据代数式恒等变换的基本思想和基本性质.例 1 是一个二元二次六项式,例 2 是一个一元三次四项式,例 4 却是一个三元二次六项式,可见,在多项式因式分解中,待定系数法大有用武之地.

三、用余数定理和因式定理来分解因式

　　在带余数的除法中,被除式＝除式×商式＋余式,用字母表示为:

$f(x)=g(x)\cdot q(x)+r(x)$.如果涉及的各个式子都是整式,并规定余式 $r(x)$ 的次数必低于除式 $g(x)$ 的次数,则当除式 $g(x)=x-a$ 时,$r(x)$ 一定是常数,这时 $r(x)$ 简记为余数 r,即 $f(x)=(x-a)\cdot q(x)+r$.

　　余数定理　多项式 $f(x)$ 除以 $(x-a)$,所得的余数是 $f(a)$.用式子表示成:

　　若 $f(x)=(x-a)\cdot q(x)+r$,则 $f(a)=(a-a)\cdot q(a)+r$,即 $r=f(a)$.

　　又根据因式定理:多项式 $f(x)$ 有因式 $(x-a)$,等价于 $f(a)=0$.

　　我们不妨用式子来求证:$x^3-3x^2-x+3=(x-1)(x+1)(x-3)$.

　　证明　设 $f(x)=x^3-3x^2-x+3$.

　　$\because$　$f(1)=1-3-1+3=0$,

　　$f(-1)=-1-3+1+3=0$,

　　$f(3)=27-27-3+3=0$.

　　由因式定理,$f(x)$ 必有因式 $(x-1)$,$(x+1)$,$(x-3)$.

　　$\therefore$　$f(x)=x^3-3x^2-x+3=(x-1)(x+1)(x-3)$.

　　例 1　把多项式 $f(x)=x^4-4x^3-x^2+16x-12$ 分解因式.

　　分析　该多项式的常数项 -12,可以分解为 $(-1)\times12,1\times(-12),2\times(-6),(-2)\times6,3\times(-4),(-3)\times4$ 等,把它们分别代入 $f(x)$ 中,根据 $f(a)=0$ 时,$f(x)$ 能够被 $(x-a)$ 整除的性质,在找出 $(x-a)$ 后分解 $f(x)$.

　　解　$\because$　$f(1)=1-4-1+16-12=0$,

　　$f(2)=16-32-4+32-12=0$,

　　$f(3)=81-108-9+48-12=0$,

　　$f(-2)=16-32-4+32-12=0$,

故可断定 $f(x)$ 有因式 $(x-1)$,$(x-2)$,$(x-3)$,$(x+2)$.

由 $f(x)$ 与 $(x-1)(x-2)(x-3)(x+2)$ 都是 x 的四次式,

　　故 $f(x)=a(x-1)(x-2)(x-3)(x+2)$.

由待定系数法,可得 $a=1$.于是

$$x^4-4x^3-x^2+16x-12=(x-1)(x-2)(x-3)(x+2).$$

例2 把多项式 $f(x)=x^5-1$ 分解因式

解 $\because\ f(1)=0,\ \therefore\ f(x)$ 有因式 $x-1$.

$\therefore\ f(x)=x^5-1=(x-1)(x^4+x^3+x^2+x+1).$

从上述两例中,我们发现 $f(x)$ 的最高次项系数均为 1.因为这里涉及整系数方程有理根的求法.如果一个整系数方程的最高次项系数是 1,那么这个方程的有理根只可能是整数根;而整系数方程的整数根一定是常数的约数.由例 2,更能体会到,余数定理用于多项式因式分解,其本质乃是多项式除以单项式.

四、综合应用多种方法来分解因式

例1 分解因式:$24x^{5n+3}-40x^{n+2}$

解 原式$=8x^{n+2}(3x^{4n+1}-5)$

本题采用提取公因式法,公因式是 $8x^{n+2}$,指数运算须仔细.

例2 分解因式:$(ax+by)^2+(ay-bx)^2+c^2x^2+c^2y^2.$

解 原式$=a^2x^2+2abxy+b^2y^2+a^2y^2-2abxy+b^2x^2+c^2x^2+c^2y^2$

$\qquad=a^2(x^2+y^2)+b^2(x^2+y^2)+c^2(x^2+y^2)$

$\qquad=(x^2+y^2)(a^2+b^2+c^2).$

本题利用公式展开后,先分组,再提取公因式.

例3 实数范围内分解因式:$x^4+3x^3+15x-25.$

解 原式$=(x^2+5)(x^2-5)+3x(x^2+5)=(x^2+5)(x^2+3x-5)$

$\qquad=(x^2+5)\left(x+\dfrac{3-\sqrt{29}}{2}\right)\left(x+\dfrac{3+\sqrt{29}}{2}\right).$

本题先将首、末两项组成一组,利用平方差公式.考虑到实数范围内分解,根据 x^2+3x-5 的判别式,说明它可进一步分解.

例4 分解因式:$(a+b+c)^3-a^3-b^3-c^3.$

解 原式$=[(a+b+c)^3-a^3]-(b^3+c^3)$

$\qquad=(b+c)[(a+b+c)^2+a(a+b+c)+a^2]-(b+c)(b^2-bc+c^2)$

$\qquad=(b+c)(3a^2+3ab+3ac+3bc)$

$\qquad=3(b+c)(a+b)(c+a).$

本例综合应用了分组法、立方差公式、三项和的平方展开及提取公因式法.

例5 在实数范围内分解因式:$x^4+x^3-4x^2-5x-5.$

解 原式$=x^4+x^3+x^2-5x^2-5x-5$

$\qquad=x^2(x^2+x+1)-5(x^2+x+1)$

$\qquad=(x^2+x+1)(x^2-5)$

$\qquad=(x^2+x+1)(x+\sqrt{5})(x-\sqrt{5}).$

本题巧妙地将 $-4x^2$ 配成 $-5x^2+x^2$;而 x^2+x+1 由于其判别式小于零,故在实数范围内无法再分解.

例 6 将 $xyz(x^3+y^3+z^3)-y^3z^3-z^3x^3-x^3y^3$ 分解因式

解 原式 $=x^4yz+xy^4z+xyz^4-y^3z^3-z^3x^3-x^3y^3$

$=x^4yz-x^3(y^3+z^3)+xyz(y^3+z^3)-y^3z^3$

$=x(y^3+z^3)(yz-x^2)+yz(x^2+yz)(x^2-yz)$

$=(yz-x^2)[x(y^3+z^3)-yz(x^2+yz)]$

$=(yz-x^2)(xy^3+xz^3-x^2yz-y^2z^2)$

$=(yz-x^2)[xy(y^2-xz)-z^2(y^2-xz)]$

$=(yz-x^2)(y^2-xz)(xy-z^2)$

$=(x^2-yz)(y^2-xz)(z^2-xy).$

本题多次运用提取公因式法和分组分解法.

例 7 分解因式:$a^2(b-c)+b^2(c-a)+c^2(a-b)$

解 原式 $=a^2(b-c)+b^2c-ab^2+ac^2-bc^2$

$=a^2(b-c)+bc(b-c)-a(b+c)(b-c)$

$=(b-c)(a^2+bc-ab-ac)$

$=(a-b)(b-c)(a-c).$

本题先展开,再分组,提取 $(b-c)$ 因式;又重复分组、提取公因式.

例 8 分解因式:$a^2+3b^2-c^2+2bc-4ab.$

解 原式 $=a^2-4ab+3b^2+2bc-c^2$

$=a^2-4ab+4b^2-b^2+2bc-c^2$

$=(a-2b)^2-(b-c)^2$

$=(a-b-c)(a-3b+c).$

本题将 $3b^2$ 巧配成 $4b^2-b^2$,这样将原式分成两组,构成平方差.

例 9 分解因式:$x^3(a+1)-xy(x-y)(a-b)+y^3(b+1).$

解 原式 $=ax^3+x^3-ax^2y+axy^2+bx^2y-bxy^2+by^3+y^3$

$=a(x^3-x^2y+xy^2)+b(x^2y-xy^2+y^3)+x^3+y^3$

$=ax(x^2-xy+y^2)+by(x^2-xy+y^2)+(x+y)(x^2-xy+y^2)$

$=(x^2-xy+y^2)(ax+by+x+y).$

本题以系数"a""b"分为两组,再提取公因式 (x^2-xy+y^2).

例 10 分解因式:$(x^2+x)^2-14(x^2+x)+24.$

解 设 $x^2+x=y.$ 则原式 $=y^2-14y+24=(y-12)(y-2).$

故 $(x^2+x)^2-14(x^2+x)+24$

$=(x^2+x-12)(x^2+x-2)$

$=(x+4)(x-3)(x+2)(x-1).$

例 11 分解因式:$(x+1)(x+2)(x+3)(x+4)-24$

解 原式 $=(x+1)(x+4)(x+2)(x+3)-24$

$=(x^2+5x+4)(x^2+5x+6)-24.$

设 $x^2+5x+4=y.$ 则原式 $=y(y+2)-24=y^2+2y-24=(y+6)(y-4),$

即 $(x+1)(x+2)(x+3)(x+4)-24$

$$=(x^2+5x+4+6)(x^2+5x+4-4)$$
$$=x(x^2+5x+10)(x+5).$$

例 10、例 11 都不是二次三项式,但都可以通过设立辅助元,化成一个二次三项式再进行分解,使过程简洁.

例 12 分解因式:$3x^2-7xy-6y^2-10x+8y+8$

解 原式$=3x^2-(7y+10)x-(6y^2-8y-8)$.

可见,这是一个关于 x 的二次三项式,其中 $a=3,b=-(7y+10),c=-(6y^2-8y-8)$,其 $\sqrt{b^2-4ac}=\sqrt{(7y+10)^2+4\times3\times(6y^2-8y-8)}=\sqrt{121y^2+44y+4}=\sqrt{(11y+2)^2}=11y+2$.是一个完全平方数.

根据 $ax^2+bx+c=a\left(x+\dfrac{b}{2a}+\dfrac{\sqrt{b^2-4ac}}{2a}\right)\left(x+\dfrac{b}{2a}-\dfrac{\sqrt{b^2-4ac}}{2a}\right)$可得

$$原式=3\left(x+\frac{-7y-10}{2\times3}+\frac{11y+2}{2\times3}\right)\left(x+\frac{-7y-10}{2\times3}-\frac{11y+2}{2\times3}\right)$$
$$=3\left(x+\frac{2}{3}y-\frac{4}{3}\right)(x-3y-2)$$
$$=(3x+2y-4)(x-3y-2).$$

本题若不用配方法解,也可用十字相乘法解,因为常数项$-6y^2+8y+8$ 可化成$(2y-4)\times(-3y-2)$,而 $\begin{smallmatrix}3\\1\end{smallmatrix}\diagdown\diagup\begin{smallmatrix}2y-4\\-3y-2\end{smallmatrix}$,可直接得到$(3x+2y-4)(x-3y-2)$.

例 13 分解因式:$x^3-9x^2+23x-15$.

解 原式$=x^3-x^2-8x^2+8x+15x-15$
$$=x^2(x-1)-8x(x-1)+15(x-1)$$
$$=(x-1)(x^2-8x+15)$$
$$=(x-1)(x-3)(x-5).$$

本题也可利用"被除数÷除数=商"原理来解.我们看到常数项 15 可分解成$\pm1,\pm3,\pm5$的因数,若以 1 之值代入 x,则原式$=1-9+23-15=0$.说明,原式中含有$(x-1)$之因式.则进一步用除法运算.即$(x^3-9x^2+23x-15)\div(x-1)=x^2-8x+15$.则上式$=(x-1)(x^2-8x+15)$,再进一步分解 $x^2-8x+15$,得$(x-3)(x-5)$.

五、因式分解的一些简单应用

例 1 化简$\dfrac{a^3}{(a-b)(a-c)}+\dfrac{b^3}{(b-c)(b-a)}+\dfrac{c^3}{(c-a)(c-b)}$.

解 原式通分后,分母为$(a-b)(b-c)(c-a)$;
原式分子为$-a^3(b-c)-b^3(c-a)-c^3(a-b)$
$$=b^3(a-c)+ac(a^2-c^2)-b(a^3-c^3)$$
$$=(a-c)(b^3+a^2c+ac^2-a^2b-abc-b^2c)$$
$$=(a-c)(b-c)(b^2+bc-a^2-ac)$$
$$=(c-a)(b-c)(a-b)(a+b+c)$$

故原式$=a+b+c$.

例 2　解方程:$3x^2-7x-1=0$.

解　采用配方法将 $3x^2-7x-1$ 因式分解,则原方程变形为 $3\left(x-\dfrac{7-\sqrt{61}}{6}\right)\left(x-\dfrac{7+\sqrt{61}}{6}\right)=0$.

故 $x_1=\dfrac{7-\sqrt{61}}{6}$;$x_2=\dfrac{7+\sqrt{61}}{6}$.

例 3　将分式的分母有理化:$\dfrac{2-\sqrt{6}}{2\sqrt{2}+2\sqrt{3}-\sqrt{6}-2}$.

解　原式$=\dfrac{2-\sqrt{6}}{2(\sqrt{2}+\sqrt{3})-\sqrt{2}(\sqrt{3}+\sqrt{2})}=\dfrac{\sqrt{2}(\sqrt{2}-\sqrt{3})}{(\sqrt{2}+\sqrt{3})(2-\sqrt{2})}$

$\qquad=\dfrac{\sqrt{2}(5-2\sqrt{6})\cdot\sqrt{2}(\sqrt{2}+1)}{(2-3)(4-2)}=\dfrac{2(5-2\sqrt{6})(\sqrt{2}+1)}{-1\times2}$

$\qquad=(2\sqrt{6}-5)(\sqrt{2}+1)$.

例 4　对于一切实数 x、y、z,恒有 $4x(x+y)(x+z)(x+y+z)+y^2z^2\geqslant0$.

证明　$\because\ 4x(x+y)(x+z)(x+y+z)+y^2z^2$

$\qquad=4(x^2+xy+xz)(x^2+xy+xz+yz)+y^2z^2$

$\qquad=4(x^2+xy+xz)^2+4yz(x^2+xy+xz)+y^2z^2$

$\qquad=[2(x^2+xy+xz)+yz]^2\geqslant0$　获证.

例 5　试证:四连续自然数乘积加上 1,必定是完全平方数.

证明　设:一个自然数为 n,则其余三个连续自然数分别是 $(n+1)$、$(n+2)$ 和 $(n+3)$,根据题意 $n(n+1)(n+2)(n+3)+1$ 是完全平方数.

$\because\ n(n+1)(n+2)(n+3)+1=(n^2+3n+2)(n^2+3n)+1$

$\qquad\qquad\qquad\qquad\qquad\quad=(n^2+3n)^2+2(n^2+3n)+1$

$\qquad\qquad\qquad\qquad\qquad\quad=(n^2+3n+1)^2$　获证.

●知识巩固●
想想练练

1. 因式分解.

(1)　$x^2+(a+b+c)x+ab+ac$.

(2)　$21a^2+10xy-35ax-6ay$.

(3)　$9a^2-30ab+25b^2-49c^2$.

(4)　$xz+yz-x^2-2xy-y^2$.

(5)　$x^5+3x^4+x^3+3x^2+x+3$.

(6)　$2x^3-4x^2y-x^2z+2xy^2+2xyz-y^2z$.

(7)　$(x+1)(x+3)(x+5)(x+7)+15$.

(8)　$4a^2-b^2+c^2-9d^2+4ac+6bd$.

(9)　$a^2-b^2-c^2+d^2-2(ad-bc)$.

(10)　$x^3+8x^2+17x+10$.

(11)　$b^2c+bc^2+c^2a+ca^2+a^2b+ab^2+2abc$.

(12)　$x^4+x^2-2ax+1-a^2$.

(13) $(x^2+x+4)^2+8x(x^2+x+4)+15x^2$.

(14) $x^4-14x^2y^2+y^4$.

(15) $5x^2-7x+1$.

2. 证明 $y^2z^2(y-z)+z^2x^2(z-x)+x^2y^2(x-y)$ 能被 $(y-z)(z-x)(x-y)$ 整除,并求其商.

3. 设 x、y、z 为任意实数,则代数式 $x^2+y^2+z^2+2(xy+xz+yz)-2(x+y+z)+1$ 必不小于零.

4. 求方程 $x^3+8x^2+17x+10=0$ 的有理根.

•想想练练•
解题参考

1. (1) 原式 $=x^2+ax+bx+cx+ab+ac$

$\qquad =x(a+x)+b(a+x)+c(a+x)$

$\qquad =(a+x)(x+b+c)$.

(2) 原式 $=7a(3a-5x)-2y(3a-5x)$

$\qquad =(3a-5x)(7a-2y)$.

(3) 原式 $=(3a-5b)^2-(7c)^2$

$\qquad =(3a-5b+7c)(3a-5b-7c)$.

(4) 原式 $=z(x+y)-(x+y)^2$

$\qquad =(x+y)(z-x-y)$.

(5) 原式 $=x(x^4+x^2+1)+3(x^4+x^2+1)$

$\qquad =(x^4+x^2+1)(x+3)$

$\qquad =[(x^4+2x^2+1)-x^2](x+3)$

$\qquad =[(x^2+1)^2-x^2](x+3)$

$\qquad =(x^2+x+1)(x^2-x+1)(x+3)$.

(6) 原式 $=x^2(2x-z)-2xy(2x-z)+y^2(2x-z)$

$\qquad =(2x-z)(x^2-2xy+y^2)$

$\qquad =(2x-z)(x-y)^2$.

(7) 原式 $=(x^2+8x+7)(x^2+8x+15)+15$

$\qquad =[(x^2+8x)+7][(x^2+8x)+15]+15$

$\qquad =(x^2+8x)^2+22(x^2+8x)+120$

$\qquad =(x^2+8x+10)(x^2+8x+12)$

$\qquad =(x+4+\sqrt{6})(x+4-\sqrt{6})(x+2)(x+6)$.

(8) 原式 $=[(2a)^2+4ac+c^2]-(b^2-6bd+9d^2)$

$\qquad =(2a+c)^2-(b-3d)^2$

$\qquad =(2a+c+b-3d)(2a+c-b+3d)$.

(9) 原式 $=a^2-b^2-c^2+d^2-2ad+2bc$

$\qquad =(a^2-2ad+d^2)-(b^2-2bc+c^2)$

$\qquad =(a-d)^2-(b-c)^2$

$\qquad =(a+b-c-d)(a-b+c-d)$.

(10) 原式 $=x^3+x^2+7x^2+7x+10x+10$

$\qquad =x^2(x+1)+7x(x+1)+10(x+1)$

$\qquad =(x+1)(x^2+7x+10)$

$\qquad =(x+1)(x+2)(x+5).$

(11) 原式 $=b^2(a+c)+ac(a+c)+b(a^2+2ac+c^2)$

$\qquad =b^2(a+c)+ac(a+c)+b(a+c)^2$

$\qquad =(a+c)(b^2+ac+ab+ac)$

$\qquad =(a+c)[b(a+b)+c(a+b)]$

$\qquad =(a+c)(a+b)(b+c).$

(12) 原式 $=(x^4+2x^2+1)-(x^2+2ax+a^2)$

$\qquad =(x^2+1)^2-(x+a)^2$

$\qquad =(x^2+x+a+1)(x^2-x-a+1).$

(13) 设 $x^2+x+4=y$,则

原式 $=y^2+8xy+15x^2$

$\qquad =(y+3x)(y+5x)$

$\qquad =(x^2+x+4+3x)(x^2+x+4+5x)$

$\qquad =(x+2)^2(x+3+\sqrt{5})(x+3-\sqrt{5}).$

(14) 原式 $=x^4+2x^2y^2+y^4-16x^2y^2$

$\qquad =(x^2+y^2)-(4xy)^2$

$\qquad =(x^2+4xy+y^2)(x^2-4xy+y^2).$

(15) 原式 $=5\left(x^2-\dfrac{7}{5}x+\dfrac{1}{5}\right)$

$\qquad =5\left[x^2-\dfrac{7}{5}x+\left(\dfrac{7}{10}\right)^2-\left(\dfrac{7}{10}\right)^2+\dfrac{1}{5}\right]$

$\qquad =5\left[\left(x-\dfrac{7}{10}\right)^2-\left(\dfrac{\sqrt{29}}{10}\right)^2\right]$

$\qquad =5\left(x-\dfrac{7+\sqrt{29}}{10}\right)\left(x-\dfrac{7-\sqrt{29}}{10}\right).$

2. [证明] $\because\ y^2z^2(y-z)+z^2x^2(z-x)+x^2y^2(x-y)$

$\qquad =y^3z^2-y^2z^3+z^3x^2-x^3z^2+x^3y^2-x^2y^3$

$\qquad =-z^2(x^3-y^3)+z^3(x^2-y^2)+x^2y^2(x-y)$

$\qquad =-(x-y)[z^2(x^2+xy+y^2)-z^3(x+y)-x^2y^2]$

$\qquad =-(x-y)[-z^2x(z-x)-z^2y(z-x)+y^2(z+x)(z-x)]$

$\qquad =(x-y)(z-x)[xz^2+yz^2-y^2(z+x)]$

$\qquad =(x-y)(z-x)[-x(y+z)(y-z)-yz(y-z)]$

$\qquad =-(x-y)(y-z)(z-x)(xy+xz+yz).$

$\therefore\ y^2z^2(y-z)+z^2x^2(z-x)+x^2y^2(x-y)$ 能被 $(y-z)(z-x)(x-y)$ 整除,其商为 $-(xy+xz+yz)$.

3. [证明] ∵ x、y、z 是任意实数,

故 $x^2+y^2+z^2+2(xy+xz+yz)-2(x+y+z)+1$

$=(x+y+z)^2-2(x+y+z)+1$

$=(x+y+z+1)^2 \geqslant 0$.

∴ $x^2+y^2+z^2+2(xy+xz+yz)-2(x+y+z)+1$ 必不小于零.

4. 原方程的最高次项的系数是 1,故其有理根只可能是整数根;并且其有理根只可能是常数项的约数,即 ± 1, ± 2, ± 5, ± 10.

∵ $f(-1)=0$, $f(-2)=0$, $f(-5)=0$,可对原式因式分解为 $x^3+8x^2+17x+10=(x+1)(x+2)(x+5)=0$,故 $x_1=-1$, $x_2=-2$, $x_3=-5$.

第十六讲

直角三角形

一、直角三角形基本问题

为了解决科研或生产中许多问题,常需要我们根据三角形的某些已知元素来求其他未知的元素,这个过程称作**解三角形**.

解三角形是解决平面或空间有关几何图形的计算问题之基础。任意三角形的解法将在后续课程中系统地研究.本讲仅讨论三角形中的特例——直角三角形的解法及其应用.值得注意的是,大量解任意三角形的问题常可借助直角三角形来解.因此,观察及寻找直角三角形也就显得相当重要了.

由于直角三角形只要已知两个独立条件便可求解,因此,我们不妨将直角三角形基本问题归纳为下述四种:

(1) 已知斜边 c,锐角 A;

(2) 已知直角边 a,斜边 c;

(3) 已知直角边 a 和 b;

(4) 已知直角边 a(或 b),一个锐角 A(或 B).

例 1 已知等腰三角形底边 BC 为 198 米,顶角 A 为 $38°32'$(见图 16-1).求它的腰、底角和高.

解 这不是直角三角形,只需要作底边上的高 AD,便可通过直角三角形来求解.

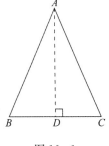

图 16-1

(1) ∵ $BD = \frac{1}{2}BC = 99$(米), $\angle BAD = \frac{1}{2} \times 38°32' = 19°16'$.

∴ 腰 $AB = \dfrac{BD}{\sin 19°16'} = \dfrac{99}{0.3300} \approx 300$(米).

(2) 底角 $\angle B = 90° - 19°16' = 70°44'$.

(3) 高 $AD = BD \tan 70°44' = 99 \times 2.861 \approx 282$(米).

例 2 从平地上用 AB 和 CD 两个测角器同时测得气球 E 在它们的正西,并分别测得气球的仰角是 α 和 β,如图 16-2 所示.已知 B、D 间距离是 a,测角器的高是 b.求气球高度 EF.

解 (解法一)以一种通常解法,先设 $EG = x$.从 Rt$\triangle AEG$ 中可知:

$$\frac{AG}{x} = \cot\alpha \qquad ①$$

从 Rt△EGC 中可知：

$$\frac{AG+a}{x} = \cot\beta \qquad ②$$

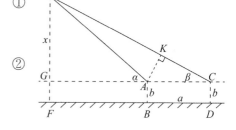

将①代入②得 $\cot\alpha + \dfrac{a}{x} = \cot\beta$，即 $x = \dfrac{a}{\cot\beta - \cot\alpha}$，

∴ 气球高度 $EF = \dfrac{a}{\cot\beta - \cot\alpha} + b$.

图 16-2

（解法二）作 $AK \perp EC$.

从 Rt△AKC 中可知：$AK = a\sin\beta$.

从 Rt△AKE 中可知：$\angle AEK = \alpha - \beta$，故 $AE = \dfrac{AK}{\sin(\alpha - \beta)} = \dfrac{a\sin\beta}{\sin(\alpha - \beta)}$；

从 Rt△AEG 中可知：$EG = AE \times \sin\alpha = \dfrac{a\sin\beta\sin\alpha}{\sin(\alpha - \beta)}$

∴ 气球高度 $EF = EG + b = \dfrac{a\sin\alpha\sin\beta}{\sin(\alpha - \beta)} + b$.

两种解法答案完全一样，只是形式不同罢了.显然,解法一较简捷.

例 3 如图 16-3 所示,从水面上方高 20 米的岸边一点 A 处,用长 40 米的绳系住小船 B,设以匀速 3 米/秒拉绳,使船靠岸.问 5 秒钟末船走了多少距离.

解 没拉绳前,小船离岸之距 $BC = \sqrt{40^2 - 20^2}$,故 $BC = 20\sqrt{3} \approx 34.6$(米).拉绳 5 秒后,即拉绳 $3 \times 5 = 15$(米),则 $AB' = 40 - 15 = 25$(米).

在 Rt△AB'C 中,可得 $B'C = \sqrt{25^2 - 20^2} = 15$(米).

故 $BB' = 34.6 - 15 = 19.6$(米),即 5 秒钟末船走了 19.6 米.

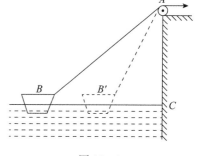

图 16-3

例 4 在图 16-4 所示的纪念碑正南和正东地面上的 C 点和 D 点,分别测得尖顶 A 的仰角是 α 和 β,又测得 $CD = a$,求纪念碑的高.

解 设纪念碑的高是 x.

在 Rt△ACB 中,$BC = x\cot\alpha$,

在 Rt△ADB 中,$BD = x\cot\beta$.

由于 BC 和 BD 分别是正南和正东方向,故 $\angle CBD = 90°$.

在 Rt△CBD 中,$CD^2 = BC^2 + BD^2$,即

$$a^2 = x^2\cot^2\alpha + x^2\cot^2\beta.$$

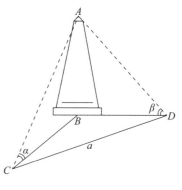

图 16-4

∴ $x^2 = \dfrac{a^2}{\cot^2\alpha + \cot^2\beta}$,则 $x = \dfrac{a}{\sqrt{\cot^2\alpha + \cot^2\beta}}$.

即纪念碑的高是 $\dfrac{a}{\sqrt{\cot^2\alpha+\cot^2\beta}}$.

例 5 如何使用一把直角三角尺来测定烟囱高度.

解 这是一道灵活运用直角三角形知识的创造性思维训练题.我们可以如图 16-5 所示,将 Rt△CDE 的斜边水平置于离地 h 高的地方,让直角边 DC 的延长线能通过烟囱顶端 A.至于 DE 是否水平,可借助过 C 点的小铅垂.铅垂线 CK 也是直角三角形斜边上的高.

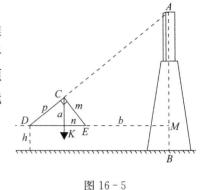

图 16-5

① 由△AMD∽△CDE,得 $\dfrac{AM}{CE}=\dfrac{DM}{CD}$.

若设 $AB=x,CE=m,DM=b,CD=p,MB=h$

则 $x=\dfrac{bm}{p}+h$.

② 若设 $KE=n,CK=a$.由△AMD∽△CKE,也可得

$\dfrac{AM}{KE}=\dfrac{DM}{CK}$,由此 $x=\dfrac{bn}{a}+h$.

二、用图形证明勾股定理

我国古代劳动人民和数学家善于用图形来解算各类问题,以图形的"出入相补"方法来证明各种定理的正确与否是一种很直观的途径.这里,我们借助图形来证明勾股定理及与直角三角形相关的问题.

例 1 约 1700 年前,我国古代数学家赵爽在《周髀算经注》一书中,就用如图 16-6 所示的"弦图"来证明勾股定理.

证明 在直角三角形 ABC 中,为证明 $a^2+b^2=c^2$,我们不妨设 S_1 为矩形 $AIBC$ 的面积,S_2 为直角三角形 ABC 的面积,S_3 为正方形 $CFGH$ 的面积,S_4 为正方形 $ABDE$ 的面积,则

$$S_1=ab,S_2=\dfrac{1}{2}ab,S_3=(b-a)^2,S_4=c^2.$$

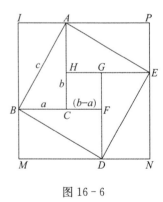

图 16-6

"弦图"可这样理解:$4S_2+S_3=S_4$,即 $4\times\dfrac{1}{2}ab+(b-a)^2=c^2$,化简得 $2ab+b^2-2ab+a^2=c^2$,即 $a^2+b^2=c^2$(勾股定理获证).

当然我们也可以这样来推理:

$$S_{ABDE}=c^2.S_{IMNP}=(a+b)^2,S_{\triangle AIB}=\dfrac{1}{2}ab,$$

故正方形 $ABDE$ 的面积相当于正方形 $IMNP$ 的面积减去四个直角三角形 AIB 的面积,即

$$c^2=(a+b)^2-4\times\dfrac{1}{2}ab,$$化简得 $c^2=a^2+b^2$(勾股定理获证).

勾股定理是十分重要的.传说以后在古希腊,毕德哥拉斯证得这条定理时,曾杀了一百头

牛来庆贺呢!

例 2 在直角三角形 ABC 中,已知 $AC=b$,$BC=a$,$CIED$ 为内接正方形.我国古代数学家刘徽采用图 16-7,证明了直角三角形内接正方形的边长 $x=\dfrac{ab}{a+b}$ 是正确的.

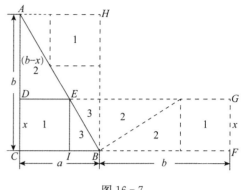

图 16-7

证明 由图 16-7 可见,矩形 $ACBH$ 的面积恰为 $2S_{\triangle ABC}$;矩形 $CFGD$ 的面积也是 $2S_{\triangle ABC}$,故 $S_{ACBH}=S_{CFGD}$,即

$$ab=(a+b)x$$

故 $x=\dfrac{ab}{a+b}$.

当然我们也可采用相似三角形的知识来求证.

由于 $\triangle ADE \backsim \triangle ABC$.故 $\dfrac{a}{x}=\dfrac{b}{b-x}$,展开整理,

$$ab-ax=bx \qquad x(a+b)=ab,$$

故 $x=\dfrac{ab}{a+b}$.

例 3 载于《九章算术》内的"勾股容圆"题是我国古代数学名题.大数学家刘徽亦用面积割补法予以证明.题目是这样的:直角三角形勾 a、股 b、弦 c,其内切圆之直径为 d(见图 16-8),求证:$d=\dfrac{2ab}{a+b+c}$.

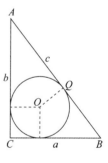

图 16-8

证明 (方法一)用面积割补法证:

$$S_{ABC}=S_{BOC}+S_{AOC}+S_{AOB}$$
$$=\frac{1}{2}ra+\frac{1}{2}rb+\frac{1}{2}rc$$
$$=\frac{1}{2}r(a+b+c),$$

又 $S_{ABC}=\dfrac{1}{2}ab$,

则 $\dfrac{1}{2}ab=\dfrac{1}{2}r(a+b+c)$,故 $r=\dfrac{ab}{a+b+c}$,则 $d=2r=\dfrac{2ab}{a+b+c}$.

(方法二)用三角形内各线段相互有关系也可予以证明:

$$弦 c=AQ+QB=(b-r)+(a-r)=a+b-2r \qquad ①$$

故 $a+b+c=a+b+a+b-2r=2(a+b-r)$.

由①得 $2r=a+b-c$.而 $d=2r$,故 $d=a+b-c$.

而 $2ab=a^2+2ab+b^2-a^2-b^2$(配方法)

$$=(a+b)^2-c^2 \qquad (\because \ a^2+b^2=c^2)$$
$$=(a+b+c)(a+b-c)$$

$$=(a+b+c)d,$$

即 $d = \dfrac{2ab}{a+b+c}.$

　　遵循对事物认识的运动规律，由认识个别的、特殊的事物，逐步扩大到认识一般的事物，从剖析以直角三角形勾、股、弦为边所作（对外）正方形面积之关系（即勾股定理），推导以勾、股、弦为边（对外）所作的半圆、正三角形、相似形……它们又有什么关系呢？

　　在以 a、b、c 为直径所作的半圆情况下如图 16-9(b)，有

$$S_{\mathrm{I}} = \frac{1}{2} \times \pi \times \left(\frac{c}{2}\right)^2 = \frac{\pi}{8} c^2;$$

$$S_{\mathrm{II}} = \frac{1}{2} \times \pi \times \left(\frac{b}{2}\right)^2 = \frac{\pi}{8} b^2;$$

$$S_{\mathrm{III}} = \frac{1}{2} \times \pi \times \left(\frac{a}{2}\right)^2 = \frac{\pi}{8} a^2;$$

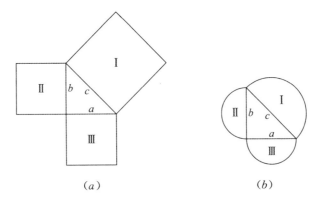

(a)　　　　　　　　　(b)

图 16-9

　　则 $S_{\mathrm{II}} + S_{\mathrm{III}} = \dfrac{\pi}{8}(a^2 + b^2)$，而 $S_{\mathrm{I}} = \dfrac{\pi}{8} c^2$，根据 $a^2 + b^2 = c^2$，可得 $S_{\mathrm{I}} = S_{\mathrm{II}} + S_{\mathrm{III}}$。

　　同理，我们也可推导出以 a、b、c 为边所作的正三角形、相似形……只要图形是相似的（见图 16-10），那么，总满足：$S_{\mathrm{I}} = S_{\mathrm{II}} + S_{\mathrm{III}}$。

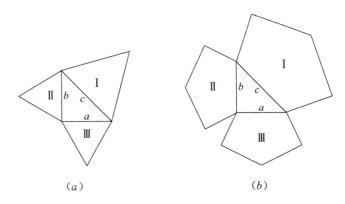

(a)　　　　　　　　　(b)

图 16-10

三、勾股定理的几则应用

例 1 我们已经学过"已知两线段,求作它的比例中项",例如作 $\sqrt{5}a$(见图 16-11).同样,我们亦可用勾股定理作 $\sqrt{2}a,\sqrt{3}a,\sqrt{4}a,\sqrt{5}a,\cdots$.不妨来观察图 16-11 中图形(a).

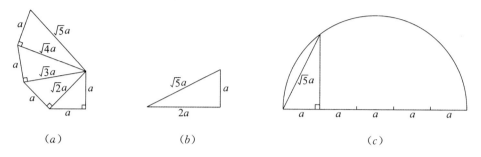

(a) (b) (c)

图 16-11

当然 $\sqrt{5}a$ 还可用图 16-11 中图(b)和图(c)的方法作出.

例 2 已知线段 a、b,试用几何方法证明: $\dfrac{a+b}{2} \geqslant \sqrt{ab}$.

证明 在直线上取 A、B、C 三点,令 $AB=a$,$BC=b$,以 AC 为直径作圆(见图 16-12),令 O 为 AC 的中点,则 $AO=\dfrac{a+b}{2}$,过 B 作 $BD \perp AC$,且交圆于 D,连 DO,则 $OD=OA=\dfrac{a+b}{2}$.

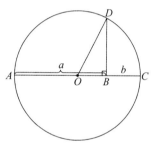

图 16-12

在直角三角形 OBD 中,$\overline{BD}^2 = \overline{OD}^2 - \overline{OB}^2 = \left(\dfrac{a+b}{2}\right)^2 - \left(a-\dfrac{a+b}{2}\right)^2 = ab$.故 $BD=\sqrt{ab}$.

在直角三角形 BOD 中,$OD>BD$,即 $\dfrac{a+b}{2}>\sqrt{ab}$(斜边大于任一直角边).

当 B 和 O 重合时,则 $BD=OD$,即 $\dfrac{a+b}{2}=\sqrt{ab}$(此时 $a=b$).因此,综合上两式,得 $\dfrac{a+b}{2} \geqslant \sqrt{ab}$.

例 3 借助下列系列直角三边形来求:$30°,45°,60°,22.5°,15°$ 角的三角函数.

(1) 如图 16-13,等边三角形一边长为 $2a$ 时,过顶角 A 之垂足为 D,AD 为等边三角形之高.则 $DC=a$,$AD=\sqrt{4a^2-a^2}=\sqrt{3}a$.

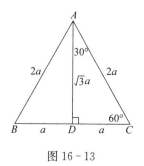

图 16-13

$\therefore \quad \sin 30°=\dfrac{a}{2a}=\dfrac{1}{2}$; $\quad \cos 30°=\dfrac{\sqrt{3}a}{2a}=\dfrac{\sqrt{3}}{2}$;

$\sin 60°=\dfrac{\sqrt{3}a}{2a}=\dfrac{\sqrt{3}}{2}$; $\qquad \cos 60°=\dfrac{a}{2a}=\dfrac{1}{2}$;

$$\tan 30° = \frac{a}{\sqrt{3}a} = \frac{\sqrt{3}}{3} ; \qquad \cot 30° = \frac{\sqrt{3}a}{a} = \sqrt{3} ;$$

$$\tan 60° = \frac{\sqrt{3}a}{a} = \sqrt{3} ; \qquad \cot 60° = \frac{a}{\sqrt{3}a} = \frac{\sqrt{3}}{3} .$$

（2）如图 16 - 14，正方形边长为 a，则对角线 $BD = \sqrt{2}a$，

$$\therefore \quad \sin 45° = \frac{a}{\sqrt{2}a} = \frac{\sqrt{2}}{2} ; \quad \cos 45° = \frac{a}{\sqrt{2}a} = \frac{\sqrt{2}}{2} ;$$

$$\tan 45° = \frac{a}{a} = 1 ; \qquad \cot 45° = \frac{a}{a} = 1 .$$

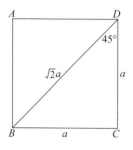

图 16 - 14

（3）如图 16 - 15，在直角三角形 ADC 中，$BD = AB$；

$BC = AC = a$，故 $\angle ADB = 22.5°$；$AD = \sqrt{a^2 + (a + \sqrt{2}a)^2} = a\sqrt{4 + 2\sqrt{2}}$.

$$\therefore \quad \tan 22.5° = \frac{a}{a(1 + \sqrt{2})} = \sqrt{2} - 1 ;$$

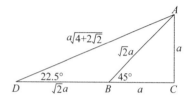

图 16 - 15

$$\cot 22.5° = \frac{a(1 + \sqrt{2})}{a} = \sqrt{2} + 1 ;$$

$$\sin 22.5° = \frac{a}{a\sqrt{4 + 2\sqrt{2}}} = \frac{1}{\sqrt{4 + 2\sqrt{2}}} ; \quad \cos 22.5° = \frac{a(1 + \sqrt{2})}{a\sqrt{4 + 2\sqrt{2}}} = \frac{1 + \sqrt{2}}{\sqrt{4 + 2\sqrt{2}}} .$$

（4）如图 16 - 16，在直角三角形 ADC 中，

$BD = AB = 2a$，$DC = (2 + \sqrt{3})a$，$\angle ABC = 30°$，

故 $\angle ADC = 15°$，则 $AD = \sqrt{a^2 + (2 + \sqrt{3})^2 a^2} = 2a\sqrt{2 + \sqrt{3}}$.

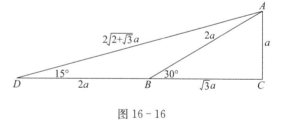

图 16 - 16

$$\therefore \quad \sin 15° = \frac{a}{2\sqrt{2 + \sqrt{3}}a} = \frac{1}{2\sqrt{2 + \sqrt{3}}} ;$$

$$\cos 15° = \frac{(2 + \sqrt{3})a}{2\sqrt{2 + \sqrt{3}}a} = \frac{2 + \sqrt{3}}{2\sqrt{2 + \sqrt{3}}} = \frac{\sqrt{2 + \sqrt{3}}}{2} ;$$

$$\tan 15° = \frac{a}{(2 + \sqrt{3})a} = \frac{1}{2 + \sqrt{3}} ; \quad \cot 15° = \frac{(2 + \sqrt{3})a}{a} = 2 + \sqrt{3} .$$

四、勾股定理逆定理的几种证法

1. 通常证法

例 设在图 16 - 17(a) 所示 △ABC 中，$a^2 + b^2 = c^2$，求证 $\angle C = 90°$.

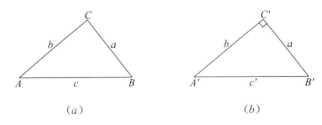

图 16 - 17

证明　作直角三角形 $A'B'C'$,如图 16 - 17(b)所示,使 $A'C'=b$,$B'C'=a$,$\angle C'=90°$.则 $a^2+b^2=c'^2$.

根据已知 $a^2+b^2=c^2$,可得 $c'^2=c^2$,则 $c'=c$,

∴　$\triangle ABC \cong \triangle A'B'C'$,因此,$\angle C=\angle C'=90°$.

2.用海伦公式来证明

证明　根据已知三角形三边之长分别为 a,b,c,且满足已知条件 $a^2+b^2=c^2$.由已知可得 $c=\sqrt{a^2+b^2}$.设 $S=\dfrac{a+b+c}{2}$,代入海伦公式,可得到此三角形的面积.

$$A =\sqrt{s(s-a)(s-b)(s-c)}$$
$$=\sqrt{\left[\frac{a+b+\sqrt{a^2+b^2}}{2}\right]\left[\frac{b+\sqrt{a^2+b^2}-a}{2}\right]\left[\frac{a-b+\sqrt{a^2+b^2}}{2}\right]\left[\frac{a+b-\sqrt{a^2+b^2}}{2}\right]}$$
$$=\sqrt{\left[\frac{(b+\sqrt{a^2+b^2})^2-a^2}{4}\right]\left[\frac{a^2-(b-\sqrt{a^2+b^2})^2}{4}\right]}$$
$$=\sqrt{\frac{2b(b+\sqrt{a^2+b^2})}{4} \cdot \frac{2b(-b+\sqrt{a^2+b^2})}{4}}$$
$$=\frac{b}{2}\sqrt{a^2+b^2-b^2}$$
$$=\frac{ab}{2}.$$

若三角形面积等于两边之积的一半$\left(\text{即}\dfrac{ab}{2}\right)$,则该三角形的这两边条(即 a、b)必互相垂直.

3.利用定理来证明

这条定理是指:三角形一边上的中线等于该边之半,则该三角形为直角三角形.

证明　作 $\triangle ABC$ 的高 CD,中线 CE(见图 16 - 18).并设

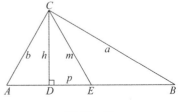

图 16 - 18

$CD=h$,$CE=m$,$DE=p$,则 $AE=EB=\dfrac{c}{2}$,$AD=\dfrac{c}{2}-p$,

$BD=\dfrac{c}{2}+p$.

在 $\mathrm{Rt}\triangle CAD$ 中,$b^2=h^2+\left(\dfrac{c}{2}-p\right)^2=h^2+\dfrac{c^2}{4}-cp+p^2$;

在 Rt$\triangle CBD$ 中，$a^2 = h^2 + \left(\dfrac{c}{2} + p\right)^2 = h^2 + \dfrac{c^2}{4} + cp + p^2$.

则 $a^2 + b^2 = 2h^2 + \dfrac{c^2}{2} + 2p^2$，即 $c^2 = 2h^2 + \dfrac{c^2}{2} + 2p^2$. 整理后得 $c^2 = 4(h^2 + p^2) = 4m^2$，故 $c = 2m$，即 $CE = \dfrac{1}{2}AB$.

∴　$\triangle ABC$ 是直角三角形.

4. 用余弦定理证明

证明　按余弦定理 $c^2 = a^2 + b^2 - 2ab\cos C$.

根据已知 $a^2 + b^2 = c^2$，故，上式变为 $-2ab\cos C = 0$. 从而有 $\cos C = 0$，故 $\angle C = 90°$.

五、有趣的勾股数

根据勾股定理，我们知道凡满足 $a^2 + b^2 = c^2$ 的三个正整数均组成勾股数."勾三股四弦五"是大家最熟悉的一组勾股数.那么其他还有哪些组合呢？不妨举例如下：

$5^2 + 12^2 = 13^2$；　　　　$6^2 + 8^2 = 10^2$；

$7^2 + 24^2 = 25^2$；　　　　$8^2 + 15^2 = 17^2$；

$9^2 + 40^2 = 41^2$；　　　　$10^2 + 24^2 = 26^2$；

$11^2 + 60^2 = 61^2$；　　　　$12^2 + 35^2 = 37^2$；

$13^2 + 84^2 = 85^2$；　　　　$14^2 + 48^2 = 50^2$；

……

从上述勾股数中，我们可发现它们具有下列有趣的性质：

(1) 每组勾股数中，勾与股均不等；

(2) 每组勾股数中，勾与股必有一个不是 2 的倍数；

(3) 每组勾股数中，勾与股必有一个是 3 的倍数；

(4) 每组勾股数中，勾与股必有一个是 4 的倍数；

(5) 每组勾股数中，勾、股与弦必有一个是 5 的倍数.

一般来说，对于大于 1 的奇数 m，可以构成一组勾股数，如图 16-19 所示.证明如下：

$$m^2 + \left[\dfrac{1}{2}(m^2 - 1)\right]^2 = m^2 + \dfrac{1}{4}(m^4 - 2m^2 + 1)$$

$$= \dfrac{1}{4}(m^4 + 2m^2 + 1) = \left[\dfrac{1}{2}(m^2 + 1)\right]^2.$$

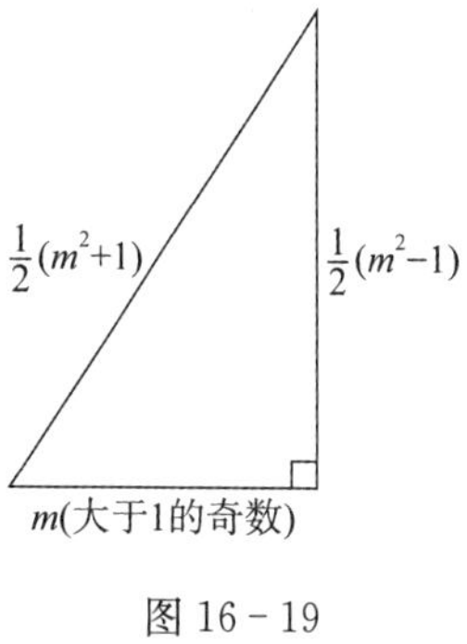

诸如：$3, \dfrac{1}{2}(3^2 - 1), \dfrac{1}{2}(3^2 + 1)$.

$5, \dfrac{1}{2}(5^2 - 1), \dfrac{1}{2}(5^2 + 1)$.

$7, \dfrac{1}{2}(7^2 - 1), \dfrac{1}{2}(7^2 + 1)$.

$9, \dfrac{1}{2}(9^2 - 1), \dfrac{1}{2}(9^2 - 1)$.

……

图 16-19

一般来说,对于大于2的偶数 n,也可以构成一组勾股数,如图16-20所示.证明如下:

$$n^2+\left[\left(\frac{n}{2}\right)^2-1\right]^2=n^2+\left(\frac{n}{2}\right)^4-\frac{n^2}{2}+1$$

$$=\left(\frac{n}{2}\right)^4+2\left(\frac{n}{2}\right)^2+1=\left[\left(\frac{n}{2}\right)^2+1\right]^2.$$

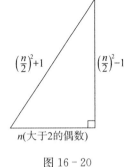

图16-20

诸如: $4,\left(\frac{4}{2}\right)^2-1,\left(\frac{4}{2}\right)^2+1$.

$6,\left(\frac{6}{2}\right)^2-1,\left(\frac{6}{2}\right)^2+1$.

$8,\left(\frac{8}{2}\right)^2-1,\left(\frac{8}{2}\right)^2+1$.

$10,\left(\frac{10}{2}\right)^2-1,\left(\frac{10}{2}\right)^2+1$.

......

●知识巩固●

1.《九章算术》中有这样一题,译成现代汉语为:有一个一丈见方的水池,中央有一根初生的芦苇,它高出水面一尺.若将这根芦苇拉向岸边,它的顶端恰好能抵达岸边的水面.求水深及芦苇长各多少尺.

2. 泖河宽50米,上面架的拱桥高度5米,试求桥孔圆弧的半径.

3. 请利用本讲"五、有趣的勾股数"中所讲的一般法则,分别填写下列两组勾股数:

(1) 11,(　　),(　　);　　　23,(　　),(　　);

13,(　　),(　　);　　　25,(　　),(　　);

15,(　　),(　　);　　　27,(　　),(　　);

21,(　　),(　　);　　　29,(　　),(　　);

(2) 12,(　　),(　　);　　　24,(　　),(　　);

14,(　　),(　　);　　　26,(　　),(　　);

20,(　　),(　　);　　　28,(　　),(　　);

22,(　　),(　　);　　　30,(　　),(　　).

4. 在等腰三角形 ABC 中,已知 $AB=BC=b$, $AC=a$, $\angle ABC=20°$,求证: $a^3+b^3=3ab^2$.

5. 已知某三角形三边是连续的三个自然数,其周长为12米,面积为6平方米,求证这是一个直角三角形.

6. 三角形三边长分别是3、4、$\sqrt{37}$,求这三角形最大的角的度数.

7. 求证:在直角三角形 ABC 中,弦的立方大于两直角边的立方和(即 $c^3>a^3+b^3$).

●想想练练●

解题参考

1. 如图16-21所示,设水深为 x 尺,则芦苇长为 $(x+1)$ 尺.由于芦苇生于方池中央,水池壁与底近似看作直角,故在 Rt$\triangle ABC$ 中,有 $5^2+x^2=(x+1)^2$,解之得 $x=12$.即水深为12尺,芦苇长为13尺.

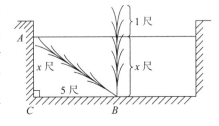

图16-21

2. 设桥孔圆弧的圆心为 O,半径为 R(米),见图 16-22. 根据题意 $AB=50$ 米,$CD=5$ 米,则在直角三角形 OAC 中,$OA=R$(米),$AC=\dfrac{1}{2}AB=\dfrac{1}{2}\times 50=25$(米),$OC=R-CD=R-5$(米).利用勾股定理得 $OA^2=AC^2+OC^2$,即 $R^2=25^2+(R-5)^2$,解之得 $R=65$ 米.

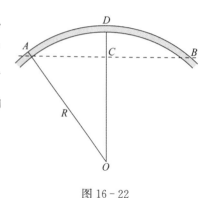

图 16-22

3. (1)　11,(60),(61);　　23,(264),(265);

13,(84),(85);　　25,(312),(313);

15,(112),(113);　　27,(364),(365);

21,(220),(221);　　29,(420),(421).

(2)　12,(35),(37);　　24,(143),(145);

14,(48),(50);　　26,(168),(170);

20,(99),(101);　　28,(195),(197);

22,(120),(122);　　30,(224),(226).

4. 证明　作 $\angle ADC=20°$(见图 16-23).由于 $\angle BAC=\angle C=80°$,而 $\angle BAD=\angle A-\angle ADC=80°-20°=60°$,故 $\angle ADC=80°$,则 $\triangle ADC$ 必是等腰三角形.即 $AD=AC=a$.故 $\triangle ADC\backsim\triangle ABC$.得 $\dfrac{DC}{a}=\dfrac{a}{b}$,则 $a^2=b\times DC$.即 $DC=\dfrac{a^2}{b}$,从而 $BD=b-\dfrac{a^2}{b}$.将勾股定理推广用于 $\triangle ABD$ 中,有

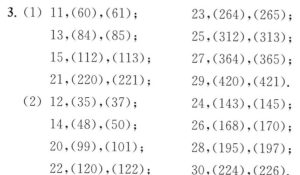

图 16-23

$BD^2=AB^2+AD^2-2AB\times AD\times\cos60°$,则 $\left(b-\dfrac{a^2}{b}\right)^2=b^2+a^2-ab$,化简得 $\dfrac{a^4}{b^2}+ab=3a^2$,所以 $a^3+b^3=3ab^2$.

5. 设这三个连续自然数分别是 $(a-1),a,(a+1)$.根据题意,其周长 $(a-1)+a+(a+1)=12$,得 $a=4$,则 $a-1=3,a+1=5$,符合"勾三股四弦五",则其面积 $S=\dfrac{1}{2}(a-1)a=\dfrac{1}{2}\times 3\times 4=6$,也确为 6 平方米,故这个三角形是直角三角形.

6. 根据勾股定理的推广,并根据题意欲求该三角形最大角,由大角对大边之规律,$\sqrt{37}>4>3$.可设 $\sqrt{37}$ 边所对的角为 α(即所求之角),则 $(\sqrt{37})^2=4^2+3^2-2\times 4\times 3\cos\alpha$.解之得 $\alpha=150°$.

7. 证明　由于

$$c^2=a^2+b^2. \qquad ①$$

则

$$c=\sqrt{a^2+b^2}. \qquad ②$$

①×②得 $c^3=(a^2+b^2)\sqrt{a^2+b^2}=a^2\sqrt{a^2+b^2}+b^2\sqrt{a^2+b^2}$.

由于 $\sqrt{a^2+b^2}>a$,　$\sqrt{a^2+b^2}>b$.

即 $a^2\sqrt{a^2+b^2}>a^3$,　$b^2\sqrt{a^2+b^2}>b^3$.

故 $c^3>a^3+b^3$.

全等三角形及其应用

一、引言

在平面几何里,已经学过的三角形全等的判定定理可概括为:

(1) 边、角、边;

(2) 角、边、角和角、角、边;

(3) 边、边、边.

作为三角形特例的直角三角形全等的判定,除可应用上述(1)和(2),还有

(4) 斜边、直角边.

同时,我们还知道两个全等三角形具有下列性质:

(1) 对应角相等;

(2) 对应边及其他对应线段(如中线、角平分线、高等)相等.

全等三角形的性质和判定方法,不但在初中阶段的平面几何学习中很重要,对同学们以后学习的数学及解决一些实际问题所起的作用也是很大的,它毕竟是平面几何的重要基础知识.

另外,我们要逐步培养自己将一般图形与相关的特殊图形进行观察、比较和分析的能力,从而弄明白它们的异同.这对巩固知识,发展逻辑思维能力也是很有帮助的.诸如,我们根据上述三角形全等的判定定理,来判断一下下列各种特殊三角形全等需具备的条件,想想为什么?

(1) 两个等腰三角形(一角、一底边或一腰、一底边);

(2) 两个等腰直角三角形(一腰或一斜边);

(3) 两个等边三角形(一边).

二、三角形全等条件的讨论

两个三角形如果有三个元素对应相等,那么这两个三角形可能全等.这三个元素我们来排列一下,大致有下列几种情况:

(1) 边、角、边;　(2) 角、边、角;

(3) 边、边、边;　(4) 角、角、边;

(5) 边、边、角;　(6) 角、角、角.

其中(1)～(4)我们已肯定它们是成立的,至于(5)就有不同情况,我们来看下面的命题:

如果一个三角形的两边等于另一个三角形的两边,并且其中一组等边所对的角也相等,那么另一组等边所对的角或相等或互为补角;如果相等,那么这两个三角形全等.

已知　如图 17-1 所示,$\triangle ABC$ 和 $\triangle A'B'C'$ 中,$AB=A'B'$,$AC=A'C'$,$\angle C=\angle C'$.

求证　$\angle B=\angle B'$ 或 $\angle B+\angle B'=180°$.

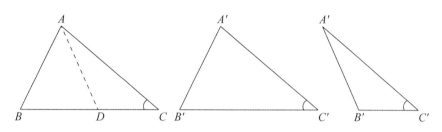

图 17-1

证明　把 $\triangle A'B'C'$ 移到 $\triangle ABC$ 上,使 $A'C'$ 与 AC 重合,B 与 B' 落在 AC 的同旁.

$\because$　$\angle C=\angle C'$,　$\therefore$　$B'C'$ 或落在 BC 上,B' 与 B 重合,或落在 BC 间的一点 D 上.

若 B' 与 B 重合,则 $\triangle ABC\cong\triangle A'B'C'$,故 $\angle B=\angle B'$.

若 B' 落在 D 点,则 $AD=A'B'=AB$,则 $\angle B=\angle ADB\neq\angle B'$.

$\because$　$\angle ADB+\angle ADC=180°$,$\angle ADC=\angle A'B'C'$,故 $\angle B+\angle A'B'C'=180°$.

讨论　① 如果 $\angle ABC$ 和 $\angle A'B'C'$ 都是直角,那么这两个三角形都是直角三角形,那么有上述三个元素(边、边、角)相等,它们一定是全等的.

② 如果 $\angle ABC$ 和 $\angle A'B'C'$ 同时都是锐角或钝角,那么它们当然不能为互补角,而一定相等,故这两个三角形也必然全等了.

至于上述情况(6),由于相等元素仅是三个角,则只能确定它们的形状相似,不能肯定它们大小是否一致.因此,这两个三角形不一定全等.这一点在以后学习相似形时要加以研究.

从上述剖析中,我们可以悟出:对教材中的知识要善于自己梳理与比较,才能钻研得较深,学得较扎实.这样做非但有助于巩固已学知识,发展思维能力,也培养了我们分析问题与寻找规律的能力.也只有持之以恒地刻苦钻研,方能有所发现,有所发明,有所创新,有所前进.

三、全等三角形知识的应用

1. 在几何问题中用于证明线段相等或角相等.

例 1　如图 17-2 所示,在以 $\triangle ABC$ 的三边 AB、BC、CA 为边向形外作三个等边三角形 ABD、BCE、CAF,连接 AE、BF、CD,求证:$AE=BF=CD$.

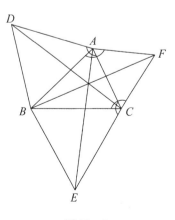

分析　要证 $AE=BF=CD$,只要证 $AE=BF$ 及 $BF=CD$,而它们分别是 $\triangle AEC$、$\triangle BCF$ 的边,以及 $\triangle ABF$、$\triangle ACD$ 的边,即只需要证 $\triangle AEC\cong\triangle BFC$,以及 $\triangle ABF\cong\triangle ACD$ 就行了(边、角、边).

例 2　如图 17-3 所示,P 是圆的直径 CD 上一点,$PA=PB$,连 AB.

图 17-2

求证:CD 垂直平分 AB.

分析　要证 CD 垂直平分 AB,就要证 $AE=EB$,$\angle AED=$ $\angle BED$.只需证 $\triangle AEP \cong \triangle BEP$,为此,必须知道 $\angle APE=\angle BPE$,方能用"边、角、边"证得.但 $\angle APE=\angle BPE$ 又可先证得 $\triangle PAO \cong$ $\triangle PBO$,因为同圆半径相等,用边、边、边可证得.

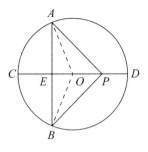

图 17－3

例 3　如图 17－4 所示,在 $\triangle ABC$ 中,$AB=AC$,在 AB 上任取一点 D,AC 的延长线上取一点 E,使 $CE=BD$,连 DE 交 BC 于 F.求证:$DF=FE$.

分析　DF 和 FE 分别是 $\triangle DFB$ 和 $\triangle EFC$ 的边,但这两个三角形不可能全等,故须添一辅助线来作出以 DF 和 FE 为边的并且可以全等的三角形.方法有两种:①过 D 作 $DG \parallel AC$ 交 BC 于 G;②延长 BC,过 E 作 $EM \parallel AB$ 交 BC 延长线于 M.

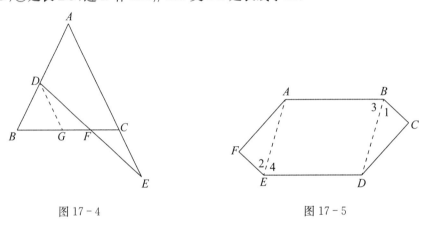

图 17－4　　　　　　　　　　　　图 17－5

例 4　如图 17－5 所示,在六边形 $ABCDEF$ 中,$AB=DE$,$BC=EF$,$CD=FA$,$\angle C=$ $\angle F$.求证:$\angle B=\angle E$,$\angle A=\angle D$.

分析　为了要证 $\angle B=\angle E$,我们很可能考虑到连 AC、DF,以证明 $\triangle ABC \cong \triangle DEF$.但这样一添辅助线,显然抹去了有用条件,不尽合理.因此,我们不妨如图 17－5 所示连 BD 和 AE,很容易证得 $\angle 1=\angle 2$,然后再考虑证得 $\angle 3=\angle 4$.

例 5　如图 17－6 所示,OA、OB 是圆的半径,$AC \perp$ OA,$BD \perp OB$,并且 $AC=BD$,连 CD 跟圆相交于 E、F.求证:$CE=DF$.

分析　作 $OG \perp CD$,要证 $CE=DF$,由于 $GE=GF$,所以必须证 $GC=GD$.为此,则须证 $OC=OD$.而 $OC=OD$ 可通过已知条件证得 $Rt\triangle OAC \cong Rt\triangle OBD$.

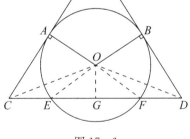

图 17－6

例 6　如图 17－7 所示,ABC 是直角三角形,$ABDM$ 和 $ACEN$ 是正方形,DF 和 GE 都垂直于 BC 的延长线.求证:$BC=DF+EG$.

分析　欲证 $BC=DF+EG$,可以将 BC 分成两部分,证明这两部分分别等于 DF 和 EG.为此,可在 BC 上截取 $BH=DF$,然后证 $CH=EG$.当然也可作 $AH \perp BC$,证 $BH=DF$,

$CH=EG.$

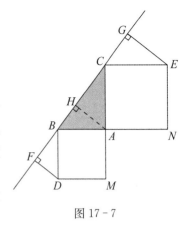

图 17－7

显然例 6 较例 1～例 5 复杂了一些,必须通过全等三角形相关线段相等的证明,再导出线段和的相等.

应用全等三角形知识,还可以解决某些作图问题.例如我们已经学过的"作一个角和已知角相等""作一个已知角的平分线"等,其实这些都是根据全等三角形的性质,利用尺规(圆规和直尺)作图的.下面,我们再举几个例子来说明全等三角形在其他作图问题上的应用.

如果我们手边没有圆规;仅有一把带刻度的直尺,那么怎样画已知角(如$\angle AOB$)的平分线呢?

(方法一)用刻度尺在 OA、OB 上方刻取 M、N 点,使 $OM=ON$,连 MN;再量出 MN 之中点C,连 OC,如图 17－8(a)所示.那么,OC 就平分$\angle AOB$ 了.(为什么?)

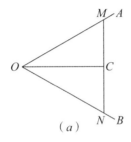
(a)

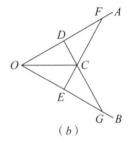
(b)

图 17－8

(方法二)利用刻度尺在 OA、OB 上分别取 D、F 和 E、G 四点,使 $OD=OE$,$OF=OG$;然后连 DG、EF,使它们交于 C,如图 17－8(b)所示.那么,OC 就是$\angle AOB$ 的平分线.(为什么?)

应用全等三角形,我们也可以利用一把带刻度的直尺,过直线 l 外的一点 P,画出与已知直线 l 平行的直线.

看图 17－9 后,请说明画图的方法.

随着同学们知识的不断丰富、观察与逻辑推理能力不断提高,全等三角形知识的应用范围也会进一步扩大,并更显出其重要性.

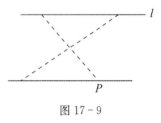

图 17－9

2. 应用全等三角形的性质进行测量

任何知识的出路在于应用,也只有获得了应用,才显示其生命力.全等三角形的性质在解决实际问题中用处很大,尤其在实际测量中.下面,我们来探讨几个测量实例,有条件的学校,可配合本讲在校园、公园等处开展测量实习,以提高应用知识的感性认识,培养应用课本知识解决实际问题的能力.

本讲主要解决下述实际问题:

(1)中间有障碍物的两点间的距离测定;

(2)底部可以到达的物体的高度测定.

实例 1 测量有障碍物相隔的 A、B 两点间的距离.

先在地面上任取可以直达 A 和 B 点的 C 点,测出 AC 和 BC 之距离,再延长 AC 到 D,使 CD＝AC,如图 17-10 所示.延长 BC 到 E,使 CE＝BC;连 DE,这时 DE＝AB.(为什么?)

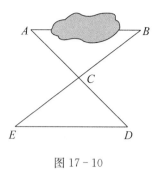

图 17-10

这里有个测量技术问题:怎样在地面上延长 AC 和 BC? 为了要延长 AC,测量者可先在 A、C 两点竖标杆,然后手持第三根标杆,顺着 AC 方向走,到适当地方后转,若看到 C 点的标杆遮住了 A 点的标杆,就在自己站立的地点插上第三根标杆,并作适当调整以确立 D 点,这时 D 点便在 AC 的延长线上了.

实例 2　要想不渡河而测量河的宽度.

可先在河的对岸选择一个目标 M,然后对准 M 取一点 A,并作直角 MAN.在 AN 上取 B、C 两点,使 AB＝BC,如图 17-11 所示.再从 C 引 AN 的垂线 CD 与 MB 相交于 D 点.这时测出 CD 的距离便是河宽.(为什么?)

这里也有个怎样用测角仪作直角 MAN 的技术问题.

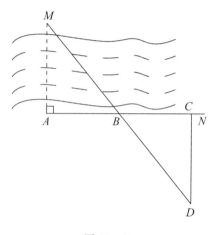

图 17-11

测角仪由度盘、照准器和台架三部分组成,度盘上刻有 0°～360°的度数.为了作直角 MAN,我们先把测角仪置于 A 点,使度盘中心对着地面上 A 点,将度盘放水平,用三脚架固定.将照准器固定在度盘的 0°上,转动度盘(使照准器与度盘一起转动),对准前方 AM 方向,然后转动照准器.(不使度盘转动),使它固定在度盘的 90°上.这时,另一名测量者在照准器所指的方向 AN 上立一标杆 B,则∠MAB 就是所要作的直角了.

实例 3　测量旗杆 AB 的高度.

可先在旗杆附近适当地点选定一点 C,并在 C 点正上方用测角仪测得仰角∠AC'B'＝α,再测出测角仪高度 C'C＝b,并测量 C 点与旗标着地点 B 间距 CB＝a.然后在地面上作一个直角三角形,使 EF＝a,∠EFD＝α,再量出 ED 之距离,如图 17-12 所示.则旗杆 AB＝ED＋b.(为什么?)

这里就有一个利用测角仪如何测出铅垂面上角度——仰角 α 的技术问题.

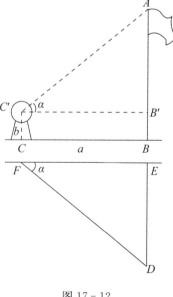

图 17-12

先将测角仪台架打开,作支撑脚分立的形式,置于 C 点,并使度盘铅垂悬着,照准器固定在度盘上的 0°,使度盘上 0°～180°的直径处于铅垂位置,90°～270°的直径处于水平位置.然后转动度盘(使照准器随度盘一起转动),并使照准器对准旗杆顶点 A,这时照准器所指度数即为仰角∠AC'B'的度数 α.

下面,以图表形式给出全等三角形测量实习的报告,供参考.

测量内容	中间有障碍的 A、B 两点间距离	河宽 MA	旗杆高 AB
原理图	 图 17 - 13	图 17 - 14	图 17 - 15
测量步骤	1. 在 A、B 两点各插一根标杆. 2. 在适当地点选择点 C，量出 $AC=$＿＿米，$BC=$＿＿米. 3. 延长 AC 到 D，使 $CD=AC$；延长 BC 到 E，使 $CE=BC$. 4. 量出 $ED=$＿＿米.	1. 选择河对岸某一目标 M，对准 M 取一点 A，插上标杆. 2. 作直角 MAN. 3. 在 AN 上取一点 B，插一标杆，量出 $AB=$＿＿米；再取一点 C，使 $BC=AB$，在 C 点插上标杆. 4. 作直角 ACD，在 D 上插上标杆，使 M、B、D 三点成一直线. 5. 量出 $CD=$＿＿米.	1. 在旗杆附近选择适当点 C，插上标杆，测得仰角 $\angle AC'B'=$＿＿度；量出 $BC=$＿＿米，仪器高 $CC'=$＿＿米. 2. 在地面上作直角 MEN，在 M、E、N 三点各插一标杆. 3. 在 EM 上取一点 F，使 $EF=BC$，在 F 点插上标杆. 4. 作 $\angle EFD=\angle AC'B'$，在 D 点插一标杆，并使 E、D、N 三点成一直线. 5. 量出 $ED=$＿＿米.
测量结果	A、B 两点的距离为＿＿米.	河宽 MA 为＿＿米.	旗杆高为＿＿米.
测量日期		测量地点	测量者签名

想想练练 ·知识巩固·

1. 如图 17 - 16 所示，以△ABC 的两边 AB 和 BC 为边，向外作正方形 $ABFG$ 和 $CBDE$.求证：$AD=CF$.

2. 在四边形 $ABCD$ 的 AB、CD 两边上向形外作等边三角形 ABE 和 CDF，在 BC 上向形内作等边三角形 BCG.求证：$GE=AC$，$GF=BD$.

3. 从等腰三角形 ABC 的顶点 A 向底角 $\angle B$、$\angle C$ 的平分线作垂线，垂足为 D、E.求证：①$AD=AE$；②DE∥BC.

4. 如果两个三角形的两条边和第三条边上的高对应相等,这两个三角形是否全等？为

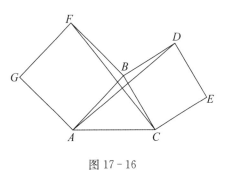

图 17 - 16

什么?

5. 在四边形 $ABCD$ 和 $A'B'C'D'$ 中,$AB=A'B'$,$BC=B'C'$,$CD=C'D'$,$DA=D'A'$,又 $AC=A'C'$.求证:$BD=B'D'$.

6. 如图 17-17 所示,$ABCD$ 是正方形,连 AC 并在 AC 上截取 $AE=AB$,过 E 作 $EF\perp AC$.求证:$BF=FE=EC$.

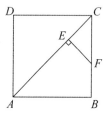

图 17-17

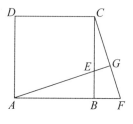

图 17-18

7. 如图 17-18 所示,$ABCD$ 是正方形,E 是 BC 上一点,延长 AB 到 F,使 $BF=BE$,连 AE 并延长交 CF 于 G.求证:$AG\perp CF$.

8. 在五边形 $ABCDE$ 中,$AB=AE$,$BC=ED$,$\angle B=\angle E$.求证:$\angle C=\angle D$.

9. 如图 17-19 所示,OB、OC 是圆的半径,$AB\perp OB$,$AC\perp OC$.求证:OA 垂直平分 BC.

10. 在 $\triangle ABC$ 中,$\angle A=90°$,$\angle B$ 的平分线和斜边上的高相交于 D 点,和直角边 AC 相交于 E 点,过 D 作直线 $FG\parallel BC$,分别与直角边 AB、AC 相交于 F、G.求证:$AE=CG$.

11. 如图 17-20 所示,$ABCD$ 是个正方形,P 是 AC 上一点,过 P 作 $EF\parallel AD$,$GH\parallel AB$,EF、GH 交正方形的边于 E、F、G、H,BD 与 AC 交于 O 点.求证:$OE=OG=OF=OH$.

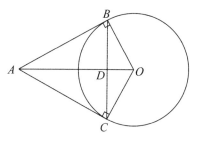

图 17-19

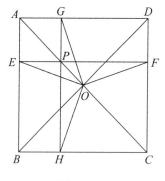

图 17-20

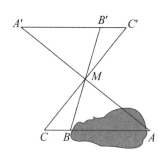

图 17-21

12. 要测量 A、B 两点间的距离,A 点不能直达,怎样从图 17-21 中所示的方法求出 AB?

想想练练
解题参考

1. 在 $\triangle FBC$ 和 $\triangle ABD$ 中,∵ $AB=BF$,$BC=BD$,且 $\angle ABD=\angle CBF$. ∴ $\triangle FBC\cong\triangle ABD$(边、角、边)
∴ $FC=AD$.

2. 如图 17-22 所示,在△BDC 和△CFG 中, ∵ BC=CG,
DC=CF,∠BCD=∠FCG,故有
△BDC≌△CFG.则 GF=BD.
同理可证△BEG≌△ABC,则 GE=AC.

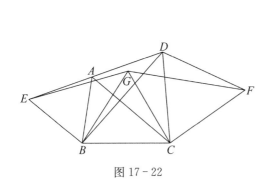 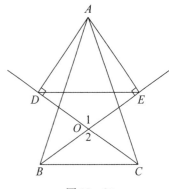

图 17-22   图 17-23

3. (1) 如图 17-23 所示,在△ADC 和△AEB 中, ∵ AB=AC,∠D=∠E=90°,
∠ACD=∠ABE(等腰三角形底角之半).故△ADC≌△AEB(角、角、边), ∴ AD=AE.

(2) ∵ AD=AE,故 △ADE 是等腰三角形,必有∠ADE=∠AED,则∠EDC=
∠BED,又∠1=∠2,在△DOE 和△BOC 中 2∠EDC+∠1=2∠DCB+∠2.则∠EDC=
∠DCB. ∴ DE∥BC(内错角相等).

4. 如图 17-24 所示,△ABC 和△A′B′C′中,AB=A′B′,AC=A′C′,AD 与 A′D′分别是
BC 及 B′C′上的高,且 AD=A′D′,可证得 Rt△ADC≌Rt△A′D′C′,则∠C=∠C′.在△ABC
及△A′B′C′中,两条对应边相等,一组对应角(即 AB 所对角∠C 及 A′B′所对角∠C′)相等,而
∠ABC 与∠A′B′C′却是互补,故△ABC 不全等于△A′B′C′.倘 A′B′与 A′B″重叠,则△ABC
与△A′B″C′全等,这时它们一组等边(AC 及 A′C′)所对的角∠B 及∠B″相等.

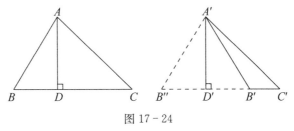

图 17-24

5. 如图 17-25 所示,由于△ABC≌△A′B′C′,(边、边、边)

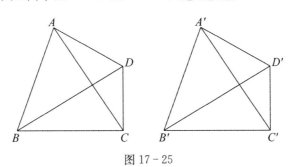

图 17-25

$\triangle ADC \cong \triangle A'D'C'$（边、边、边），

故 $\angle C = \angle C'$.（两对应等角之和）

故 $\triangle BDC \cong \triangle B'D'C'$（边、角、边），

则 $BD = B'D'$.

6. 在图 17 - 26 中,连 AF,由于 $EF \perp AC$,故 Rt$\triangle AFE \cong$ Rt$\triangle ABF$（直角边、斜边），则 $EF = FB$.

又在 $\triangle EFC$ 中. $\because$ $\angle CEF = 90°$,$\angle ECF = 45°$,必有

$\angle EFC = 45°$,故 $\triangle EFC$ 是等腰直角三角形,则

$EF = EC$, $\therefore$ $BF = FE = EC$.

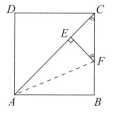

图 17 - 26

7. $\because$ Rt$\triangle ABE \cong$ Rt$\triangle BFC$（两对应直角边相等），故 $\angle BAE = \angle BCF$. 在 Rt$\triangle AFG$ 和 Rt$\triangle BFC$ 中, $\because$ $\angle AFG = \angle BFC$,且 $\angle BAE = \angle BCF$,则必有 $\angle AGF = \angle CBF = 90°$,即 $AG \perp CF$.

8. 如图 17 - 27 所示,连 AC、AD,由于 $\triangle ABC \cong \triangle ADE$（边、角、边），故 $AD = AC$,有 $\angle 3 = \angle 4$,又有 $\angle 1 = \angle 2$,

故 $\angle C = \angle 1 + \angle 3$,$\angle D = \angle 2 + \angle 4$.

$\therefore$ $\angle C = \angle D$.

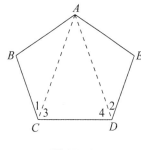

图 17 - 27

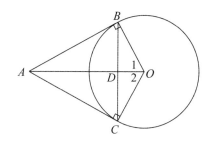

图 17 - 28

9. 如图 17 - 28 所示,Rt$\triangle ABO \cong$ Rt$\triangle ACO$（直角边,斜边），故 $\angle 1 = \angle 2$.在 $\triangle BCO$ 中,由于 $BO = CO$,它是等腰三角形,由于 $\angle 1 = \angle 2$,故 OD 是顶角平分线,也必是底边中线和高,则 OA 垂直平分 BC.

10. 如图 17 - 29 所示,过 D 作 $HK \perp AB$,则 Rt$\triangle KDB \cong$ Rt$\triangle MDB$,故 $\angle 1 = \angle 2$.由于 $HK \parallel AC$,则 $\angle 1 = \angle 3$,$\angle 2 = \angle 4$（对顶角）且 $\angle 4 = \angle 5$（内错角）.故 $\triangle AED$ 中,$\angle 3 = \angle 5$,则 $AE = AD$.

又 Rt$\triangle AKD \cong$ Rt$\triangle HMD$,故 $DH = AD$.

又由于 $CG \neq DH = AD = AE$, $\therefore$ $CG = AE$.

11. $\because$ $\triangle OEB \cong \triangle OGD \cong \triangle OHC \cong \triangle OFC$（边,角,边），则对应边 $OE = OG = OF = OH$.

12. 略.

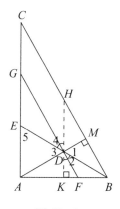

图 17 - 29

近似计算

在科研、生产和生活中，我们所遇到的数，绝大多数都不是绝对准确的，它们往往是我们所考察量的某个近似值.为了解决这些实际问题，我们又不得不对这些不是绝对准确的数进行各类运算.于是，实践本身就向我们提出了：怎样合理地处理不是绝对准确数的问题.这就需要我们在初中阶段初步涉及一些有关近似计算的理论和方法.

一、研究近似计算理论和方法的目的

先让我们来看一个实际问题：

一块矩形土地，量得它的长是 420.45 米，宽是 8.25 米，试计算其面积.

根据矩形面积计算公式，很方便地得出：

$$S_矩 = a \times b = 420.45 \times 8.25 = 3468.7125（平方米）.$$

但是，测量所得的长和宽难免会有些误差，故 420.45 与 8.25 都不能被认为是绝对准确的.相应地，其运算结果 3468.7125 也有一定的误差.换言之，这些数字不是每一个都有严格意义的.

假如在测量长、宽时，只能保证其误差不超过 0.01 米，那么，这块土地的实际面积最大可能是：

$$S_1 = 420.46 \times 8.26 = 3472.9996（平方米）；$$

该地实际面积最小可能是：

$$S_2 = 420.44 \times 8.24 = 3464.4256（平方米）.$$

比较上述运算的三个结果发现，它们在千位、百位上的数字是一致的，其余各位上的数字就不完全一致了.按实际情况来说，测量土地长、宽所导致的误差恰好是最大值不超过 0.01 米的可能性很小，因而，我们说这块土地的面积大约是 3470 平方米更能合理地反映这块土地的真实面积.

如果我们把该地的长看作是 420 米，宽仍是 8.25 米，计算其面积为：

$$S_3 = 420 \times 8.25 = 3465（平方米）；$$

若采用个位数四舍五入法处理上述运算结果，我们依旧可得到其面积约为 3470 平方米的合理结果，然而计算却简化了不少.但是，若将该地的长、宽分别看作 420 米和 8 米来计算其面积，则

$$S_4 = 420 \times 8 = 3360(平方米).$$

很显然,这与该地面积值的实际数值,相差太远了.由此,我们可以得出下述结论:

处理那些不是绝对准确的数,如果套用绝对准确的数的计算法,那么往往会浪费了精力而得出的结果却又不能合理地反映实际情况;若适当地对这些数值作近似处理后,不仅计算简化了,而且又保证得到结果相对合理;当然,若不适当地追求计算上的简便,同样会使计算结果远离事实.

可见,研究近似计算的理论和方法,目的就在于建立一套既省事,又能在多数情况下保证计算质量的计算法则.

二、近似数的截取方法

从上述例题的剖析,我们知道:在进行近似计算或合理确定计算结果时,有些近似数含有较多位数的数字,其所含的位数往往又超过了实际的需要,那么就有必要研究近似数的截取,一般有三种截取法.

1. 去尾法

这种方法是把一个近似数按实际需要去掉多余尾数数位部分的数字.这种截取法所得到的近似数的误差总不会超过保留部分的最后一个数位上的一个单位.例如:每套衣服用布 1.4 米,10 米布可制

$$10 \div 1.4 = 7.14\cdots(套)$$

应该说,10 米布最多可制 7 套衣服(即合理地去掉运算结果中的小数部分,保留整数部分不变).

2. 收尾法

亦称"进一法".这种方法是把一个近似数按实际需要去掉多余部分的数字后,在保留部分的最后一个数字上加上"1".这种截取法所得的近似数的误差与去尾法相同.例如:一辆卡车最多可运大米 60 袋,现有大米 2000 袋,用这种卡车装运,要运

$$2000 \div 60 = 33.33\cdots(次)$$

其结果应该说要装运 34 次(即去掉运算结果中的小数部分,而在所保留的部分——个位上的数字上加上 1).

3. 四舍五入法

这种截取近似数的方法是日常生活中最常用的,即作顾名思义的尾数操作.此法同学都已很熟练了,它所带来的误差总不会超过保留部分最后一个数位上的半个单位.其优点是:

(1) 产生的误差的绝对值一般比用其他方法截取时来得小;

(2) 在含有多个近似数的计算中,由于用四舍五入法截取时得到的各个近似数有些可能是过剩的,有些可能是不足的,因而在计算过程中误差就有可能相互抵消,从而令计算结果有较大程度的准确性.

在四舍五入法中,还有一种称作"偶数法则"的补充规定:如果被舍去的部分只有一个数字"5",那么,当所保留的部分的末位上是偶数时就保持不变(即不"入");当末位上是奇数时就加上"1"(即"入").例如,按"偶数法则"对 2.645 和 2.635 作四舍五入到 0.01(百分位)时,都得 2.64.这样,在大量计算中截取近似数所产生的误差,有较大可能会相互抵消.

三、近似数的精确度

近似数的精确度是近似计算理论的中心问题.下面,我们来研究怎样估计近似数的精确度.

1.近似数的绝对误差和绝对误差界

如果用 a 表示一个数的近似数,A 表示该数的准确数,Δ(大写希腊字母,读作['deltə])表示其"绝对误差",那么,绝对误差的公式表示为 $\Delta=|a-A|$.

但由于在大多数情况下,量的准确值是无法知道的,因此,近似数的绝对误差也常常是无法求出的.然而,根据问题的实际条件往往能够确定一个近似数的绝对误差的最大限度.于是,我们把一个近似数的绝对误差所不超过的那个正数,叫作近似的"绝对误差界".例如已知近似数 3.56 是由四舍五入法截得的,那么它的绝对误差界就是 0.005.又例如用一架称量精度可以达到 1 克的天平称一物体的质量,得到它的读数在 16 克与 17 克之间而偏于 17 克,那么其绝对误差界就是 0.5 克.

如果用 a 表示一个数的近似数,A 表示该数的准确数,α(小写希腊字母,读作['ælfə])表示其"绝对误差界",那么,$|a-A|\leqslant\alpha$.

知道了一个近似数 a 的绝对误差界 α,那么它的准确数 A 的范围是 $a-\alpha\leqslant A\leqslant a+\alpha$.

这里,$a-\alpha$ 称作 A 的"下界",$a+\alpha$ 称作 A 的"上界".

很显然,一个近似数 a 所代表的准确数不是唯一的,同时一个近似数的绝对误差界也并不是唯一的.

2.近似数的相对误差和相对误差界

如果用 a 表示一个数的近似数,A 表示其准确数,K(大写希腊字母,读作['kæpə])表示其"相对误差",那么,

$$K=\frac{|a-A|}{A}=\frac{\Delta}{A}(通常都化为百分数).$$

相对误差能确切地表示近似值的近似程度.

与绝对误差界类似,也需要引进相对误差界的概念.

如果 a 表示近似数,α 表示其绝对误差界,δ(希文 Δ 的小写)表示其"相对误差界",则

$$\delta=\frac{\alpha}{a}(通常也都化为百分数).$$

由于相对误差界也不是唯一的,所以在计算时只要有足够应用的精确度就可以了.因而,在通常情况下,只要求出一两位不等于零的数字,以后就四舍五入.

3.有效数字和可靠数字

评定一个近似数的精确度最直观的方法是直接指出它的绝对误差界或相对误差界,但这在实用上有时反而不便.因为在我们预先指出近似数的截取方法,就可以从数的外表形式来确

定这些近似数的精确度了.于是,我们有必要引进有效数字和可靠数字的概念.

如果近似数的绝对误差界是最末一位上的半个单位,那么这个近似数从左边第一个不是零的数字起,到末位数字止,所有的数字都称作"有效数字".

如果近似数的绝对误差界不超过它最末一位的一个单位,那么这个近似数从左边第一个不是零的数字起,到末位数字止,所有的数字都称作这个近似数的"可靠数字".

下面,我们来研究近似数的有效数字与相对误差界间的关系.

试计算:由四舍五入法截得近似数 $725,7.25,0.00725$ 的相对误差界.

解: $\delta_{725} = \dfrac{0.5}{725} = \dfrac{5}{7250}$,

$$\delta_{7.25} = \dfrac{0.005}{7.25} = \dfrac{5}{7250},$$

$$\delta_{0.00725} = \dfrac{0.000005}{0.00725} = \dfrac{5}{7250}.$$

由上述计算可见,若干个仅仅只有小数点位置不同,而没有其他差别的近似数,那么,它们的相对误差界就相等.

这是一个很重要的性质.由此,我们可进行下面的讨论.

设近似数 a 有 1 个有效数字,容易知道这个数字最小时是 1,最大时是 9,那么 a 的相对误差界 δ_a

$$\because \quad \delta_1 = \dfrac{0.5}{1} = 50\%,\ \delta_9 = \dfrac{0.5}{9} = \dfrac{5}{90} > 5\%,$$

$$\therefore \quad 5\% < \delta_a \leqslant 50\%.$$

设近似数 a 有 2 个有效数字,同样可以确定它的相对误差界 δ_a.

$$\because \quad \delta_{10} = 5\%,\ \delta_{99} = \dfrac{0.5}{99} = \dfrac{5}{990} = 0.5\%$$

$$\therefore \quad 0.5\% < \delta_a \leqslant 5\%.$$

类似地,我们可以知道当近似数 a 有 3 个有效数字,则其相对误差界 δ_a

$$0.05\% < \delta_a \leqslant 0.5\%.$$

同理,我们可以继续确定具有 4 个、5 个、6 个……有效数字的近似数的相对误差界所在的范围.

例题 设近似数 a 和 b 的相对误差界分别为 $\delta_a = 0.17\%,\delta_b = 0.017\%$,它们各可能有几个有效数字?

解 (1) $\because$ $0.05\% < 0.17\% < 0.5\%$,所以近似数 a 可能有三个有效数字.

(2) $\because$ $0.005\% < 0.017\% < 0.05\%$,所以近似数 b 可能有四个有效数字.

由上述推导和例题解算,我们可归纳出:若近似数 a 的相对误差界不超过 $\dfrac{5}{10^n}$,则它具有 n 个有效数字.

四、近似数的计算与近似数的运算法则

有关近似数加、减、乘、除、乘方、开方,这六种基本运算的法则,同学们都已掌握了,本讲只

准备谈谈怎样正确认识这些法则及如何看待近似计算结果的问题.

在准确数的运算中,运算结果是唯一的,即它与所采用的方法、步骤是否相同是无关的,而近似计算的结果则不一定如此,往往由于方法、步骤的不同而使结果有所不同.如果它们都能合理地反映实际情况(即误差在允许范围内),应该认为结论都是正确的.试看下述例子.

例 1　设梯形的上底约为 5.6 米,下底约为 12.34 米,高约为 4.36 米,试求其面积.

解　(解法 1) 运用 $S=\dfrac{1}{2}(a+b)h$ 来求解.

本题 $a=5.6$ 米,$b=12.34$ 米,$h=4.36$ 米.

$a+b=5.6+12.34=17.9\underline{4}$

$\therefore\quad S=\dfrac{1}{2}\times 17.9\underline{4}\times 4.36$

$\qquad=17.9\underline{4}\times 2.18$

$\qquad=39.1\underline{0}92$

$\qquad\approx 39.1$(平方米).

(解法 2) 运用 $S=\dfrac{1}{2}ah+\dfrac{1}{2}bh$ 来求.

$$\dfrac{1}{2}ah=\dfrac{1}{2}\times 5.6\times 4.36\approx 12.\underline{2},$$

$$\dfrac{1}{2}bh=\dfrac{1}{2}\times 12.34\times 4.36\approx 26.9\underline{0},$$

$$\therefore\quad S=12.\underline{2}+26.9\underline{0}=12.\underline{2}+26.9\approx 39\text{(平方米)}.$$

这两种解法都是根据法则计算的,但结果不同(数值不同,而且精确度也不同).应该说它们的结果都对,但解法一更合理一些.

例 2　圆环的面积公式是:$S=\pi R_1^2-\pi R_2^2$.若量得 $R_1=12.5$ 厘米,$R_2=12.0$ 厘米,求该圆环面积.

解　(解法一) $\pi R_1^2=3.142\times(12.5)^2=3.142\times 156.\underline{3}\approx 491.\underline{1}$,

$\qquad\qquad \pi R_2^2=3.142\times(12.0)^2=3.142\times 144.\underline{0}\approx 452.\underline{4}$,

$\qquad\qquad \therefore\quad S=\pi R_1^2-\pi R_2^2=491.\underline{1}-452.\underline{4}=38.7\approx 39\text{(平方厘米)}.$

(解法二) $S=\pi(R_1-R_2)(R_1+R_2)$

$$R_1-R_2=12.5-12.0=0.5,$$

$$R_1+R_2=12.5+12.0=24.5,$$

$$(R_1-R_2)(R_1+R_2)=0.5\times 24.5\approx 0.5\times 25\approx 1\underline{3},$$

$$\therefore\quad S=3.1\times 1\underline{3}\approx 40=4\times 10\text{(平方厘米)}.$$

上述两种计算结果也都是按运算法则算得的,都应说是正确的,不过解法二中由 (R_1-R_2) 使有效数字个数减少太多,这就降低了运算质量,故解法二不能合理地反映实际情况,相比较而言,方法一更合理.

接下来,我们继续探讨如何正确认识近似计算有关法则问题.

我们必须承认目前我们所学的各条近似计算法则都只是经验法则,它们既有一定的理论根据,又是在大量实践过程中总结出来的,且切合实际.因此,它们不同于准确数计算法则的绝对可靠.因此,近似计算的法则也不一定绝对可靠,只是保证在大多数情况下,按近似计算法则获得的结果是基本正确的,但可能有少数例外,且允许有少数例外.

例如求 $1.7+35.6+3.1$ 之和,按加法法则,其和为 40.4,这个结果的绝对误差界按法则应为 0.05,但如果近似数 1.7 是过剩的,其绝对误差恰为 0.05,而其他两加数也是过剩的,这样它们的和就产生了例外.

现在来讨论两个近似数 a 与 b 的和的绝对误差界 α_{a+b} 的情况.

设 a 与 b 所代表的准确数分别为 x 和 y,它们的绝对误差界分别是 α_a 与 α_b,则 x 最大时可能是 $a+\alpha_a$,y 最大时可能是 $b+\alpha_b$,所以 $x+y$ 最大时可能是 $(a+b)+(\alpha_a+\alpha_b)$,

即 $x+y \leqslant (a+b)+(\alpha_a+\alpha_b)$,

$\therefore \quad |(a+b)-(x+y)| \leqslant \alpha_a+\alpha_b$.

x 最小时可能是 $a-\alpha_a$,y 最小时可能是 $b-\alpha_b$,所以 $x+y$ 最小时可能是 $(a+b)-(\alpha_a+\alpha_b)$,

即 $(a+b)-(\alpha_a+\alpha_b) \leqslant x+y$,

$\therefore \quad |(a+b)-(x+y)| \leqslant \alpha_a+\alpha_b$,

可见,$\alpha_{a+b}=\alpha_a+\alpha_b$.

两近似数的和的绝对误差界等于这两个近似数的绝对误差界的和.

这个性质可推广到有限多个加数的情况;

即 $\alpha_{a+b+c+\cdots+n}=\alpha_a+\alpha_b+\alpha_c+\cdots+\alpha_n$.

采用同样的思路,还可推得两个近似数 a 与 b 的差的绝对误差界存在 $\alpha_{a-b}=\alpha_a+\alpha_b$ 的关系.

例 3 计算下式结果的绝对误差界,相对误差界,和的准确数存在的范围:$30.1+4.3+1.2+11.0$.

解 $30.1+4.3+1.2+11.0=46.6$.

绝对误差界:$\alpha_{46.6}=0.05+0.05+0.05+0.05=0.2$.

相对误差界:$\delta_{46.6}=\dfrac{0.2}{46.6}=0.43\%$.

故这四个近似数的和之准确数 A 所存在的范围是:$46.4 \leqslant A \leqslant 46.8$.

根据上述近似数的和或差的绝对误差界性质来处理,虽然可以保证近似数的加、减运算结果绝对可靠,但实际上,在大多数情况下这样处理的绝对误差界比实际的绝对误差界扩大很多,即将和或差的精确度不合理地降低了,这似乎与我们在"一、研究近似计算的理论和方法的目的"所追求的有悖.因而从大多数实际情况出发(参加运算的近似数的误差有很大可能会相互抵消一部分),建立起目前我们常用的近似数加或减的法则.但这里要指出一点:根据法则计算的结果中的最末一个(数位上的)数字,一般应看作是"可靠数字",而不是"有效数字",即所得的和或差的绝对误差界是最末一个数位的一个单位.

这个法则的合理性可从下述例子里显示出来.

例 4 $\dfrac{1}{11} \approx 0.0909$, $\quad \dfrac{1}{12} \approx 0.0833$, $\quad \dfrac{1}{13} \approx 0.0769$,

$\dfrac{1}{14} \approx 0.0714$, $\quad \dfrac{1}{15} \approx 0.0667$, $\quad \dfrac{1}{16}=0.0625$,

$$\frac{1}{17}\approx0.0588,\quad\frac{1}{18}\approx0.0556,\quad\frac{1}{19}\approx0.0526.$$

试求:0.0909+0.0833+0.0769+0.0714+0.0667+0.0625+0.0588+0.0566+0.0526 之和.

解 设和为 x,则按近似数加法法则得

$x=0.6187$(即绝对误差界是 0.0001)

让我们看看实际情况:

$$\frac{1}{11}+\frac{1}{12}+\frac{1}{13}+\frac{1}{14}+\frac{1}{15}+\frac{1}{16}+\frac{1}{17}+\frac{1}{18}+\frac{1}{19}$$

$$=\frac{144045379}{232792560}$$

$$=0.6187713\cdots$$

可见,通分后所做出来的结果与取万分位近似小数相加之和 0.6187 最后一个数字"7"虽不是有效数字,但确实是"可靠数字".由此可见,上述法则还是合理的.

现在,我们再来讨论两个近似数的积的相对误差界的情况.

设 a 与 b 是两个近似数,它们代表的准确数分别是 x 与 y,α_a 和 α_b 分别为它们的绝对误差界.

α_{ab} 表示 ab 积的绝对误差界,则

x 最大时可能是 $a+\alpha_a$,y 最大时可能是 $b+\alpha_b$,故 xy 积最大时可能是

$$(a+\alpha_a)(b+\alpha_b)=ab+a\alpha_b+b\alpha_a+\alpha_a\alpha_b$$

∵ $\alpha_a\alpha_b$ 项一般很小,可以略去不计,则

$(a+\alpha_a)(b+\alpha_b)\approx ab+a\alpha_b+b\alpha_a,$

即 $xy\leqslant ab+a\alpha_b+b\alpha_a,$

$|ab-xy|\leqslant a\alpha_b+b\alpha_a.$

即 $\alpha_{ab}=a\alpha_b+b\alpha_a.$

而 x 最小时可能是 $a-\alpha_a$,y 最小时可能是 $b-\alpha_b$,故 xy 积最小时可能是

$$(a-\alpha_a)(b-\alpha_b)=ab-(a\alpha_b+b\alpha_a)+\alpha_a\alpha_b,$$

同理,$\alpha_a\alpha_b$ 项略去不计,则

$$(a-\alpha_a)(b-\alpha_b)\approx ab-(a\alpha_b+b\alpha_a)$$

即 $ab-(a\alpha_b+b\alpha_a)\leqslant xy$

∴ $|ab-xy|\leqslant a\alpha_b+b\alpha_a,$

即 ab 积的绝对误差界 $\alpha_{ab}=a\alpha_b+b\alpha_a.$

由此可见,由近似数的绝对误差界来推算积的绝对误差比较复杂,但是计算积的相对误差界却很简单,因为

$$\delta_{ab}=\frac{\alpha_{ab}}{ab}=\frac{a\alpha_b+b\alpha_a}{ab}=\frac{\alpha_b}{b}+\frac{\alpha_a}{a}=\delta_a+\delta_b,$$

即两个近似数的积的相对误差界约等于两个近似数的相对误差界之和.

这个性质也可以推广到有多个近似因数求积的情况,即

$$\delta_{abc\cdots n}\approx\delta_a+\delta_b+\delta_c+\cdots+\delta_n.$$

而两个近似数相除的情况,类似地也可以推得

$$\delta_{\frac{a}{b}} \approx \delta_a + \delta_b.$$

例 5　计算近似数 50.1×3.12 的积的相对误差界,并用有效数字写出它们的积.

解　$50.1 \times 3.12 = 156.312$.

$$\delta_a = \frac{0.05}{50.1} = 0.1\%, \quad \delta_b = \frac{0.005}{3.12} = 0.16\%.$$

∴　积的相对误差界 $\delta_{ab} = 0.1\% + 0.16\% = 0.26\%$.

积的绝对误差界 $\alpha_{ab} = 156.312 \times 0.26\% = 0.4064112 \approx 0.41$.

所以 156.312 中从小数点后第一个数字起都不是有效数字,故 $50.1 \times 3.12 \approx 156$(只有 3 位有效数字).

另外,从积 ab 的相对误差界是 0.26% 来看,根据前述"三、近似数的精确度　3.有效数字和可靠数字"中所指出的有效数字与相对误差界之间的关系也可知,积 ab 可能只有 3 位有效数字.

例 6　计算近似数 $60.3 \div 0.32$ 的商.

解　$60.3 \div 0.32 = 188.4375$.

$$\delta_a = \frac{0.05}{60.3} \approx 0.0008, \quad \delta_b = \frac{0.005}{0.32} \approx 0.016$$

∴　$\delta_{\frac{a}{b}} = 0.0008 + 0.016 = 0.017 \approx 1.7\%$.

可知商 $\frac{a}{b}$ 可有两位有效数字,故

$$60.3 \div 0.32 \approx 1.9 \times 10^2.$$

五、近似数的混合计算

混合计算只要按照运算顺序分步计算.由于是近似数运算,中间结果要比各条法则规定的结果所取数字多取一位,因为这样可使最后结果精确性高一些.

例 7　根据 $V_柱 = \frac{1}{4} \pi d^2 h$ 求圆柱体体积,其中测出 $d = 5.2$ 厘米,$h = 10.28$ 厘米.

解　$V = \frac{\pi}{4} \times 5.2^2 \times 10.28 = \frac{3.14}{4} \times 5.2^2 \times 10.3$.

由于各原始数据中有效数字最少的是 5.2(两位),而全式只有乘与除的运算,故最后结果只能取两位有效数字,中间结果取 3 位有效数字,π 取 3.14,10.28 取为 10.3.

$5.2^2 = 27.04 \approx 27.0$(比法则多保留一位数字),

$3.14 \times 27.0 = 84.78 \approx 84.8$(比法则多保留一位数字),

$84.8 \times 10.3 = 873.44 \approx 873$(比法则多保留一位数字),

$873 \div 4 = 218 \approx 2.2 \times 10^2$.

∴　$V_柱 = 2.2 \times 10^2$(立方厘米).

例 8　计算 $x = \dfrac{(11.373 - 10.312) \times 2.7 \times 10^3}{11.373}$.

解　既有减法,又有乘法与除法,而 2.7×10^3 只有两位有效数字,故可断定最后结果也只

能有两位有效数字.

$$11.373-10.312=1.061,$$

$$1.061\times2.7\times10^3\approx1.06\times2.7\times10^3\approx2.86\times10^3,$$

$$\frac{2.86\times10^3}{11.373}\approx\frac{2.86\times10^3}{11.4}\approx2.5\times10^2.$$

例9 量得五边形地的尺寸如图 18-1 所示.试计算这块地的面积.

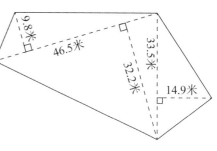

解 $S=\dfrac{1}{2}\times9.8\times46.5+\dfrac{1}{2}\times32.2\times46.5+\dfrac{1}{2}\times33.5\times14.9,$

其中，$\dfrac{1}{2}\times9.8\times46.5=227.85\approx228$

$\dfrac{1}{2}\times32.2\times46.5=748.65\approx748.7$

$\dfrac{1}{2}\times33.5\times14.9=249.575\approx249.6$

图 18-1

$\therefore\ S=228+748.7+249.6$

$\approx228+749+250$

$=1227\approx1230=1.23\times10^3$（平方米）.

本题说明了分析的重要性.这种含有加、减、乘、除混合运算的习题,不可随便断言最后结果中有几位有效数字,尽管原始数据中"9.8"只有两位有效数字,最后结果却有 3 位有效数字.

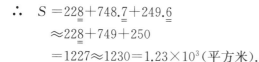

1. 地球赤道半径长 3677000 米,它的绝对误差界是 500 米,试写出赤道半径的准确值所在范围.

2. 测量一条马路长是 895 米,绝对误差界是 0.5 米;宽是 20 米,绝对误差界是 0.01 米,这两个测量结果,哪一个精度高?

3. 一个粮食收购站收购到粮食 9576300 千克,写出

（1）有 3 位有效数字的近似数;

（2）有 4 位有效数字的近似数.

4. 测得一块圆形钢板的直径是 86.5 厘米,求其面积.

5. 一块梯形田测量得到:上底约 32.1 米,下底约 47.3 米,高约 27.2 米,这块田有几亩?

6. 一小箱螺钉,净重 8.43 千克,已知每 100 个螺钉重 178 克,箱里共有螺钉多少个?

7. 试计算圆环面积,已知 $R\approx35.5$ 厘米,$r\approx32.0$ 厘米.

8. 计算:$(3.542+5.743-0.00463)\div(3.1416\times0.32)^2.$

1. 赤道半径 R 准确值所在范围:3676500 米 $\leqslant R\leqslant$ 3677500 米.

2. $\delta_a=\dfrac{0.5}{895}\times100\%\approx0.06\%,\quad\delta_b=\dfrac{0.01}{20}\times100\%\approx0.05\%.$

相比较,测宽的精确度高.

3. 3 位有效数字的近似数:9.58×10^6 千克;

4 位有效数字的近似数：9.576×10^6 千克.

4. $S = \pi r^2 = 3.142 \times \left(\dfrac{86.5}{2}\right)^2$

$\quad = 3.142 \times 43.25^2 \approx 3.142 \times 1871$

$\quad \approx 588$（平方厘米）.

5. $S = \dfrac{1}{2}(a+b) \times h = \dfrac{1}{2}(32.1 + 47.3) \times 27.2$

$\quad = \dfrac{1}{2} \times 79.4 \times 27.2 = 1079.84 \approx 1.08 \times 10^3$（平方米）.

∵ 1 平方米＝9 平方尺，1 平方丈＝100 平方尺，1 亩＝60 平方丈，

∴ $1.08 \times 10^3 \times 9 \div 100 \div 60 = 1.62$（亩）.

6. $8.43 \times 10^3 \div (178 \div 100) = 8.43 \times 10^3 \div 1.78 = 4.74 \times 10^3$（个）.

7. $S = \pi(R^2 - r^2) = \pi(R+r)(R-r)$

$\quad = 3.14 \times (35.5 + 32.0)(35.5 - 32.0)$

$\quad = 3.14 \times 67.5 \times 3.5$

$\quad \approx 7.4 \times 10^2$（厘米）^{2}.

8. 原式＝$(3.542 + 5.743 - 0.0046) \div (3.14 \times 0.32)^2$

$\quad \approx 9.2804 \div 1.00$

$\quad \approx 9.28 \div 1.00$

$\quad \approx 9.28$

$\quad \approx 9.3$.

列一元二次方程解应用题

一、引言

我们常说,对于理论问题要能够精通它、应用它,精通的目的全在于应用.本讲通过列方程解应用题,帮助同学们理解:由于有实际问题的需要,才产生了一元二次方程;也只有通过应用,才能更深刻地理解并掌握一元二次方程的解法,诸如验根的必要性、分解常数项质因数的因式分解的解法技巧等问题.

其实,一元二次方程的布列思想与以前所学的解一元一次方程应用题中的方程布列方法基本相同,但前者的最大困难在于题目形式变化多,不易掌握它的规律.为此,我们不妨从这样两方面入手,以提高解题能力:

(1) 要善于分析题目中所涉及的关系.任何事物都是相互联系、相互依赖、相互制约的.分析清楚:题目中有哪些量,它们间关系怎样,哪些是已知的,哪些是未知的,在未知量中如果设定了一个未知量后,其余的未知量能否用这个已设的未知量的代数式来表示……所有这些关系都梳理清楚了,会给分析带来启示和帮助.

(2) 设定未知量后,仔细寻找题目中的等量关系,这种关系(关联性)就是布列方程的依据,或称"关键条件".

二、例题剖析(一)

例 1 甲、乙两生产队规定于相同日期内收割庄稼.甲队收割 400 亩,提前 2 天完成;乙队收割 900 亩,较期限延迟 2 天完成.假设甲队收割的天数为乙队实际收割的天数,而乙队收割的天数为甲队实际收割的天数,则两队的收割量就相同.求计划规定的期限;每队每天收割的亩数.

分析

1. 梳理题目中各数量间的关系(假如设规定的期限为 x 天):

	甲队	乙队
总工作量(亩)	400	900
实际收割天数(天)	$x-2$	$x+2$
每天工作量(亩/天)	$\dfrac{400}{x-2}$	$\dfrac{900}{x+2}$

2. 寻找列方程的条件:假设甲队收割的天数为乙队实际收割的天数,而乙队收割的天数为甲队实际收割的天数,则两队的收割量就相同.

解　设规定期限为 x 天.则甲队实际工作了$(x-2)$天;乙队实际工作了$(x+2)$天.根据题意

$$(x+2)\frac{400}{x-2}=(x-2)\frac{900}{x+2}.$$

则

$$4(x+2)^2=9(x-2)^2,$$
$$(5x-2)(x-10)=0,$$

解得 $x_1=10,x_2=\dfrac{2}{5}$(舍去).

把 $x=10$ 代入$(x-2)(x+2)\neq0$(旨在鉴别解题中是否产生增根),

代入$\dfrac{400}{x-2}=50$(亩);

代入$\dfrac{900}{x+2}=75$(亩).

答:规定日期为 10 天,甲队每天收割 50 亩,乙队每天收割 75 亩.

例 2　甲、乙两人共同干 12 天可完成一项任务.若开始仅甲独干,完成一半时,由乙来接续,则共需 25 天才能干完.若由甲或乙单独干,各需若干天方能完成该项任务.

分析

1. 寻找题中各数量间的关系(若设甲先干了 x 天):

	甲	乙
总工作量(件)	$\dfrac{1}{2}$	$\dfrac{1}{2}$
天数(天)	x	$25-x$
每天工作量(件/天)	$\dfrac{\frac{1}{2}}{x}$	$\dfrac{\frac{1}{2}}{25-x}$

2. 分析列方程的条件:两人共同干 12 天可完成这项任务.

解　设:甲完成一半任务时,独干了 x 天,乙接着干了$(25-x)$天.则甲单独完成整项任务需 $\dfrac{1}{\frac{\frac{1}{2}}{x}}=2x$ 天;乙单独完成整项任务需 $\dfrac{1}{\frac{\frac{1}{2}}{25-x}}=2(25-x)$天.

根据题意,

$$12\left(\frac{\frac{1}{2}}{x}+\frac{\frac{1}{2}}{25-x}\right)=1.$$

则

$$6(25-x)+6x=x(25-x),$$
$$(x-10)(x-15)=0,$$

解得 $x_1=10,x_2=15$,

把 $x_1=10$ 代入 $x(25-x)\neq0$(旨在鉴别运算中是否产生增根),

代入 $2x＝20$（天）；

代入 $2(25-x)＝30$（天）.

把 $x_2＝15$ 代入 $x(25-x)\neq0$（也旨在鉴别运算中是否产生增根），

代入 $2x＝30$（天）；

代入 $2(25-x)＝20$（天）.

答：甲单独完成整项任务需 20 天，乙单独完成整项任务需 30 天.

例 3 甲、乙两列车自相距 900 千米的 A、B 两地相向而行.甲车晚开了 1 小时，而速度每小时较乙车快 5 千米；两车恰在路程中点相遇.求甲、乙两车的速度.

分析

1. 分析题中各数量间的关系（若设乙车速度为 x 千米/时）.

	甲列车	乙列车
距离（千米）	450	450
时间（小时）	$\dfrac{450}{x+5}$	$\dfrac{450}{x}$
速度（千米/时）	$x+5$	x

2. 寻找列方程的条件：相遇前甲车晚开了 1 小时.

解 设：乙车速度为 x 千米/时，则甲车速度为 $(x+5)$ 千米/时.

根据题意 $\dfrac{450}{x}-\dfrac{450}{x+5}＝1$，

则 $450(x+5)-450x＝x(x+5)$，

即 $(x-45)(x+50)＝0$，

解得 $x_1＝45, x_2＝-50$（舍去）.

把 $x＝45$ 代入 $x(x+5)\neq0$（旨在鉴别解题中是否产生增根），

代入 $x+5＝50$（千米/时）.

答：甲车速度为 50 千米/时，乙车速度为 45 千米/时.

例 4 按计划拖拉机应在 2 天内耕完长 400 米，宽 300 米的矩形土地.它从边缘耕起，沿着未耕土地的四周旋转着逐渐向中心接近.当它耕完一半土地时，土地边缘已耕距离恰巧一样宽.求边缘距离为多少米.

分析

1. 分析题中各数量间的关系（若设土地边缘已耕距离为 x 米）：

	原来土地	耕完一半以后
长（米）	400	$400-2x$
宽（米）	300	$300-2x$
面积（平方米）	400×300	$(400-2x)(300-2x)$

2. 寻找列方程的条件：当它耕完一半土地时，土地边缘已耕距离恰巧一样宽.

解 设：边缘距离宽为 x 米.根据题意

$$(400-2x)(300-2x)=\frac{1}{2}\times400\times300,$$

即 $\qquad\qquad (200-x)(150-x)=15000,$

则 $\qquad\qquad (x-300)(x-50)=0,$

解得 $\qquad\qquad x_1=300(舍去), \quad x_2=50.$

答:已耕土地边缘宽为 50 米.

三、当堂练习(一)

以上剖析的四道例题都是数量关系比较简单,且容易分析的.为了帮助同学们建立起自行分析题目的能力,以便提高解题技巧,我们提供下述三道练习题,希望同学们仿照例题,分析题中各数量关系以及列方程的条件(关键语句),能用多种方法解题的,尽可能找出多解.

练习 1. 两台不同功率的拖拉机同时工作 4 天,耕完土地的 $\frac{2}{3}$.如果单独工作,第二台可比第一台早 5 天耕完.则这两台拖拉机单独工作各需几天可耕完全部土地?

解 设第二台独耕全部土地需 x 天,则第一台需 $(x+5)$ 天,按题意 $4\left(\frac{1}{x}+\frac{1}{x+5}\right)=\frac{2}{3}$,解得 $x_1=10,x_2=-3$(舍去),即第一台独耕全部土地需 15 天;第二台需 10 天.

练习 2. 甲、乙两汽车分别自相距 24 千米的 A、B 两地同时相向出发.彼此相遇后,甲车再过 16 分钟抵 B 地,乙车再过 4 分钟抵 A 地.求各车速度.

解 设两车相遇时走了 x 分钟,则甲车速为 $\frac{24}{x+16}$ 千米/分,乙车速为 $\frac{24}{x+4}$ 千米/分.按题意 $16\left(\frac{24}{x+16}\right)+4\left(\frac{24}{x+4}\right)=24$,解得 $x_1=8$(分),则甲车速为 1 千米/分,乙车速为 2 千米/分.

练习 3. 挖泥队计划在若干天内挖泥 216 米³.前 3 天按计划挖,以后每天多挖 8 米³,因此在规定期限前 1 天已挖了 232 米³.则原计划每天应挖泥多少立方米?

解 (解法一)设计划每天挖泥 x 米³,则 $\frac{216}{x}-\frac{232-3x}{x+8}=3+1.$

解得 $x_1=24,x_2=-72$(舍去).

(解法二)设原计划为 x 天,每天挖泥 $\frac{216}{x}$ 米³,则

$3\times\frac{216}{x}+(x-3-1)\left(\frac{216}{x}+8\right)=232$,解得 $x_1=9,x_2=-3$(舍去),故 $\frac{216}{x}=24$(米³).

四、例题剖析(二)

例 1 在容器内盛有 20 升纯酒精,把酒精倒出一部分后再注满水;第二次又倒出与第一次等量的混合液,再注满水.此时,容器内的酒精只占水的 $\frac{1}{3}$(即酒精与水之比为 1∶3),求第一次倒出多少升纯酒精.

分析

1. 分析题中各数量间的关系(若设第一次倒出纯酒精 x 升):

	原有	第一次倒出酒精并注满水后	第二次倒出混合液并注满水后
混合量(升)	20	$20-x+x$	$(20-x+x)-x+x$
纯量率	$\dfrac{100}{100}$	$\dfrac{20-x}{20}$	$\dfrac{1}{1+3}$
纯量(升)	20	$20-x$	$20-x-\dfrac{20-x}{20}\cdot x$

2. 寻找列方程的条件:第二次又倒出与第一次等量的混合液,再注满水.此时,容器内的酒精只占水的 $\dfrac{1}{3}$.

解　设第一次倒出的纯酒精为 x 升.根据题意

$$20-x-\frac{20-x}{20}\cdot x=20\times\frac{1}{1+3}.$$

即 　　　　　　　　$x^2-40x+300=0,$

则 　　　　　　　　$(x-10)(x-30)=0,$

$$x_1=10 \quad x_2=30(舍去).$$

答:第一次倒出 10 升纯酒精.

例 2　将 8 克甲种液体和 6 克乙种液体混合得到的新液体密度为 0.7 克/厘米³,已知甲种液体密度较乙种大 0.2 克/厘米³,求这两种液体的密度.

分析

1. 分析题中各数量间的关系(若设乙种液体密度为 x 克/厘米³):

	混合前甲液体	混合前乙液体	混合后
质量(克)	8	6	$8+6$
密度(克/厘米³)	$x+0.2$	x	0.7
体积(厘米³)	$\dfrac{8}{x+0.2}$	$\dfrac{6}{x}$	$\dfrac{8+6}{0.7}$

2. 寻找列方程的条件(隐含):两种液体混合前与混合后的体积相等(不考虑特殊情况).

解　设乙种液体的密度为 x 克/厘米³.则甲种液体的密度为 $(x+0.2)$ 克/厘米³.根据题意

$$\frac{8}{x+0.2}+\frac{6}{x}=\frac{8+6}{0.7},$$

即 　　　　$\dfrac{4}{x+0.2}+\dfrac{3}{x}=10,\quad 10x^2-5x-0.6=0,$

则 　　　　　　　$x_1=0.6(克/厘米³),x_2=-1(舍去).$

将 x_1 代入 $x+0.2=0.8$ 克/厘米³.

答:甲种液体密度为 0.8 克/厘米³;乙种液体密度为 0.6 克/厘米³.

例 3　石头从矿井口落入井里,4 秒钟后听到它落到井底的声音.已知声速为 330 米/秒,

自由落体路程 $s=\dfrac{1}{2}gt^2$（$g\approx10$ 米/秒^2），求这个矿井的深度.

分析

1. 分析题中各数量间的关系（若设石头从井口到井底花去 t 秒）：

	落体（石头下落）	声音（从井底传回）
速度（米/秒）	$\dfrac{1}{2}gt$	330
时间（秒）	t	$4-t$
距离（米）	$\dfrac{1}{2}gt^2$	$330(4-t)$

〔自由落体初速度 $v_0=0$，末速度 $v_t=gt$，石头下落平均速度为：

$$\dfrac{1}{2}(v_0+v_t)=\dfrac{1}{2}(0+gt)=\dfrac{1}{2}gt\ (\text{米／秒}).$$

但本题可以不研究变加速运动的速度，只能用现成的自由落体路程公式 $s=\dfrac{1}{2}gt^2$，其运动速度也留待以后在物理课中研究.〕

2. 寻找列方程的条件（隐含）：石头从矿井口落入井底的距离和声音从井底传到井口的距离相等.

解　设：石头从矿井口落到井底用了 t 秒，则声音从井底传到井口用了 $(4-t)$ 秒.石头从井口下落至井底的路程与声音从井底传到井口的路程是相同的.则根据题意得

$$\dfrac{1}{2}\times10\times t^2=330(4-t),$$

即

$$t^2+66t-264=0.$$

由于 $\sqrt{b^2-4ac}=\sqrt{4356+1056}=\sqrt{5412}\approx73.56$，

故

$$t=\dfrac{-66+73.56}{2}\approx3.78(\text{秒}).$$

代入

$$330(4-t)=330\times0.22\approx72.6(\text{米}).$$

答：这个矿井深度约 72.6 米.

五、当堂练习（二）

练习 1. 在含有 40 克食盐的溶液中加水 200 克,其浓度就减少 10%.问这种溶液含水多少,其浓度怎样.

解　设这种溶液含水 x 克，其浓度为 $\dfrac{40}{x+40}\%$，按题意

$$\dfrac{40}{x+40}-\dfrac{40}{x+40+200}=10\%,$$ 解之得 $x=160(\text{克})$，其浓度为 20%.

练习 2. 金属甲和金属乙的质量分别为 178 克和 219 克,且甲的密度较乙大 1.6 克/厘米^3,已知甲体积比乙小 10 厘米^3,求甲、乙体积分别多大.

解　设甲金属体积为 x 厘米^3,则乙金属体积为($x+10$)厘米^3.按题意 $\dfrac{178}{x}-\dfrac{219}{x+10}=1.6$,解之得 $x=20$ 厘米^3,$x+10=30$ 厘米^3.

练习3. 甲、乙两容器容量约为 20 升,甲内盛满酒精,乙为空容器.自甲内倒出若干酒精于乙内,再将乙之其余部分注满水后,将此混合液注满甲容器.最后自甲容器倒回乙容器 $6\dfrac{2}{3}$ 升,于是两容器所含纯酒精量相同.问第一次自甲倒入乙多少升纯酒精?

解　设第一次甲倒入乙纯酒精 x 升,第二次乙倒入甲纯酒精 $x\cdot\dfrac{x}{20}$ 升,第三次甲又倒入乙纯酒精 $6\dfrac{2}{3}\cdot\dfrac{20-x+\dfrac{x^2}{20}}{20}$ 升,按题意,$20-x+\dfrac{x^2}{20}-6\dfrac{2}{3}\cdot\dfrac{20-x+\dfrac{x^2}{20}}{20}=x-\dfrac{x^2}{20}+6\dfrac{2}{3}\dfrac{20-x+\dfrac{x^2}{20}}{20}$,解之得 $x=10$(升),即第一次甲容器倒入乙容器 10 升纯酒精.

1. 甲、乙两泥工一起砌墙,乙比甲晚 $1\dfrac{1}{2}$ 天动工,7 天完成.若由乙独砌较由甲独砌可少用 3 天,问两人独砌各需几天?

2. 甲、乙两生产队分别收获小麦 77500 千克和 61000 千克.已知甲队土地较乙队多 5 亩,而亩产却较乙队少 50 千克.求甲、乙两队土地亩数和亩产.

3. 甲、乙两自行车分别自相距 28 千米的 A、B 两处同时出发作相向运动,1 小时后相遇.最后甲抵 B 处较乙抵 A 处早 35 分钟.求甲、乙速度各多大.

4. 机车行 24 千米后被阻,因此在后一段路速每小时比原速增加 4 千米;虽然后一段路较前一段路长 15 千米,但却只较前一段路多走 20 分钟.求机车原来速度.

5. 金属甲和乙质量分别为 880 克和 858 克,甲体积比乙小 10 厘米^3,甲密度比乙大 1 克/厘米^3,求甲、乙密度各多大.

6. 甲、乙两种液体密度分别为 1.2 克/厘米^3 和 1.6 克/厘米^3,由它们组成 60 克混合液体,若混合液 8 厘米^3 的质量跟甲液体总质量相等,求每种液体的克数和混合物的密度.

7. 有浓盐酸一桶而不知其容积.今从此桶取出 8 升,后以水补满;又取出混合液 4 升,再以水补满,于是桶中盐酸与水之比为 18:7.求此桶之容积.

8. 两人沿长为 2 千米的圆形道路溜冰.同向而行,每隔 20 分钟相遇一次,已知甲溜完一圈比乙快 1 分钟,求甲、乙的时速.

1. 设:甲独砌需 x 天,则乙独砌需($x-3$)天.则甲每天砌 $\dfrac{1}{x}$,乙每天砌 $\dfrac{1}{x-3}$,按题意 $7\left(\dfrac{1}{x}+\dfrac{1}{x-3}\right)=1+\dfrac{1\dfrac{1}{2}}{x-3}$,解之得

$x_1=14$(天);$x_2=1.5$(天)(舍去).

把 $x=14$ 代入 $x(x-3)\neq0$;代入 $x-3=11$(天).

答:甲独砌需 14 天,乙独砌需 11 天.

2. 设:甲队有土地 x 亩,乙队有($x-5$)亩,甲队亩产 $\dfrac{77500}{x}$ 千克,乙队亩产 $\dfrac{61000}{x-5}$ 千克.按题

意得 $\dfrac{77500}{x}-50=\dfrac{61000}{x-5}$,解之得 $x_1=310$(亩), $x_2=25$(舍去).代入 $x(x-5)\neq0$;代入 $x-5=$

305(亩);则 $\dfrac{77500}{x}=250$ 千克/亩;$\dfrac{61000}{x-5}=200$ 千克/亩.

答:甲队有地 310 亩,乙队有地 305 亩;甲队亩产 250 千克,乙队亩产 200 千克.

3. 设:相遇后甲抵 B 地用了 x 小时,乙抵 A 用了 $\left(x+\dfrac{35}{60}\right)$ 小时.按题意

$$1\times\left(\dfrac{28}{1+x}+\dfrac{28}{1+x+\dfrac{35}{60}}\right)=28,\quad 即\ 12x^2+7x-12=0.$$

$$x_1=\dfrac{3}{4}(小时),x_2=-\dfrac{32}{24}(小时)(舍去).$$

用 $x=\dfrac{3}{4}$ 代入 $(1+x)\left(x+\dfrac{19}{12}\right)\neq0$;代入 $x+\dfrac{35}{60}=1\dfrac{1}{3}$(小时),

代入 $\dfrac{28}{1+x}=16$(千米/时);代入 $\dfrac{28}{1+x+\dfrac{35}{60}}=12$(千米/时).

答:甲自行车车速 16 千米/时;乙自行车车速 12 千米/时.

4. 设:机车原来(未受阻)一段路花去 x 小时;后一段路花去 $\left(x+\dfrac{1}{3}\right)$ 小时;则原速为 $\dfrac{24}{x}$

千米/时.按题意得 $\dfrac{24}{x}+4=\dfrac{24+15}{x+\dfrac{1}{3}}$,解之得 $x_1=\dfrac{3}{4}$(小时);$x_2=\dfrac{8}{3}$(小时)(舍去).

把 $x=\dfrac{3}{4}$ 代入 $x\left(x+\dfrac{1}{3}\right)\neq0$;代入 $\dfrac{24}{x}=32$(千米/时).

答:机车原速为 32 千米/时.

5. 设:甲金属体积为 x 厘米³,乙金属体积为 $(x+10)$ 厘米³,则甲密度为 $\dfrac{880}{x}$ 克/厘米³,乙

密度为 $\dfrac{858}{x+10}$ 克/厘米³.按题意

$\dfrac{880}{x}-\dfrac{858}{x+10}=1$,解之得 $x_1=100$(厘米³),$x_2=-88$(厘米³)(舍去),

用 $x=100$ 代入 $x(x+10)\neq0$;代入 $x+10=110$(厘米³);

代入 $\dfrac{880}{x}=8.8$(克/厘米³);代入 $\dfrac{858}{x+10}=7.8$(克/厘米³).

答:甲金属密度为 8.8 克/厘米³;乙金属密度为 7.8 克/厘米³.

6. 设:甲液体体积为 x 厘米³,质量为 $1.2x$ 克;乙液体质量为 $(60-1.2x)$ 克,体积为

$\left(\dfrac{60-1.2x}{1.6}\right)$ 厘米³;混合物密度为 $\left(\dfrac{60}{x+\dfrac{60-1.2x}{1.6}}\right)$ 克/厘米³.按题意得

$8\cdot\dfrac{60}{x+\dfrac{60-1.2x}{1.6}}=1.2x$,即 $(x+160)(x-10)=0$,

$x_1 = -160(舍去), x_2 = 10(厘米^3), 代入 0.4x + 60 \neq 0;$

代入 $1.2x = 12(克); 代入 (60 - 1.2x) = 48(克); 代入 \dfrac{60}{x + \dfrac{60 - 1.2x}{1.6}} = 1.5(克/厘米^3).$

答:甲液体 12 克,乙液体 48 克;混合物密度为 1.5 克/厘米³.

7. 设:此桶容积为 x 升.按题意 $x - 8 - 4 \times \dfrac{x-8}{x} = x \cdot \dfrac{18}{18+7},$

解之得 $(x - 40)(7x - 20) = 0, x_1 = 40(升), x_2 = \dfrac{20}{7}(舍去).$

答:此桶容积为 40 升.

8. 设:乙速为 x 千米/时,甲速为 $\left(\dfrac{2}{\dfrac{2}{x} - \dfrac{1}{60}} \right)$ 千米/时,按题意,

$\dfrac{20}{60}\left(x - \dfrac{2}{\dfrac{2}{x} - \dfrac{1}{60}} \right) = 2,$ 解之得 $(x + 30)(x - 24) = 0,$

$x_1 = -30(舍去); x_2 = 24(千米/时), 代入 \dfrac{2}{\dfrac{2}{x} - \dfrac{1}{60}} = 30(千米/时).$

答:甲速为 30 千米/时,乙速为 24 千米/时.

韦达定理及其应用

一、韦达定理

我们知道一元二次方程 $ax^2+bx+c=0(a\neq0)$ 的两个根是 $x_1=\dfrac{-b+\sqrt{b^2-4ac}}{2a}$,$x_2=\dfrac{-b-\sqrt{b^2-4ac}}{2a}$.那么,

$$x_1+x_2=\frac{-b+\sqrt{b^2-4ac}}{2a}+\frac{-b-\sqrt{b^2-4ac}}{2a}=\frac{-2b}{2a}=-\frac{b}{a};$$

$$x_1\cdot x_2=\frac{-b+\sqrt{b^2-4ac}}{2a}\cdot\frac{-b-\sqrt{b^2-4ac}}{2a}=\frac{(-b)^2-(\sqrt{b^2-4ac})^2}{4a^2}=\frac{4ac}{4a^2}=\frac{c}{a}.$$

即一元二次方程的两个根的和等于它的一次项系数除以二次项系数所得商的相反数;两个根的积等于它的常数项除以二次项系数所得的商.根与系数的这种关系就称为韦达定理.

当 $a=1$(即二次项系数为1)时,则 $x_1+x_2=-b$;$x_1\cdot x_2=c$.

(1) 韦达定理存在逆定理.即如果两数 x_1 和 x_2 满足 $x_1+x_2=-\dfrac{b}{a}$,$x_1\cdot x_2=\dfrac{c}{a}$,则 x_1 和 x_2 必为方程 $a^2+bx+c=0$ 的两个根.

(2) 这种根与系数间的关系不仅一元二次方程具有,对以后学到的一元 n 次方程(即 n 大于或等于3的自然数)中根的对称式与系数间也具有下述形式:

对 $ax^3+bx^2+cx+d=0$ 的三个根 x_1,x_2 和 x_3,满足

$$\begin{cases} x_1+x_2+x_3=-\dfrac{b}{a}, \\ x_1x_2+x_2x_3+x_3x_1=\dfrac{c}{a}, \\ x_1x_2x_3=-\dfrac{d}{a}. \end{cases}$$

一般地说,若一元 n 次方程 $a_0x^n+a_1x^{n-1}+a_2x^{n-2}+\cdots+a_n=0$ 的 n 个根分别为 x_1,x_2,x_3,$\cdots$,x_n,则存在下述关系:

$$
\begin{cases}
x_1 + x_2 + \cdots + x_n = -\dfrac{a_1}{a_0}, \\
x_1 x_2 + x_2 x_3 + \cdots + x_{n-1} x_n = \dfrac{a_2}{a_0}, \\
\cdots\cdots \\
x_1 \cdot x_2 \cdot x_3 \cdot \cdots \cdot x_n = (-1)^n \dfrac{a_n}{a_0}.
\end{cases}
$$

上述定理之所以称"韦达定理"是因为它是由法国数学家韦达(Vieta,1540—1603)提出来的.

二、韦达定理的应用

1. 用于二次三项式的因式分解

在分解二次三项式的因式时,只要我们先求出以这个二次三项式为零所构成的方程之解,利用韦达定理能方便地进行该二次三项式的因式分解.

$$
ax^2 + bx + c = a\left[x^2 - \left(-\frac{b}{a}\right)x + \frac{c}{a}\right] = a\left[x^2 - (x_1 + x_2)x + x_1 \cdot x_2\right]
$$
$$
= a(x - x_1)(x - x_2).
$$

其特例是,当 $a = 1$,即对 $x^2 + bx + c$ 因式分解,

则 $x^2 + bx + c = x^2 - (-b)x + c = x^2 - (x_1 + x_2)x + x_1 \cdot x_2$
$$
= (x - x_1)(x - x_2).
$$

2. 不解方程,判定实数根的符号

方程 $ax^2 + bx + c = 0(a > 0)$,当 $\Delta = b^2 - 4ac \geqslant 0$ 时,有实数根,则

(1) 若 $c > 0$,这两个根之积 $(x_1 \cdot x_2)$ 为正数,表明两根同号.

① 当 $b > 0$ 时,这两个根之和 $(x_1 + x_2)$ 为负数,表明两根同为负数.

② 当 $b < 0$ 时,这两个根之和 $(x_1 + x_2)$ 为正数,表明两根同为正数.

(2) 若 $c < 0$,这两个根之积 $(x_1 \cdot x_2)$ 为负数,表明两根异号.

① 当 $b > 0$ 时,这两个根之和 $(x_1 + x_2)$ 为负数,表明其中负数根的绝对值较大.

② 当 $b < 0$ 时,这两个根之和 $(x_1 + x_2)$ 为正数,表明其中正数根的绝对值较大.

例 1　不解方程,判定下列各方程根的性质.

(1) $x^2 + 2x - 15 = 0$

解　$\because$　$\Delta = 4 + 60 = 64 > 0$,又 $a > 0$,而 $c < 0, b > 0$,

$\therefore$　此方程两根异号,其中负根的绝对值较大.

(2) $2x^2 + 25x + 12 = 0$

解　$\because$　$\Delta = 625 - 96 > 0$,又 $a > 0$,而 $c > 0, b > 0$,

$\therefore$　此方程两根同号,且都是负根(即有两个不相等之负根).

(3) $25y^2 - 10y + 1 = 0$

解　$\because$　$\Delta = 100 - 100 = 0$,又 $a > 0$,而 $b < 0, c > 0$.

$\therefore$　此方程有两相等实根,且都为正根.

3.检验求得的根是否正确

若我们将 $ax^2+bx+c=0$ 的两根 $x_1=\dfrac{-b+\sqrt{b^2-4ac}}{2a}$ 及 $x_2=\dfrac{-b-\sqrt{b^2-4ac}}{2a}$ 代入原方

程,来检验 x_1 及 x_2 是否正确,往往较麻烦.为此,我们只要利用 $x_1+x_2=-\dfrac{b}{a}$ 和 $x_1\cdot x_2=\dfrac{c}{a}$,

即可方便地予以判断.

例　$x^2-4x+1=0$ 之两根 $2+\sqrt{3}$ 及 $2-\sqrt{3}$,究竟是否正确,请予判断.

解　利用韦达定理:

$$x_1+x_2=2+\sqrt{3}+2-\sqrt{3}=4\Rightarrow -b$$

$$x_1\cdot x_2=(2+\sqrt{3})(2-\sqrt{3})=1\Rightarrow c$$

由此就可判定 $2+\sqrt{3}$ 及 $2-\sqrt{3}$ 确系方程 $x^2-4x+1=0$ 之两根.

4.用韦达定理解方程

(1) 已知一个根,求另一个根.

例 1　已知 $\dfrac{1+\sqrt{2}}{2}$ 为方程 $4x^2-4x-1=0$ 的一个根,求另一根.

解　设该方程另一根为 β.根据韦达定理,

$$\because \ \beta+\dfrac{1+\sqrt{2}}{2}=-\dfrac{(-4)}{4}=1,\text{故 }\beta=1-\dfrac{1+\sqrt{2}}{2}=\dfrac{1-\sqrt{2}}{2}.$$

(2) 解两根间有已知关系的方程.

例 2　已知方程 $x^2+3x-4=0$ 的两根之差为 5,解此方程.

解　设该方程一根为 A,另一根必为 $(A+5)$.根据韦达定理,有
$$\begin{cases} A+(A+5)=-3 & ① \\ A(A+5)=-4 & ② \end{cases}$$

解①得 $A=-4$,$A+5=1$　代入②式成立.

故该方程一根为 -4,另一根为 1.

例 3　已知方程 $x^2-3\sqrt{3}x+6=0$ 的一根为另一根的 2 倍,解此方程.

解　设此方程之一根为 β,则另一根为 2β.根据韦达定理,有
$$\begin{cases} \beta+2\beta=3\sqrt{3} & ① \\ \beta\cdot 2\beta=6 & ② \end{cases}$$

解①式得 $\beta=\sqrt{3}$,则 $2\beta=2\sqrt{3}$,代入②式,成立.

故 $x^2-3\sqrt{3}x+6=0$ 的两根分别为 $\sqrt{3}$ 和 $2\sqrt{3}$.

观察例 1,发现 $4x^2-4x-1=0$ 为有理系数方程,已知一个根为 $a+b\sqrt{c}$ 之形式,求得其另一根恰为共轭根式,即 $a-b\sqrt{c}$.从韦达定理可以说明:在有理系数方程中,若有一个根为 $a+b\sqrt{c}$(a,b,c 为有理数,且 $b\neq 0$,$\sqrt{c}$ 为无理数),则必有另一根为 $a-b\sqrt{c}$.不然,则两根之和与积不可能都是有理数.这个判断,对以后学习解高次方程会有帮助.

观察例 3,因方程 $x^2-3\sqrt{3}x+6=0$ 的一次项系数是无理数,根据韦达定理可断定,它具有无理数根,但不成共轭根式.

从以上三例还可知道:在一元二次方程中,若一个根已知,或两个根之间具有某种关系,则可利用韦达定理来解方程,使解法变得较简捷.若两根都不知,也不知它们间的关系,则用韦达定理来解方程,并不显得简捷.

5. 用韦达定理来建立方程

(1) 给定两根,构建方程.

例 1 已知一个一元二次方程的两根分别为 $\dfrac{a+b}{a-b}$ 和 $-\dfrac{a-b}{a+b}$,求该方程.

解 设所求的一元二次方程为 $x^2+px+q=0$,则

$$p=-\left[\frac{a+b}{a-b}+\left(-\frac{a-b}{a+b}\right)\right]=-\frac{4ab}{a^2-b^2},q=\left(\frac{a+b}{a-b}\right)\left(-\frac{a-b}{a+b}\right)=-1,$$ 故所求的一元二次方程为:$x^2-\dfrac{4ab}{a^2-b^2}x-1=0$,即

$$(a^2-b^2)x^2-4abx-(a^2-b^2)=0.$$

(2) 已知一元二次方程的两根与已知方程的根具有某种给定的关系,要求构建该一元二次方程.

例 2 已知方程 $x^2-3x+2=0$,不解该方程,求作一个新的一元二次方程,使其根为该方程的根的平方的负倒数.

解 设已知方程 $x^2-3x+2=0$ 的两根分别为 α 和 β,根据韦达定理有 $\alpha+\beta=3,\alpha\cdot\beta=2$.

所求新的一元二次方程为 $y^2+my+n=0$,其根为 y_1 及 y_2.按题意,$y_1=-\dfrac{1}{\alpha^2},y_2=-\dfrac{1}{\beta^2}$.

根据韦达定理,

$$m=-(y_1+y_2)=-\left[-\frac{1}{\alpha^2}+\left(-\frac{1}{\beta^2}\right)\right]=-\left[\frac{-(\alpha^2+\beta^2)}{\alpha^2\beta^2}\right]=-\left[-\frac{(\alpha+\beta)^2-2\alpha\beta}{(\alpha\beta)^2}\right]$$

$$=-\left[-\frac{3^2-2\cdot 2}{2^2}\right]=\frac{5}{4}.$$

$$n=\left(-\frac{1}{\alpha^2}\right)\left(-\frac{1}{\beta^2}\right)=\frac{1}{(\alpha\beta)^2}=\frac{1}{4}.$$

故所求一元二次方程为 $y^2+\dfrac{5}{4}y+\dfrac{1}{4}=0$,即

$$4y^2+5y+1=0.$$

例 3 已知一元二次方程 $x^2+ax+b=0$ 与 $x^2+px+q=0$ 有一相同根,求以它们的相异根为根的一元二次方程.

解 设这两个方程的相同根为 α,另两个相异根分别为 β 和 r.则

$$\begin{cases}\alpha^2+a\alpha+b=0 & ① \\ \alpha^2+p\alpha+q=0 & ②\end{cases}$$

①−②$(a-p)\alpha+(b-q)=0$,故 $\alpha=\dfrac{q-b}{a-p}$,

$\because \alpha\beta=b$,$\quad\therefore \beta=\dfrac{b}{\alpha}=\dfrac{b(a-p)}{q-b}$,

又 ∵ $\alpha r = q$，∴ $r = \dfrac{q}{\alpha} = \dfrac{q(a-p)}{q-b}$.

又设所求的新方程为 $y^2 + my + n = 0$，按题意

$$m = -(\beta + r) = -\left[\dfrac{b(a-p) + q(a-p)}{q-b}\right] = -\dfrac{(a-p)(b+q)}{q-b};$$

$$n = \beta r = \dfrac{bq(a-p)^2}{(q-b)^2}.$$

则所求的新方程为：

$$y^2 - \dfrac{(a-p)(b+q)}{q-b}y + \dfrac{bq(a-p)^2}{(q-b)^2} = 0，即$$

$$(q-b)^2 y^2 - (q^2 - b^2)(a-p)y + bq(a-p^2) = 0.$$

6. 确定方程的系数或系数的范围

例 1　方程 $x^2 + 4x + m = 0$ 的两根之平方和是 34，求 m 的值.

解　设方程两根分别为 α 和 β，根据韦达定理，有

$$\alpha + \beta = -4, \alpha\beta = m.$$

按题意 $\alpha^2 + \beta^2 = 34$，

则 $\alpha^2 + \beta^2 = (\alpha + \beta)^2 - 2\alpha\beta = (-4)^2 - 2m = 16 - 2m$，

即 $16 - 2m = 34$，则 $m = -9$.

例 2　当 k 为何值时，方程 $x^2 + (k-3)x + k = 0$ 之两根都为正数？

解　根据 $ax^2 + bx + c = 0$ 有两正数根，必须有 $\Delta \geqslant 0$ 时，$a > 0, c > 0$ 且 $b < 0$. 为此，欲使方

程 $x^2 + (k-3)x + k = 0$ 有两正数根，则必须 $\begin{cases} \Delta = (k-3)^2 - 4k \geqslant 0, \\ k-3 < 0, \\ k > 0. \end{cases}$

解上述不等式组，得 $0 < k \leqslant 1$.

7. 用韦达定理可推出其他一些根与系数的关系

例 1　x_1 和 x_2 分别为 $x^2 + px + q = 0$ 之两根，试求出

①$x_1^2 + x_2^2$；②$(x_1 - x_2)^2$；③$x_1^3 + x_2^3$ 之值.

解　①已知 x_1 和 x_2 分别为 $x^2 + px + q = 0$ 之两根，且已知 $p^2 - 4q > 0$，则

$x_1 + x_2 = -p$；$x_1 \cdot x_2 = q$.

故① $x_1^2 + x_2^2 = (x_1 + x_2)^2 - 2x_1 x_2 = p^2 - 2q$.

② $(x_1 - x_2)^2 = (x_1 + x_2)^2 - 4x_1 x_2 = p^2 - 4q$.

③ $x_1^3 + x_2^3 = (x_1 + x_2)^3 - 3x_1 x_2(x_1 + x_2) = (-p)^3 - 3q(-p)$

$\qquad\qquad = -p^3 + 3pq$.

例 2　x_1 和 x_2 分别为 $x^2 + px + q = 0$ 之两根，并令：

$S_1 = x_1 + x_2$，$S_2 = x_1^2 + x_2^2$，$S_3 = x_1^3 + x_2^3$，$S_4 = x_1^4 + x_2^4$，

求①S_1；②S_2；③S_3；④S_4 之值.

解　① $S_1 = x_1 + x_2 = -p$.

② 将 x_1 和 x_2 满足 $x^2+px+q=0$ 的条件写成方程组：

$$\begin{cases} x_1^2+px_1+q=0 & \text{Ⓐ} \\ x_2^2+px_2+q=0 & \text{Ⓑ} \end{cases}$$

Ⓐ+Ⓑ　$x_1^2+x_2^2+p(x_1+x_2)+2q=0$，即

$S_2-p^2+2q=0$，故 $S_2=p^2-2q$.

③ 以 x_1 乘上述Ⓐ式，以 x_2 乘上述Ⓑ式，再两式相加得

$S_3+pS_2+qS_1=0$，故 $S_3=-pS_2-qS_1=-p^3+3pq$.

④ 以 x_1^2 乘上述Ⓐ式，以 x_2^2 乘上式Ⓑ式，再两式相加得

$S_4+pS_3+qS_2=0$，故

$S_4=p^4-4p^2q+2q^2$.

用上述方法，可方便地推导出 $S_5,S_6,\cdots$

例3　设 x_1 和 x_2 为方程 $x^2+px+q=0$ 之两根，试以 x_1^3 及 x_2^3 为根作一新的一元二次方程.

解　设所求的方程为 $y^2+my+n=0$，y_1 及 y_2 为其两根.依题意，$y_1=x_1^3,y_2=x_2^3$.

根据韦达定理，$-m=y_1+y_2=x_1^3+x_2^3=(x_1+x_2)^3-3x_1x_2(x_1+x_2)=-p^3+3pq$.

故 $m=p^3-3pq$.

而 $n=y_1y_2=x_1^3\cdot x_2^3=(x_1x_2)^3=q^3$.

故所求之方程为 $y^2+(p^3-3qp)y+q^3=0$.

1. 不解方程，判别下列方程根的性质

(1) $9p^2+14p+2=0$；

(2) $3x^2=8x+1$.

2. a 为何值时，方程 $4x^2+(a-2)x+(a-5)=0$ 之两根

① 都是正数；② 一正一负.

3. 求方程 $x^2-8x+k=0$ 中的 k 的值，使其两根 x_1 及 x_2 有 $x_1+2x_2=11$ 的关系.

4. 作一个一元二次方程，使其根是方程 $x^2-6x+8=0$ 的各根的倒数减 1.

5. 已知方程 $ax^2+bx+c=0$ 的两根分别为 α 和 β，试用下述各两数做根，构建一元二次方程.

(1) $-\alpha^2,-\beta^2$；

(2) $\dfrac{\alpha^2}{\beta},\dfrac{\beta^2}{\alpha}$.

6. 系数是有理数的一元二次方程，其根能否一个是有理数，另一个是无理数？

7. 方程 $3x^2-5x-6=0$ 的两个根分别是 α 和 β，试求下列各式的值：

(1) $\dfrac{\alpha+\beta}{\alpha}+\dfrac{\alpha+\beta}{\beta}$；

(2) $\dfrac{1}{\alpha^3}+\dfrac{1}{\beta^3}$.

8. 解方程 $x^2+(1-3\sqrt5)x+4+\sqrt5=0$，并将求得的根用韦达定理进行验算.

9. 已知方程 $(m-1)x^2-2(m+1)x+2m+1=0$ 的两个根是互为倒数，求 m.

1. (1) ∵ $\Delta = 14^2 - 4 \times 9 \times 2 = 196 - 72 = 124 > 0$,又$a > 0$,

$c > 0$,且$b > 0$,

∴ $9p^2 + 14p + 2 = 0$ 的两根同为负数(即两个不相等的负根).

(2) ∵ $\Delta = (-8)^2 - 4 \times 3 \times (-1) = 64 + 12 = 76 > 0$,又 $a > 0, c < 0$,且$b < 0$

∴ $3x^2 = 8x + 1$ 的两根为异号,且正数根的绝对值较大.

2. (1) 欲使方程 $4x^2 + (a-2)x + (a-5) = 0$ 有两正数根,则必须满足

$$\begin{cases} \Delta = (a-2)^2 - 16(a-5) = (a-6)(a-14) \geqslant 0 & ① \\ a-5 > 0 & ② \\ a-2 < 0 & ③ \end{cases}$$

解这个不等式组得

$a < 2, a \geqslant 14$.

把 $a < 2$ 代入②,$a - 5 > 0$ 不成立.

故 a 为任何值都不能同时满足上述三个条件,故上述方程之两根不可能都是正数.

(2) 欲使上述方程有两异号根,则必须满足

$$\begin{cases} \Delta = (a-2)^2 - 16(a-5) = (a-6)(a-14) > 0 & ① \\ a-5 < 0 & ② \\ a-2 > 0(\text{或} a-2 < 0) & ③ \end{cases}$$

解这个不等式组,得 $a > 14, a > 6, a < 5, a > 2$,其公共区间为 $2 < a < 5$,此时①②③式均成立,故方程有两异号根,且负数根之绝对值较大.考虑到③中 $a < 2$ 时,①②③也都能成立,故方程也有两异号根,但此时正数根之绝对值较大.

3. 根据韦达定理,有 $x_1 + x_2 = 8, x_1 \cdot x_2 = k$.按题意 $x_1 + 2x_2 = 11$,

即 $x_1 + x_2 = 11 - x_2, 8 = 11 - x_2, x_2 = 3$,则 $x_1 = 8 - x_2 = 8 - 3 = 5$.

∴ $k = 3 \times 5 = 15$.

4. 设方程 $x^2 - 6x + 8 = 0$ 之两根为 α 和 β.根据韦达定理有 $\alpha + \beta = 6$,$\alpha \cdot \beta = 8$.

按题意设新方程为 $y^2 + my + n = 0$ 之两根为 y_1 和 y_2,且

$y_1 = \dfrac{1}{\alpha} - 1, y_2 = \dfrac{1}{\beta} - 1$.

根据韦达定理有

$$m = -(y_1 + y_2) = -\left(\frac{1}{\alpha} - 1 + \frac{1}{\beta} - 1\right) = -\left(\frac{1}{\alpha} + \frac{1}{\beta} - 2\right) = -\left(\frac{\alpha + \beta - 2\alpha\beta}{\alpha\beta}\right)$$

$$= -\frac{6 - 2 \times 8}{8} = \frac{5}{4}.$$

$$n = y_1 \cdot y_2 = \left(\frac{1}{\alpha} - 1\right)\left(\frac{1}{\beta} - 1\right) = \frac{1-\alpha}{\alpha} \cdot \frac{1-\beta}{\beta} = \frac{1 + \alpha\beta - (\alpha + \beta)}{\alpha\beta}$$

$$= \frac{1 + 8 - 6}{8} = \frac{3}{8}.$$

故所求的新方程为 $y^2 + \dfrac{5}{4}y + \dfrac{3}{8} = 0$,即 $8y^2 + 10y + 3 = 0$.

5. ① $\because\quad \alpha+\beta=-\dfrac{b}{a},\alpha\cdot\beta=\dfrac{c}{a}.$ 设所求的新方程为 $y^2+my+n=0$,其根为 y_1 和 y_2,则按题意有 $y_1=-\alpha^2,y_2=-\beta^2.$ 根据韦达定理,得

$$m=-(y_1+y_2)=-(-\alpha^2-\beta^2)=\alpha^2+\beta^2=(\alpha+\beta)^2-2\alpha\beta$$

$$=\left(-\dfrac{b}{a}\right)^2-2\cdot\dfrac{c}{a}=\dfrac{b^2}{a^2}-\dfrac{2c}{a}=\dfrac{b^2-2ac}{a^2}.$$

$$n=y_1\cdot y_2=(-\alpha^2)(-\beta^2)=(\alpha\beta)^2=\dfrac{c^2}{a^2}.$$

故所求方程为 $y^2+\dfrac{b^2-2ac}{a^2}y+\dfrac{c^2}{a^2}=0$,即 $a^2y^2+(b^2-2ac)y+c^2=0.$

② 设所求一元二次方程为 $y^2+my+n=0$,其两根为 y_1 和 y_2,则按题意有 $y_1=\dfrac{\alpha^2}{\beta}$,$y_2=\dfrac{\beta^2}{\alpha}.$ 根据韦达定理,得

$$m=-(y_1+y_2)=-\left(\dfrac{\alpha^2}{\beta}+\dfrac{\beta^2}{\alpha}\right)=-\dfrac{\alpha^3+\beta^3}{\alpha\beta}=-\dfrac{(\alpha+\beta)^3-3\alpha\beta(\alpha+\beta)}{\alpha\beta}$$

$$=\dfrac{\left(-\dfrac{b}{a}\right)^3-3\left(\dfrac{c}{a}\right)\left(-\dfrac{b}{a}\right)}{\dfrac{c}{a}}=\dfrac{-b^3-3a^2c-a^2b}{a^2c}.$$

$$n=y_1\cdot y_2=\dfrac{\alpha^2}{\beta}\cdot\dfrac{\beta^2}{\alpha}=\alpha\beta=\dfrac{c}{a}.$$

故所求一元二次方程为 $y^2+\dfrac{-b^3-3a^2c-a^2b}{a^2c}y+\dfrac{c}{a}=0$,即

$$a^2cy^2-(b^3+3a^2c+a^2b)y+ac^2=0.$$

6. 对于系数为有理数的一元二次方程 $ax^2+bx+c=0$,根据韦达定理,其两根 x_1 和 x_2 必然满足 $x_1+x_2=-\dfrac{b}{a},x_1\cdot x_2=\dfrac{c}{a}$ 之关系.由于 a、b、c 均为有理数,故 $-\dfrac{b}{a}$ 和 $\dfrac{c}{a}$ 也必然为有理数.而一个有理数根与一个无理数数根之和与积都不可能为有理数,故系数是有理数的一元二次方程,不可能有一个是有理数根,一个是无理数根的状况.

7. 根据韦达定理,可得 $\alpha+\beta=\dfrac{5}{3},\alpha\cdot\beta=-2.$

(1) 则 $\dfrac{\alpha+\beta}{\alpha}+\dfrac{\alpha+\beta}{\beta}=\dfrac{\alpha\beta+\beta^2+\alpha^2+\alpha\beta}{\alpha\beta}=\dfrac{(\alpha+\beta)^2}{\alpha\beta}=\dfrac{\left(\dfrac{5}{3}\right)^2}{-2}=-1\dfrac{7}{18}.$

(2) 则 $\dfrac{1}{\alpha^3}+\dfrac{1}{\beta^3}=\dfrac{\alpha^3+\beta^3}{(\alpha\beta)^3}=\dfrac{(\alpha+\beta)^3-3\alpha\beta(\alpha+\beta)}{(\alpha\beta)^3}=\dfrac{\left(\dfrac{5}{3}\right)^3-3(-2)\left(\dfrac{5}{3}\right)}{(-2)^3}$

$$=-1\dfrac{179}{216}.$$

8. $x=\dfrac{-1+3\sqrt{5}\pm\sqrt{(1-3\sqrt{5})^2-4(4+\sqrt{5})}}{2}=\dfrac{1}{2}(-1+3\sqrt{5}\pm\sqrt{30-\sqrt{500}})$

$\because \sqrt{30-\sqrt{500}} = \sqrt{\dfrac{30+\sqrt{900-500}}{2}} - \sqrt{\dfrac{30-\sqrt{900-500}}{2}} = 5-\sqrt{5}.$

故 $x_1 = \dfrac{1}{2}(-1+3\sqrt{5}+5-\sqrt{5}) = 2+\sqrt{5}.$

$x_2 = \dfrac{1}{2}(-1+3\sqrt{5}-5+\sqrt{5}) = -3+2\sqrt{5}.$

用韦达定理验根: $x_1+x_2 = 2+\sqrt{5}-3+2\sqrt{5} = -(1-3\sqrt{5})$

$\qquad\qquad\qquad x_1 \cdot x_2 = (2+\sqrt{5})(-3+2\sqrt{5}) = 4+\sqrt{5}.$

可见,这两根确系 $x^2+(1-3\sqrt{5})x+4+\sqrt{5}=0$ 的根.

9. 设方程 $(m-1)x^2-2(m+1)x+2m+1=0$ 之两根 $x_1=\alpha$, 则 $x_2=\dfrac{1}{\alpha}$,

则 $x_1 \cdot x_2 = \dfrac{c}{a} = \dfrac{2m+1}{m-1} = \alpha \cdot \dfrac{1}{\alpha} = 1$, 即 $\dfrac{2m+1}{m-1} = 1$, 则 $m=-2$.

相似形及其应用

一、引言

相似形的原理我们在教材上已详细介绍了.本讲主要探讨相似形原理的应用.概括起来,大致有下述三方面:

1.制造绘图仪及相关工具

(1) **比例规** 运用相似三角形对应边成比例的原理制造,用于按定比等分或扩大一已知线段.

(2) **对角线尺** 运用相似三角形对应边成比例的原理制造,是用于测量和地形图绘制的常用仪器.

(3) **放缩尺** 根据相似变换原理制成,是用于按定比放大或缩小图形的工具.

2.实地测量

测量不能到达的物体高度、两点间距离,测绘地区平面图等,均可运用相似形原理.

3.几何题的证明、解答与作图

本讲主要探讨如何应用相似形的性质来证题及作图.

二、应用相似形性质解题

例 1 试证明圆内接四边形对边乘积之和等于对角线之乘积.

证明 如图 21-1 所示,作 AE 交 BD 于 E,使 $\angle 1 = \angle 2$,

$\because \angle 3 = \angle 4$, $\therefore \triangle ABE \backsim \triangle ACD$,

$\therefore \dfrac{AB}{BE} = \dfrac{AC}{CD}$.

$\therefore AB \times CD = AC \times BE$.

又 $\because \angle 5 = \angle 6, \angle 1 = \angle 2$,

故 $\angle 1 + \angle 7 = \angle 2 + \angle 7$,即 $\angle BAC = \angle EAD$,

$\therefore \triangle ACB \backsim \triangle ADE$,

$\therefore \dfrac{AD}{ED} = \dfrac{AC}{BC}$.

$\therefore AD \times BC = AC \times ED$.

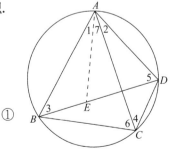

① 图 21-1

②

①+②$AB \times CD + AD \times BC = AC \times BE + AC \times ED = AC(BE+ED) = AC \times BD$.

以上命题的逆命题是否成立？请同学们思考.

例 2 D 为 $\triangle ABC$ 一边 AB 上的中点，如图 21 - 2 所示，$CF \parallel AB$.

试证：$DE : EF = DG : FG$.

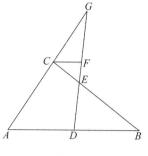

证明 $\because CF \parallel AB$，$\therefore$ $\triangle CFG \backsim \triangle ADG$，

即 $AD : CF = DG : FG$，亦即 $BD : CF = DG : FG$.

而 $\triangle EFC \backsim \triangle EDB$，$\therefore$ $BD : CF = DE : EF$，则 $DE :$
$EF = DG : FG$.

从上述两例题看出，要得出四个线段成比例，或看两线段之积
等于另外两线段之积，较常用的方法是利用相似三角形原理和性质.

图 21 - 2

例 3   试用相似三角形的性质来证明：等腰三角形底边上任一点至两腰上的距离之和等
于一腰上的高.

如图 21 - 3 所示，设 $\triangle ABC$ 为等腰三角形，$AB = AC$，D 为 BC（底）上
的任一点，$DF \perp AB$，$DE \perp AC$，HC 为 AB（腰）上的高.

求证：$DF + DE = HC$.

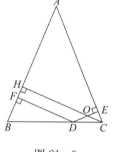

证明   由于 $DF \perp AB$，$DE \perp AC$，$HC \perp AB$，

即 $\angle BFD = \angle BHC = \angle DEC = 90°$，

又 $\because$ $AB = AC$，$\therefore$ $\angle B = \angle C$，$\therefore$ $\triangle BFD \backsim \triangle BHC \backsim \triangle CED$，

$\therefore$ $\dfrac{DF}{BD} = \dfrac{DE}{DC} = \dfrac{HC}{BC}$，$\therefore$ $\dfrac{DF+DE}{BD+DC} = \dfrac{HC}{BC}$.

图 21 - 3

由于 $BD + DC = BC$ $\therefore$ $DF + DE = HC$.

当然，我们也可过 D 作 $DM \perp HC$，交 HC 于 M.然后证得 $\triangle DMC \cong \triangle DEC$，得到 $MC =$
DE，又因为 $DMHF$ 是矩形，故 $FD = HM$，从而证得 $HM + MC = FD + DE$，即 $FD +$
$DE = HC$.

例 4   试证在同一平面上的任何两个圆都是位似形并且有一个相似内心和一个相似外心.
已知：O_1 和 O_2 分别是同一个平面上的两个圆的圆心，R_1 和 R_2 则是相应的半径.

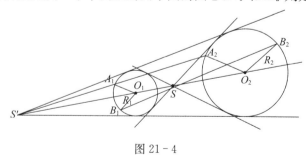

图 21 - 4

求证：圆 O_1 和圆 O_2 是位似形，并且有一个相似内心和一个相似外心.

证明   作这两个圆的连心线 O_1O_2，并在 O_1O_2 上取 S 和 S' 两点，使 $\dfrac{O_1S}{O_2S} = \dfrac{R_1}{R_2}$ 和 $\dfrac{O_1S'}{O_2S'} =$

$\dfrac{R_1}{R_2}$.在圆 O_1 上任取一点 B_1,连接 $B_1 S$ 且延长到 B_2,使 $\dfrac{SB_1}{SB_2}=\dfrac{R_1}{R_2}$,连 $O_1 B_1$,$O_2 B_2$,则在

$\triangle O_1 S B_1$ 和 $\triangle O_2 S B_2$ 中,$\dfrac{O_1 S}{O_2 S}=\dfrac{R_1}{R_2}$,$\angle O_1 S B_1=\angle O_2 S B_2$,

∴ $\triangle O_1 S B_1 \backsim O_2 S B_2$,$\dfrac{O_1 B_1}{O_2 B_2}=\dfrac{S B_1}{S B_2}=\dfrac{R_1}{R_2}$,由于 $O_1 B_1=R_1$, ∴ $O_2 B_2=R_2$,

∴ B_2 点必在圆 O_2 上,和圆 O_1 上的 B_1 点相对应,而 S 是它们的相似内心.

同理,我们可以证明 S' 是圆 O_1 及圆 O_2 的相似外心.

当两个圆的半径相等时,则它们的外位似中心不存在.

当两个圆是同心圆时,它们共同的圆心是内位似中心,也是外位似中心.

三、应用相似法解作图题

1. 解作图题时,相似法通常应用于下述情况

问题的条件分成两部分,一部分可以定出所求图形的形状,另一部分可以定出其大小.

现在举一个较简单的例子来说明定形定大小。

例 1 求作一个三角形,已知两个角为 α 和 β,以及第三个角的平分线为 l.

解 我们可以作出无穷多个具有已知角的三角形,它们都是相似的.我们不妨作出其中的一个:取任意一条线段当作一边,在这条线段上作角 α 和 β,在作得的 $\triangle ABC$ 内,角平分线 CE(一般地说)不等于已知线段 l:为了作出所求的三角形,需要将 $\triangle ABC$ 进行相似变换,这时相似系数 $k=\dfrac{l}{CE}$;取点 C 为相似中心是很方便的.于是,$\triangle A_1 B_1 C$就是所求的,如图 21-5 所示.

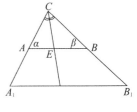

图 21-5

如果 $\alpha+\beta<180°$,本题有一解.

由上例可知,用相似法作图应按这样两个步骤进行:

(1) 从问题的条件中区别出确定所求图形形状的已知条件,根据这些已知条件作出与所求图形相似的图形.

(2) 将所得图形进行相似变换.为此,要利用问题条件中确定所求图形大小的已知条件.

一般地,对简单的三角形、四边形作图题来说,确定其形状的条件和确定其大小的元素为:

• 对相似三角形的作图

① 确定其形状的条件

a. 三角形的两个角,

b. 三角形的两边之比和这两边所夹的角,

c. 三条边的比.

② 确定其大小的元素

a. 一条边,

b. 中线,

c. 高,

d. 角平分线,

e. 外接圆的半径,

f. 内切圆的半径.

- 对相似平行四边形的作图

① 确定其形状的条件

a. 两条邻边的比和平行四边形的一个角,

b. 两条对角线的比和它们的夹角,

c. 平行四边形的一个角以及一条边和在这条边上所作的高的比.

② 确定其大小的元素

a. 一条边,

b. 一条对角线,

c. 高.

从上述所列的确定图形形状的条件和确定大小的元素中各取一条,就可组成一道相似形的作图题.当然,有时条件和元素可变得稍复杂一些.不妨来看下述例题.

例 2 求作一个三角形,已知两条边的比,这两边的夹角及周长.

（解法一）作出任意一个所求的 $\triangle A_1B_1C_1$ 之后,在直线 A_1C_1 上截取线段 A_1K_1 等于 $\triangle A_1B_1C_1$ 之周长,并用线段连接 B_1 和 K_1,即以 A_1 点作相似中心,并以所求三角形的已知周长和线段 A_1K_1 的比作相似系数,然后把所得的图形（即 $\triangle A_1B_1K_1$ 和线段 B_1C_1）进行相似变换.为此,在线段 A_1C_1 上截取线段 A_1K 等于已知周长,过 K 点作平行于 B_1K_1 的直线,该直线跟射线 A_1B_1 交于点 B,再作 $BC/\!/B_1C_1$,则 $\triangle A_1BC$ 就是所求的图形,如图 21-6 所示.

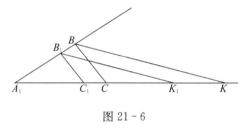

图 21-6

证明 由所作的图 21-6 得:$\triangle A_1BC \backsim \triangle A_1B_1C_1$,就说明 A_1B 和 A_1C 的比等于已知比;$\angle A$ 等于已知角.

我们来证明 $\triangle A_1BC$ 的周长等于已知线段,即 $A_1B+BC+CA_1=A_1K$.

由 $\triangle A_1K_1B_1 \backsim \triangle A_1KB$,得 $\dfrac{A_1K_1}{A_1K}=\dfrac{A_1B_1}{A_1B}$ ①

由于 $\triangle A_1B_1C_1 \backsim \triangle A_1BC$,根据有关周长比的定理得

$$\frac{A_1B_1+B_1C_1+C_1A_1}{A_1B+BC+CA_1}=\frac{A_1B_1}{A_1B}, 即\frac{A_1K_1}{A_1B+BC+CA_1}=\frac{A_1B_1}{A_1B} ②$$

由①和②得 $\dfrac{A_1K_1}{A_1K}=\dfrac{A_1K_1}{A_1B+BC+CA}$,即 $A_1B+BC+CA_1=A_1K$.

（解法二）作出和所求图形相似的 $\triangle A_1B_1C_1$ 之后,把等于所求三角形的已在周长的线段分成三部分,使它们和线段 A_1B_1、B_1C_1 及 C_1A_1 成比例.然后按三条边作出所求的三角形.

2. 用相似法来解特殊类作图题

求解这类作图题不仅需要确定所求图形的形状和大小,而且需要确定所求图形在平面上的位置.

例1 在已知△ABC内求作一个具有已知锐角α的菱形,使它的一边在△ABC的AB边上,并且菱形两顶点分别在AC和BC上.

分析 假设本题已经解出,如图21-7(a)所示,那么所求的菱形KLMN内接于已△ABC,我们以点A为相似中心,作出和所求图形相似的菱形$K_1L_1M_1N_1$,显然,N、N_1两点和A点必在一条直线上.

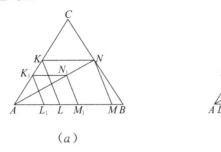

(a) (b)

图21-7

作图 在△ABC的AC边上任取一点K_1,以K_1为顶点作一个等于已知角α的角,并使其一边平行于AB边,另一边跟AB交于L_1点,在AB上从L_1点起截取线段$L_1M_1=K_1L_1$,作出菱形$K_1L_1M_1N_1$.以A为相似中心,进行相似变换,于是得到所求菱形KLMN.

如果在K_1点处作等于(180-α)的角,那么就得到内接于△ABC的另一种形式的菱形,见图21-7(b).

证明 略.

例2 ∠A内有定点P,试画圆通过P点,且切于∠A之两边.

分析 若圆O为过P点且切∠A两边之圆,则圆心O必在∠A平分线上.故在∠A平分线上任取一点为圆心,以该点至∠A一边长为半径所作之圆必成所求圆之位似形;A为相似中心.

作法 如图21-8所示,先作∠A之平分线AN,在AN上任取一点O',从O'作$O'S'⊥$AB交AB于S',以O'为圆心,以$O'S'$为半径作圆O'.连PA交圆O'于P',连$O'P'$,过P作PO交AN于O,且PO∥$P'O'$,故以O为圆心,OP为半径所作之圆即为所求之图形.

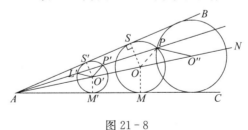

图21-8

证明 ∵ $PO//P'O'$,∴ $\dfrac{AO'}{AO}=\dfrac{P'O'}{PO}$,从O点作$OS⊥AB$,则$OS//O'S'$,

∴ $\dfrac{AO'}{AO}=\dfrac{O'S'}{OS}$.

∵ $P'O'=O'S'$ ∴ $PO=SO$.

同理可证$OP=OM$(作$OM⊥AC$,M为垂足)

∴ 圆O为过∠A内定点P,且与AB、AC相切之圆.

讨论 连 AP 之线段与圆 O' 另有一交点 L',连 $O'L'$,过 P 还可作 $PO'' /\!/ O'L'$,交 AN 于 O'',则以 O'' 为圆心,以 $O''P$ 为半径亦可作一圆与题目要求相符.故本题有两解.

当 P 点恰在 $\angle A$ 之平分线上时,则本题仍有两解,不过这两个圆外切,P 为它们的切点.

1. AB 为圆的直径,AC 和 BD 为切线,AD 和 BC 交于圆上某点 E.求证:$CA:AB=BE:ED$.

2. 过平行四边形 $ABCD$ 对角线之交点,引垂直 BC 的直线交 BC 于 M,再延长与 CD 交于 N.若 $CD=a$,$BC=b$,$CN=c$,求 CM.

3. 过平行四边形顶点 A 引任意直线分别与对角线 BD、直线 BC 和 CD 交于 M、N 和 P. 证明 AM 为 MN 和 MP 的比例中项.

4. C 为已知角 $\angle AOB$ 内一点,在 OB 上求一点 M,使 M 和 OA 的距离等于 MC.

5. 已知一个角和这个角的两边之比,以及由该角顶所作的高,求作三角形.

6. 在已知三角形中求作一个内接平行四边形,使其一边在三角形的一条边上,其余两个顶点分别在三角形的其他两条边上,并且跟另一已知平行四边形相似.

7. 求作一个三角形的内接等腰直角三角形,且使其斜边平行于三角形的一边,其直角顶点在该边上.

8. 已知正方形对角线和一边之和为 a.求作该正方形.

9. 如果某一三角形的两边之比为 $m:n$,其中一边所对的角 α 以及内切圆的半径 r_1,求作该三角形.

10. 求作一个三角形,已知它的高,顶角,以及这个高将底边分成的两线段之比为 $m:n$.

1. 已知:AB 是圆 O 的直径,AC、BD 为切线,E 为圆上一点,如图 21-9 所示.

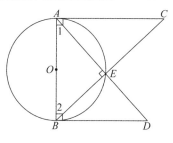

图 21-9

求证:$CA:AB=BE:ED$.

证明 $\because$ AB 是直径,E 在圆上, $\therefore$ $\angle AEB=90°$;

$\because$ AC、BD 为圆 O 之切线,

$\therefore$ $\angle BAC=\angle ABD=90°$;

在 $Rt\triangle ABC$ 和 $Rt\triangle BDE$ 中,$\angle 1=\angle 2$,

$\therefore$ $\angle ABC=\angle BDE$.

即 $\triangle ABC \backsim \triangle BDE$,则 $CA:AB=BE:ED$.

2. 已知:ON 为过 $\square ABCD$ 对角线交点 O,垂直于 BC 且与 BC 交于 M,还同 DC 之延长线交于 N;$CD=a$,$BC=b$,$CN=c$,如图 21-10 所示.

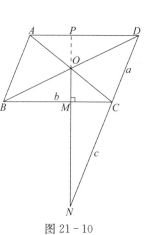

图 21-10

求:CM 之长.

解 反向延长 ON 交 AD 于 P,$\because$ $\triangle BOM \cong \triangle DOP$.故 $BM=DP$.

又 $\because$ $\triangle PDN \backsim \triangle CMN$,故 $\dfrac{DN}{CN}=\dfrac{PD}{CM}$.

即 $\dfrac{a+c}{c}=\dfrac{b-CM}{CM}$，解之得 $CM=\dfrac{bc}{a+2c}$.

3. 已知：如图 21 - 11 所示，过 $\square ABCD$ 之顶点 A 作直线交 BD、BC 和 DC 延长线于 M、N 和 P.

求证：AM 是 MN 和 MP 之比例中项.

证明 ∵ $\triangle ADM \backsim \triangle BNM$，则 $\dfrac{AM}{MN}=\dfrac{DM}{BM}$；

又∵ $\triangle ABM \backsim \triangle DMP$，则 $\dfrac{MP}{AM}=\dfrac{DM}{BM}$；

即 $\dfrac{AM}{MN}=\dfrac{MP}{AM}$.可见，$AM$ 是 MN 和 MP 之比例中项.

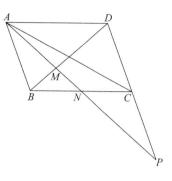

图 21 - 11

4. 已知：如图 21 - 12 所示，C 是 $\angle AOB$ 内一点.

求作：OB 上一点 M，使 $CM=DM$，且 $DM \perp OA$

作法 （1）连 OC；

（2）在 OB 上任取一点 M'，过 M' 作 $D'M' \perp OA$；

（3）作 $OC'=D'M'$，交 OC 于 C'；

（4）过 C 作 $CM // C'M'$.交 OB 于 M，则 M 就是所作的点.

证明 根据位似形来证明（略）

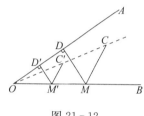

图 21 - 12

5. 已知：$\angle \alpha$，线段 m,n 和 ha.

求作：$\triangle ABC$，使 $\angle A=\angle \alpha$，高 $AD=ha$，$\dfrac{AB}{AC}=\dfrac{m}{n}$.

作法 （1）作 $\triangle AB'C'$，使 $\angle A=\angle \alpha$，$AB'=m$，$AC'=n$；

（2）过 A 作 $AD \perp B'C'$，交 $B'C'$ 于 D'，且 $AD=ha$；

（3）过 D 作 $BC // B'C'$，且同 AB' 与 AC' 的延长线交于 B、C.

故 $\triangle ABC$ 就是所求作的三角形，如图 21 - 13 所示.

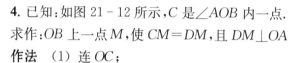

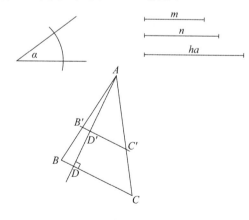

图 21 - 13

6. 已知：$\square D'E'F'G'$ 和 $\triangle ABC$.

求作：$\square DEFG \backsim \square D'E'F'G'$，且内接于 $\triangle ABC$.其中 DE 边在 BC 上，F,G 分别在 AC 和 AB 上.

作法 如图 21-14 所示,(1) $\square D''E''F''G''$ 全等于 $\square D'E'F'G'$.且 $D''E''$ 边在 BC 上.D'' 与 B 重叠,$G''F''$ 与 AB 交于 G';

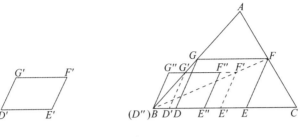

图 21-14

(2) 作 $G'D'\parallel D''G''$ 交 BC 边于 D',作 $D'E'=D''E''$;$E'F'\parallel E''F''$,连 $G'F'$,则 $\square D'E'F'G' \backsim \square D''E''F''G''$.

(3) 连 BF' 交 AC 于 F;过 F 作 $EF\parallel E'F'$ 交 BC 边于 E;过 E 作 $FG\parallel BC$,交 AB 于 G;过 G 作 $GD\parallel D'E'$ 交 BC 于 D.则 $\square DEFG$ 即为所求作的图形.

7. 已知:$\triangle ABC$.

求作:等腰直角三角形 EFG 内接于 $\triangle ABC$,直角 $\angle EFG$ 的顶点 F 在 BC 上,斜边 $EG\parallel BC$.

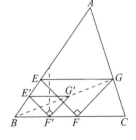

图 21-15

作法 (1) 在 AB 上任取一点 E',过 E' 作 $E'G'\parallel BC$(见图 21-15);

(2) 作 $\angle F'E'G'=45°$,且 F' 落在 BC 上,再过 F' 作 $F'G'$ 与 $E'G'$ 交于 G'.则 $\triangle E'F'G'$ 为等腰直角三角形;

(3) 连 BG',延长线交 AC 于 G,过 G 作 $EG\parallel BC$,交 AB 于 E;

(4) 过 E 作 $EF\parallel E'F'$,过 G 作 $GF\parallel G'F'$,则 $\triangle EFG$ 即为所求作的等腰直角三角形.

证明 略.

8. 已知:线段 a.

求作:对角线和一边之和为 a 的正方形.

作法 (1) 任意作一个正方形 $ABCD$;

(2) 在 AC 延长线上取 $CE=CB$,连 BE(见图 21-16);

(3) 在 AE 上截取 $AF=a$,过 F 作 BE 的平行线交 AB 于 G;

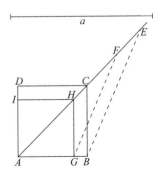

图 21-16

(4) 过 G 作 BC 的平行线交 AC 于 H;过 H 作 AB 的平行线交 AD 于 I,则四边形 $AGHI$ 即为所求作的正方形.

证明 ∵ $GH\parallel BC$,$HI\parallel AB$,故四边形 $AGHI$ 四个角都为 $90°$;而 $\triangle AGH \backsim \triangle ABC$,∴ $\dfrac{AG}{GH}=\dfrac{AB}{BC}=1$,故 $AG=GH$,

∴ $AGHI$ 为正方形.

又 $FG\parallel EB$,$GH\parallel BC$ ∴ $\triangle FGH \backsim \triangle EBC$,而 $BC=CE$,

∴ $GH=HF$,而 $AF=AH+HF=AH+GH=a$,

可见,以上各项均符合所求作图形的条件.

9. 已知：$\angle\alpha$,线段 m,n,r_1.

求作：$\triangle ABC$,使 $\angle A=\angle\alpha$,$AB:AC=m:n$,内切圆半径为 r_1.

作法 （1）作 $\triangle A'B'C'$,使 $\angle A'=\angle\alpha$,$A'B'=m$,$A'C'=n$(见图 21-17)；

（2）作 $\triangle A'B'C'$ 的内切圆 O,切 $A'B'$,$B'C'$,$C'A'$ 于 E',F' 和 G'；

（3）延长 OE'、OF'、OG',交以 O 为圆心,以 r_1 为半径的圆的圆周上 E、F 和 G；

（4）过 E、F、G 三点分别作三条圆 O 的切线,交点分别为 A、B、C,则 $\triangle ABC$ 即为所求作的图形.

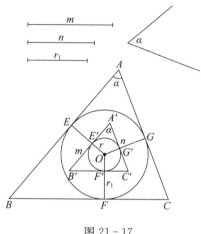

图 21-17

证明 略.

10. 已知：$\angle\alpha$,线段 m,n 和 h.

求作：$\triangle ABC$,使 $\angle A=\angle\alpha$,高 $AD=h$,$BD:DC=m:n$.

作法 （1）以 $m+n$ 为底边、作顶角为 α 的 $\triangle A'B'C'$,且顶角过 D 的垂线,即 $B'D=m$,$DC'=n$,$A'D\perp B'C'$(见图 21-18).

（2）在 DA' 上截取 $DA=h$,过 A 分别作 AB 与 AC,且 $AB\parallel A'B'$,$AC\parallel A'C'$,交 $B'C'$ 上于 B、C 点.则 $\triangle ABC$ 即为所求作的三角形.

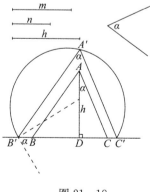

图 21-18

证明 略.

代数式的恒等变换

一、前言

在中学代数里,我们经常要用到代数式的恒等变换,譬如关于因式分解、列方程解应用题、比和比例等内容都与恒等变换有关.可见,代数式的恒等变换确实是代数课程中的主要内容之一,熟练掌握这部分知识是相当重要的.

限于目前同学们已学过的代数知识,还未能全面掌握代数式的恒等变换,有待今后进一步拓展,到那时,就会更深刻体会到代数式恒等变换知识的重要性.

在本讲内容展开之前,我们不妨先了解什么是恒等变换.

我们都知道采用运算符号把数字或者用字母表示的数连接起来的所得的式子是代数式;如果用数值代替代数式里的字母,并且按照指定的顺序进行指定的运算,那么所得的结果叫作代数式的值.

如果两个代数式,对于字母所允许取的各组值都有相等的数值,我们就说这两个代数式是恒等的;由这样两个代数式构成的等式叫作恒等式.

把一个代数式用另一个和它恒等的代数式来代换,这种代换就称作代数式的恒等变换.

例如:$(a^n-b^n)(a^n+b^n)$可用$a^{2n}-b^{2n}$来代换;

$\dfrac{(a^6-b^6)(a^2+b^2)}{(b^4-a^4)(a^4+a^2b^2+b^4)}$可用$-1$来代换;

$(a-b)(a^4+a^3b+a^2b^2+ab^3+b^4)$可用$a^5-b^5$来代换等.

二、代数式恒等变换的应用实例

1. 分解下列各式的因式

(1) $a^9+a^6+a^3-3$.

解 原式$=(a^9-1)+(a^6-1)+(a^3-1)$

$=(a^3-1)(a^6+a^3+1)+(a^3-1)(a^3+1)+(a^3-1)$

$=(a^3-1)(a^6+a^3+1+a^3+1+1)$

$=(a-1)(a^2+a+1)(a^6+2a^3+3)$.

说明:本题关键在于把常数项合理拆开.

(2) $a^2(b-c)+b^2(c-a)+c^2(a-b)$.

解　原式$=a^2(b-c)+b^2c-ab^2+ac^2-bc^2$

$\qquad=a^2(b-c)-a(b^2-c^2)+bc(b-c)$

$\qquad=(b-c)[a^2-a(b+c)+bc]$

$\qquad=(b-c)[a(a-b)-c(a-b)]$

$\qquad=(b-c)(a-b)(a-c)$

$\qquad=-(a-b)(b-c)(c-a).$

说明:本题是$(a-b)$、$(b-c)$、$(c-a)$的循环式.

(3)　$(a+b+c)^3-a^3-b^3-c^3.$

解　原式$=[(a+b+c)^3-a^3]-(b^3+c^3)$

$\qquad=(b+c)[(a+b+c)^2+a(a+b+c)+a^2]-(b+c)(b^2-bc+c^2)$

$\qquad=(b+c)(3a^2+3ab+3bc+3ca)$

$\qquad=3(b+c)(a+b)(c+a).$

说明:本题第一步在于能提取$(b+c)$因子,这题也是$(a+b)$、$(b+c)$、$(c+a)$循环式.

(4)　$(a^2-a-6)(a^2+3a-4)+24.$

解　原式$=(a-3)(a+2)(a+4)(a-1)+24$

$\qquad=(a-3)(a+4)(a+2)(a-1)+24$

$\qquad=(a^2+a-12)(a^2+a-2)+24$

$\qquad=(a^2+a)^2-14(a^2+a)+48$

$\qquad=(a^2+a-6)(a^2+a-8)$

$\qquad=(a+3)(a-2)(a^2+a-8).$

说明:本题反复运用了十字相乘法.

(5)　$(a^2+a)^3-8.$

解　原式$=(a^2+a)^3-2^3$

$\qquad=(a^2+a-2)[(a^2+a)^2+2(a^2+a)+4]$

$\qquad=(a+2)(a-1)(a^4+2a^3+3a^2+2a+4).$

(6)　$(ab-1)^2+(a+b-2)(a+b-2ab).$

解　设$a+b=B,ab=A.$那么

原式$=(A-1)^2+(B-2)(B-2A)$

$\qquad=A^2-2A+1+B^2-2AB-2B+4A$

$\qquad=(A-B)^2+2(A-B)+1$

$\qquad=(A-B+1)^2$

$\qquad=(ab-a-b+1)^2$

$\qquad=[(a-1)(b-1)]^2$

$\qquad=(a-1)^2(b-1)^2.$

说明:本题中用$ab=A,a+b=B$代换,可使式子变得简明,易分解.

(7)　$a^4+b^4+c^4-2a^2b^2-2b^2c^2-2c^2a^2.$

解　原式$=(a^4+b^4+c^4-2a^2b^2-2b^2c^2+2c^2a^2)-4c^2a^2$

$\qquad=(a^2-b^2+c^2)^2-4c^2a^2$

$$=[(a^2-b^2+c^2)+2ca][(a^2-b^2+c^2)-2ca]$$

$$=[(a+c)^2-b^2][(a-c)^2-b^2]$$

$$=(a+b+c)(a-b+c)(a-b-c)(a+b-c).$$

说明:本题两次运用了平方差公式.

2.化简下列各式

(1) $\dfrac{a^2-(b-c)^2}{(a+c)^2-b^2}+\dfrac{b^2-(c-a)^2}{(a+b)^2-c^2}+\dfrac{c^2-(a-b)^2}{(b+c)^2-a^2}.$

解 原式$=\dfrac{(a+b-c)(a-b+c)}{(a+b+c)(a-b+c)}+\dfrac{(a+b-c)(b+c-a)}{(a+b+c)(a+b-c)}+\dfrac{(c+a-b)(c-a+b)}{(b+c+a)(b+c-a)}$

$$=\dfrac{a+b-c}{a+b+c}+\dfrac{b+c-a}{a+b+c}+\dfrac{c+a-b}{a+b+c}$$

$$=\dfrac{a+b-c+b+c-a+c+a-b}{a+b+c}$$

$$=\dfrac{a+b+c}{a+b+c}$$

$$=1.$$

(2) $(ab+bc+ca)\left(\dfrac{1}{a}+\dfrac{1}{b}+\dfrac{1}{c}\right)-abc\left(\dfrac{1}{a^2}+\dfrac{1}{b^2}+\dfrac{1}{c^2}\right).$

解 原式$=\dfrac{(ab+bc+ca)^2}{abc}-\dfrac{a^2b^2+b^2c^2+c^2a^2}{abc}$

$$=\dfrac{(ab+bc+ca)^2-a^2b^2-b^2c^2-c^2a^2}{abc}$$

$$=\dfrac{2abc^2+2ab^2c+2a^2bc}{abc}$$

$$=\dfrac{2abc(a+b+c)}{abc}$$

$$=2(a+b+c).$$

(3) $\dfrac{1}{a-x}-\dfrac{1}{a+x}-\dfrac{2x}{a^2+x^2}-\dfrac{4x^3}{a^4+x^4}+\dfrac{8x^7}{x^8-a^8}.$

解 原式$=\dfrac{2x}{a^2-x^2}-\dfrac{2x}{a^2+x^2}-\dfrac{4x^3}{a^4+x^4}+\dfrac{8x^7}{x^8-a^8}$

$$=\dfrac{4x^3}{a^4-x^4}-\dfrac{4x^3}{a^4+x^4}-\dfrac{8x^7}{a^8-x^8}$$

$$=\dfrac{8x^7}{a^8-x^8}-\dfrac{8x^7}{a^8-x^8}$$

$$=0.$$

(4) $\left[\dfrac{x-1}{3x+(x-1)^2}-\dfrac{1-3x+x^2}{x^3-1}-\dfrac{1}{x-1}\right]\div\dfrac{1-2x+x^2-2x^3}{1+2x+2x^2+x^3}.$

解 原式$=\left[\dfrac{x-1}{x^2+x+1}-\dfrac{1-3x+x^2}{x^3-1}-\dfrac{1}{x-1}\right]\div\dfrac{1+x^2-2x(1+x^2)}{1+x^3+2x(1+x)}$

$$=\left(\frac{x}{x^3-1}-\frac{1}{x-1}\right)\div\frac{(1+x^2)(1-2x)}{(1+x)(x^2+x+1)}$$

$$=-\frac{x^2+1}{x^3-1}\times\frac{(1+x)(x^2+x+1)}{(1+x^2)(1-2x)}$$

$$=\frac{x+1}{(x-1)(2x-1)}.$$

(5) $\dfrac{a^2}{(a-b)(a-c)(x-a)}+\dfrac{b^2}{(b-a)(b-c)(x-b)}+\dfrac{c^2}{(c-a)(c-b)(x-c)}.$

解　原式

$$=-\left[\frac{a^2}{(a-b)(c-a)(x-a)}+\frac{b^2}{(a-b)(b-c)(x-b)}+\frac{c^2}{(c-a)(b-c)(x-c)}\right]$$

$$=-\frac{a^2(b-c)(x-b)(x-c)+b^2(c-a)(x-c)(x-a)+c^2(a-b)(x-a)(x-b)}{(a-b)(b-c)(c-a)(x-a)(x-b)(x-c)}$$

$$=-\frac{[a^2(b-c)+b^2(c-a)+c^2(a-b)]x^2+[a^2(b^2-c^2)+b^2(c^2-a^2)+c^2(a^2-b^2)]x+a^2bc(b-c)+b^2ca(c-a)+c^2ab(a-b)}{(a-b)(b-c)(c-a)(x-a)(x-b)(x-c)}$$

$$=-\frac{(a-b)(b-c)(c-a)x^2}{(a-b)(b-c)(c-a)(x-a)(x-b)(x-c)}$$

$$=\frac{x^2}{(x-a)(x-b)(x-c)}.$$

(6) $\dfrac{a+\dfrac{1}{b+\dfrac{1}{c}}}{c+\dfrac{1}{b+\dfrac{1}{a}}}.$

解　原式 $=\dfrac{a+\dfrac{1}{\dfrac{bc+1}{c}}}{c+\dfrac{1}{\dfrac{ab+1}{a}}}=\dfrac{a+\dfrac{c}{bc+1}}{c+\dfrac{a}{ab+1}}=\dfrac{\dfrac{abc+a+c}{bc+1}}{\dfrac{abc+a+c}{ab+1}}=\dfrac{ab+1}{bc+1}.$

3. 求解下列各式之值

(1) 若 $5x^2+6x+y^2+4xy+9=0$,则 $y^x=?$

解　∵ $5x^2+6x+y^2+4xy+9=0$

即 $4x^2+4xy+y^2+x^2+6x+9=0$

则 $(2x+y)^2+(x+3)^2=0$

必有 $\begin{cases}2x+y=0,\\x+3=0.\end{cases}$ 得 $\begin{cases}x=-3,\\y=6.\end{cases}$

∴ $y^x=6^{-3}=\dfrac{1}{6^3}=\dfrac{1}{216}.$

(2) 已知:$x^2+x=-1$,求 x^3+4x^2+4x+2 之值.

解　将求解之式逐步变形,并用已知条件代入.

$$x^3+4x^2+4x+2$$
$$=x^3+4(x^2+x)+2 \qquad\qquad\qquad\qquad (用\ x^2+x=-1\ 代入)$$
$$=x^3+4(-1)+2$$
$$=x^3-1-1$$
$$=(x-1)(x^2+x+1)-1 \qquad\qquad\qquad (再用\ x^2+x=-1\ 代入)$$
$$=(x-1)(-1+1)-1$$
$$=-1.$$

4. 求证下列各式

(1) 设 $a+b+c=0$，求证 $a^3+b^3+c^3-3abc=0$.

证明 ∵ $a+b+c=0$. ∴ $a+b=-c$.

∴ $(a+b)^3=-c^3$. 即 $c^3=-(a+b)^3=-a^3-b^3-3ab(a+b)$

∴ $a^3+b^3+c^3-3abc=a^3+b^3-a^3-b^3-3ab(a+b)-3abc$
$$=-3ab(a+b+c)$$
$$=0.$$

(2) 设 $a+b+c=2s$，求证 $4a^2b^2-(a^2+b^2-c^2)^2=16s(s-a)(s-b)(s-c)$.

证明 $\quad 4a^2b^2-(a^2+b^2-c^2)^2$
$$=(2ab-a^2-b^2+c^2)(2ab+a^2+b^2-c^2)$$
$$=[c^2-(a-b)^2][(a+b)^2-c^2]$$
$$=(c-a+b)(c+a-b)(a+b+c)(a+b-c)$$
$$=(a+b+c)[(a+b+c)-2a][(a+b+c)-2b][(a+b+c)-2c]$$
$$=2s(2s-2a)(2s-2b)(2s-2c) \qquad (∵\ a+b+c=2s)$$
$$=16s(s-a)(s-b)(s-c).$$

(3) 求证 $(a-b)^3+(b-c)^3+(c-a)^3-3(a-b)(b-c)(c-a)=0$.

证明 用上述(1)条件与结论来证.

设 $a-b=A, b-c=B, c-a=C$.

∵ $A+B+C=0$(条件)，$[即 (a-b)+(b-c)+(c-a)=0]$.

故 $A^3+B^3+C^3-3ABC=0$.(结论).

或者, 左式 $=a^3-3a^2b+3ab^2-b^3+b^3-3b^2c+3bc^2-c^3+c^3-3c^2a+3ca^2-a^3+3a^2b-$
$$3ab^2+3b^2c-3bc^2+3c^2a-3ca^2$$
$$=0.$$

$\quad$ 右式 $=0$.

∵ 左式=右式，∴ 原式成立.

(4) 设 $\dfrac{x}{a}=\dfrac{y}{b}=\dfrac{z}{c}$，求证 $\dfrac{x^2+a^2}{x+a}+\dfrac{y^2+b^2}{y+b}+\dfrac{z^2+c^2}{z+c}=\dfrac{(x+y+z)^2+(a+b+c)^2}{x+y+z+a+b+c}$

证明 设 $\dfrac{x}{a}=\dfrac{y}{b}=\dfrac{z}{c}=r$. 则 $x=ar, y=br, z=cr$.

所以 $\dfrac{x^2+a^2}{x+a}=\dfrac{a^2r^2+a^2}{ar+a}=\dfrac{a^2(r^2+1)}{a(r+1)}=\dfrac{a(1+r^2)}{(1+r)}$,

同理$\dfrac{y^2+b^2}{y+b}=\dfrac{b(1+r)^2}{(1+r)}$， $\dfrac{z^2+c^2}{z+c}=\dfrac{c(1+r^2)}{(1+r)}$.

$\therefore \quad \dfrac{x^2+a^2}{x+a}+\dfrac{y^2+b^2}{y+b}+\dfrac{z^2+c^2}{z+c}$

$=\dfrac{a(1+r^2)}{1+r}+\dfrac{b(1+r^2)}{1+r}+\dfrac{c(1+r^2)}{1+r}$

$=\dfrac{(a+b+c)(1+r^2)}{1+r}$

$=\dfrac{[r^2(a+b+c)+(a+b+c)](a+b+c)}{(1+r)(a+b+c)}$

$=\dfrac{r^2(a+b+c)^2+(a+b+c)^2}{r(a+b+c)+a+b+c}$

$=\dfrac{(ra+rb+rc)^2+(a+b+c)^2}{ra+rb+rc+a+b+c}$

$=\dfrac{(x+y+z)^2+(a+b+c)^2}{x+y+z+a+b+c}.$

•知识巩固•
想想练练

1. 分解因式

(1) $(a^2-3a+2)x^2+(2a^2-4a+1)x+a^2-a$

(2) $a^{3n}+b^{6n}$

(3) $(x+y)^5-x^5-y^5$

(4) $(x+a)(x+5a)(x+3a)(x+7a)+15a^4$

(5) $y(y+1)(x^2+1)+x(2y^2+2y+1)$

2. 化简

(1) $\dfrac{a^2}{(a-b)(a-c)}+\dfrac{b^2}{(b-c)(b-a)}+\dfrac{c^2}{(c-a)(c-b)}.$

(2) $\left(x+\dfrac{1}{x}\right)^2+\left(y+\dfrac{1}{y}\right)^2+\left(xy+\dfrac{1}{xy}\right)^2-\left(x+\dfrac{1}{x}\right)\left(y+\dfrac{1}{y}\right)\left(xy+\dfrac{1}{xy}\right).$

(3) $\dfrac{2-4x}{4x-2-\dfrac{4x}{1+\dfrac{\frac{2x-1}{1}}{1+\frac{1}{4x-1}}}}.$

(4) $\dfrac{\left[1+\dfrac{c}{a+b}+\dfrac{c^2}{(a+b)^2}\right]\left[1-\dfrac{c^2}{(a+b)^2}\right]}{\left[1-\dfrac{c^3}{(a+b)^3}\right]\left[1+\dfrac{c}{a+b}\right]}.$

3. 设 $a+b=m,ab=n$，求(1) a^2+b^2、(2) $\dfrac{1}{a^2}+\dfrac{1}{b^2}$、(3) $a^4b^7+a^7b^4$、(4) $\left(\dfrac{a}{b}-\dfrac{b}{a}\right)^2$ 的值.(提示：$a^4b^7+a^7b^4=a^4b^4(a^3+b^3)=a^4b^4(a+b)[(a+b)^2-3ab]$)

4. 设 $\dfrac{x}{a-b}=\dfrac{y}{b-c}=\dfrac{z}{c-a}$，并且 a,b,c 各不相等,求证 $x+y+z=0$.

5. 设 $\dfrac{1}{a}+\dfrac{1}{b}+\dfrac{1}{c}=0$,求证$(a+b+c)^2=a^2+b^2+c^2$.

6. 设 $x=\dfrac{4ab}{a+b}$,求证$\dfrac{x+2a}{x-2a}+\dfrac{x+2b}{x-2b}=2$.

7. 设 $a+b+c=2s$,求证 $a\cdot\dfrac{b^2+c^2-a^2}{2bc}+b\cdot\dfrac{c^2+a^2-b^2}{2ca}+c\cdot\dfrac{a^2+b^2-c^2}{2ab}$

$=\dfrac{8s(s-a)(s-b)(s-c)}{abc}$.

8. 已知 $x^2-3x-1=0$,求 $x^2+\dfrac{1}{x^2}$ 之值.

9. 若 $x^2+y^2-6x+8y+25=0$,求$\dfrac{y}{x}-\dfrac{x}{y}$之值.

解题参考

1. (1) 原式$=(a-1)(a-2)x^2+(2a^2-4a+1)x+a^2-a$

$\qquad\qquad =[(a-1)x+a][(a-2)x+(a-1)]$

（十字相乘法）

$\qquad\qquad =(ax-x+a)(ax-2x+a+1)$.

(2) 原式$=a^{3n}+b^{3(2n)}=(a^n+b^{2n})(a^{2n}-a^nb^{2n}+b^{4n})$.

(3) 原式$=x^5+5x^4y+10x^3y^2+10x^2y^3+5xy^4+y^5-x^5-y^5$

$\qquad\quad =5x^4y+10x^3y^2+10x^2y^3+5xy^4$

$\qquad\quad =5xy(x^3+y^3)+10x^2y^2(x+y)$

$\qquad\quad =5xy[(x+y)(x^2-xy+y^2)+2xy(x+y)]$

$\qquad\quad =5xy(x+y)(x^2+xy+y^2)$.

(4) 原式$=(x+a)(x+7a)(x+5a)(x+3a)+15a^4$

$\qquad\quad =(x^2+8ax+7a^2)(x^2+8ax+15a^2)+15a^4$

$\qquad\quad =[(x^2+8ax)+7a^2][(x^2+8ax)+15a^2]+15a^4$

$\qquad\quad =(x^2+8ax)^2+22a^2(x^2+8ax)+120a^4$

$\qquad\quad =(x^2+8ax+10a^2)(x^2+8ax+12a^2)$

$\qquad\quad =(x+2a)(x+6a)(x^2+8ax+12a^2)$.

(5) 设 $y+1=A$ 代入原式.

则原式$=Ay(x^2+1)+xy^2+A^2x$

$\qquad\quad =Ax^2y+Ay+xy^2+A^2x$

$\qquad\quad =xy(Ax+y)+A(y+Ax)$

$\qquad\quad =(Ax+y)(xy+A)$

$\qquad\quad =(xy+x+y)(xy+y+1)$.

2. (1) 原式$=-\left[\dfrac{a^2}{(a-b)(c-a)}+\dfrac{b^2}{(b-c)(a-b)}+\dfrac{c^2}{(c-a)(b-c)}\right]$

$\qquad\quad =-\left[\dfrac{a^2(b-c)+b^2(c-a)+c^2(a-b)}{(a-b)(b-c)(c-a)}\right]$

$\qquad\quad =-\left[\dfrac{a^2b-a^2c+b^2c-b^2a+c^2a-c^2b}{-abc-b^2c-ac^2+bc^2-a^2b+ab^2+a^2c+abc}\right]$

$$= -\left[-\frac{a^2b-a^2c+b^2c-b^2a+c^2a-c^2b}{a^2b-a^2c+b^2c-b^2a+c^2a-c^2b}\right]$$

$$=1.$$

(2) 原式 $=x^2+2+\dfrac{1}{x^2}+y^2+2+\dfrac{1}{y^2}+x^2y^2+2+\dfrac{1}{x^2y^2}-x^2y^2-y^2-x^2-1-1-\dfrac{1}{x^2}-\dfrac{1}{y^2}-\dfrac{1}{x^2y^2}$$

$$=6-2$$

$$=4.$$

(3) 原式 $=\dfrac{2-4x}{4x-2-\dfrac{4x}{1+\dfrac{4x-1}{2x-1}}}=\dfrac{2-4x}{4x-2-\dfrac{16x^2}{4x+\dfrac{4x-1}{2x-1}}}$

$$=\dfrac{2-4x}{4x-2-\dfrac{32x^3-16x^2}{8x^2-1}}=\dfrac{(2-4x)(8x^2-1)}{(4x-2)(8x^2-1)-32x^3+16x^2}$$

$$=\dfrac{(2-4x)(8x^2-1)}{(2-4x)}=8x^2-1.$$

(4) 原式 $=\dfrac{\left[\dfrac{(a+b)^2+c(a+b)+c^2}{(a+b)^2}\right]\left[\dfrac{(a+b)^2-c^2}{(a+b)^2}\right]}{\left[\dfrac{(a+b)^3-c^3}{(a+b)^3}\right]\left[\dfrac{(a+b)+c}{(a+b)}\right]}$

$$=\dfrac{\left[(a+b)^2+c(a+b)+c^2\right]\left[(a+b)^2-c^2\right]}{\left[(a+b)^3-c^3\right]\left[(a+b)+c\right]}$$

$$=\dfrac{(a+b)^4+c(a+b)^3-c^3(a+b)-c^4}{(a+b)^4+c(a+b)^3-c^3(a+b)-c^4}$$

$$=1.$$

3. (1) $a^2+b^2=(a+b)^2-2ab=m^2-2n.$

(2) $\dfrac{1}{a^2}+\dfrac{1}{b^2}=\dfrac{a^2+b^2}{a^2b^2}=\dfrac{m^2-2n}{n^2}.$

(3) $a^4b^7+a^7b^4=a^4b^4(b^3+a^3)$

$$=a^4b^4(a+b)\left[(a+b)^2-3a^2b-3ab^2\right]$$

$$=a^4b^4(a+b)\left[(a+b)^2-3ab(a+b)\right]$$

$$=n^4m(m^2-3nm)$$

$$=m^3n^4-3m^2n^5.$$

(4) $\left(\dfrac{a}{b}-\dfrac{b}{a}\right)^2=\dfrac{(a^2-b^2)^2}{a^2b^2}=\dfrac{a^4-2a^2b^2+b^4}{a^2b^2}=\dfrac{(a^2+b^2)^2-4a^2b^2}{a^2b^2}$

$$=\dfrac{\left[(a+b)^2-2ab\right]^2-4a^2b^2}{a^2b^2}=\dfrac{(m^2-2n)^2-4n^2}{n^2}$$

$$=\dfrac{(m^2-2n+2n)(m^2-2n-2n)}{n^2}=\dfrac{m^2(m^2-4n)}{n^2}.$$

4. 设：$\dfrac{x}{a-b}=\dfrac{y}{b-c}=\dfrac{z}{c-a}=r.$

则 $x=r(a-b),y=r(b-c),z=r(c-a)$.

故 $x+y+z=r(a-b)+r(b-c)+r(c-a)$

$$=r(a-b+b-c+c-a)$$

$$=0.$$

5. 由于 $\dfrac{1}{a}+\dfrac{1}{b}+\dfrac{1}{c}=0$,即 $\dfrac{bc+ca+ab}{abc}=0$,

故 $bc+ca+ab=0$.

则 $(a+b+c)^2=a^2+b^2+c^2+2(ab+bc+ca)$

$$=a^2+b^2+c^2+2\times 0$$

$$=a^2+b^2+c^2.$$

6. 左边 $=\dfrac{x+2a}{x-2a}+\dfrac{x+2b}{x-2b}$

$$=\dfrac{(x+2a)(x-2b)+(x+2b)(x-2a)}{(x-2a)(x-2b)}$$

$$=\dfrac{2x^2-8ab}{x^2-x(2a+2b)+4ab} \qquad \left(\text{把 } x=\dfrac{4ab}{a+b}\text{代入}\right)$$

$$=\dfrac{2\left(\dfrac{4ab}{a+b}\right)^2-8ab}{\left(\dfrac{4ab}{a+b}\right)^2-2\left(\dfrac{4ab}{a+b}\right)(a+b)+4ab}$$

$$=\dfrac{2[16a^2b^2-4ab(a+b)^2]}{16a^2b^2-4ab(a+b)^2}$$

$$=2$$

右边 $=2$. $\because$ 左边 $=$ 右边,故 $\dfrac{x+2a}{x-2a}+\dfrac{x+2b}{x-2b}=2$.

7. $a\cdot\dfrac{b^2+c^2-a^2}{2bc}+b\cdot\dfrac{c^2+a^2-b^2}{2ca}+c\cdot\dfrac{a^2+b^2-c^2}{2ab}$

$$=\dfrac{a^2(b^2+c^2-a^2)+b^2(c^2+a^2-b^2)+c^2(a^2+b^2-c^2)}{2abc}$$

$$=\dfrac{-a^4-b^4-c^4+2a^2b^2+2b^2c^2+2c^2a^2}{2abc}$$

$$=-\dfrac{(a^2-b^2)^2-2c^2(a^2+b^2)+c^4}{2abc}$$

$$=-\dfrac{[(a+b)^2-c^2][(a-b)^2-c^2]}{2abc} \qquad （\text{十字相乘法得到}）$$

$$=-\dfrac{(a+b+c)(a+b-c)(a-b+c)(a-b-c)}{2abc}$$

$$=-\dfrac{(a+b+c)[(a+b+c)-2c][(a+b+c)-2b][(a+b+c)-2b-2c]}{2abc}.$$

因为 $a+b+c=2s$,则 $s-a=s-b-c$.代入上式得

$$=-\dfrac{2s(2s-2c)(2s-2b)(2s-2b-2c)}{2abc}$$

$$= -\frac{16s(s-c)(s-b)(s-a)}{2abc}$$

$$= -\frac{8s(s-a)(s-b)(s-c)}{abc}.$$

8. 由已知得 $x^2 - 3x = 1$，则 $x - 3 = \dfrac{1}{x}$，

$\left(x - \dfrac{1}{x}\right) = 3$，$\left(x - \dfrac{1}{x}\right)^2 = 9$，即 $x^2 + \dfrac{1}{x^2} - 2 = 9$.

$\therefore$ $x^2 + \dfrac{1}{x^2} = 11$.

9. 由已知得 $x^2 - 6x + 9 + y^2 + 8y + 16 = 0$，

即 $(x-3)^2 + (y+4)^2 = 0$.

必有 $\begin{cases} x - 3 = 0, \\ y + 4 = 0. \end{cases}$ 得 $\begin{cases} x = 3, \\ y = -4. \end{cases}$

$$\begin{aligned}
\therefore \quad \frac{y}{x} - \frac{x}{y} &= \frac{-4}{3} - \frac{3}{-4} \\
&= \frac{-16}{12} + \frac{9}{12} \\
&= \frac{-7}{12}.
\end{aligned}$$

二元二次方程组

一、由一个二元二次方程，一个二元一次方程组成的二元二次方程组

1. 一般形式

$$\begin{cases} ax^2+bxy+cy^2+dx+ly+f=0 & (a \text{、} b \text{、} c \text{ 不全为 } 0) \\ mx+ny+p=0 & (m \text{、} n \text{ 不全为 } 0) \end{cases}$$

基本解法为代入法.

2. 例题

例 1 解方程组 $\begin{cases} x^2+y^2=25 & ① \\ x-3y=-5 & ② \end{cases}$

解 由②得 $\qquad\qquad x=3y-5 \qquad\qquad$ ③

③代入①$(3y-5)^2+y^2=25$　即 $y^2-3y=0$

则 $y_1=0, y_2=3$，分别代入③得 $x_1=-5, x_2=4$.

故 $\begin{cases} x_1=-5, \\ y_1=0. \end{cases} \begin{cases} x_2=4, \\ y_2=3. \end{cases}$

例 2 解方程组 $\begin{cases} xy=4 & ① \\ 2x+y-2=0 & ② \end{cases}$

解 由①得 $\qquad\qquad x=\dfrac{4}{y} \qquad\qquad$ ③

③代入②得 $2\left(\dfrac{4}{y}\right)+y-2=0$　即 $y^2-2y+8=0$ ④

由于 $\Delta=b^2-4ac=4-32<0$.故④式无实数解.

∴ 本方程组无实数解.

例 3 解方程组 $\begin{cases} y^2-x^2+2x+2y=0 & ① \\ y+x=0 & ② \end{cases}$

解 ①式变形后得 $\begin{cases} (y+x)(y-x)+2(x+y)=0, \\ x+y=0. \end{cases}$

可见,该方程有无穷多组解.

上述三例都属于第一种类型的方程组,它们的解的组数是不同的,有两组解,有一组解,无实数解,有无穷多组解.

例 4　如果方程组 $\begin{cases} y^2-x^2+2x+2y+1=0 & ① \\ y-mx=0 & ② \end{cases}$

(1) 有两组相同实数解,求 m 值;

(2) 有两组不同实数解,求 m 范围;

(3) m 取何值方程组无实数解.

解　由②得 $\qquad\qquad\qquad y=mx \qquad\qquad\qquad ③$

③式代入①得 $\qquad (mx)^2-x^2+2x+2(mx)+1=0.$

即 $(m^2-1)x^2+2(m+1)x+1=0$

则 $\Delta=[2(m+1)]^2-4(m^2-1)=8m+8.$

(1) 当方程组有两组相同实数解时,$\Delta=0$,即 $8m+8=0$,$m=-1$.

(2) 当方程组有不同实数解时,$\Delta>0$,即 $8m+8>0$,$m>-1$.

(3) 当 $\Delta<0$ 时,即 $8m+8<0$,$m<-1$ 时,方程组无实数解.

二、由两个都是二元二次方程组成的方程组

1. 一般形式

$\begin{cases} a_1x^2+b_1xy+c_1y^2+d_1x+l_1y+f_1=0 & (a_1、b_1、c_1\ 不全为\ 0) \\ a_2x^2+b_2xy+c_2y^2+d_2x+l_2y+f_2=0 & (a_2、b_2、c_2\ 不全为\ 0) \end{cases}$

基本解法:这种形式的方程组无确定解法,要视题目具体情况灵活解题.

2. 例题

(1) 用加减法可以消去一个未知数(例如当两方程含某元的对应项系数成比例时,尤其是二次项系数成比例时).

例 1　$\begin{cases} x^2-15xy-3y^2+2x+9y=98 & ① \\ 5xy+y^2-3y=-21 & ② \end{cases}$

解　②×3+①　$x^2+2x-35=0$,　$(x+7)(x-5)=0.$

将 $x_1=-7$,　$x_2=5$,分别代入②得

$y_{1,2}=19\pm2\sqrt{85}$;$y_3=-1$;$y_4=-21.$

即 $\begin{cases} x_1=-7, \\ y_1=19+2\sqrt{85}; \end{cases} \begin{cases} x_2=-7, \\ y_2=19-2\sqrt{85}; \end{cases} \begin{cases} x_3=5, \\ y_3=-1; \end{cases} \begin{cases} x_4=5, \\ y_4=-21. \end{cases}$

例 2　$\begin{cases} x^2-2xy-y^2+2x+y+2=0 & ① \\ 2x^2-4xy-2y^2+3x+3y+4=0 & ② \end{cases}$

解　①×2-②　$\qquad\qquad x-y=0$,即 $x=y.$　$\qquad\qquad ③$

③代入①得　$2y^2-3y-2=0$,　即 $(2y+1)(y-2)=0.$

$y_1=-\dfrac{1}{2}$,$y_2=2$,代入③得

$x_1=-\dfrac{1}{2}$,$x_2=2.$

$$即\begin{cases} x_1=-\dfrac{1}{2}, \\ y_1=-\dfrac{1}{2}; \end{cases} \quad \begin{cases} x_2=2, \\ y_2=2. \end{cases}$$

（2）在方程组中至少有一个方程可以分解因式的，则可用因式分解法来解.

例1
$$\begin{cases} y^2-x^2-5=0 & ① \\ 4x^2+4xy+y^2+4x+2y=3 & ② \end{cases}$$

解　由②得 $(2x+y)^2+2(2x+y)-3=0$

即 $(2x+y+3)(2x+y-1)=0$

故原方程组可变形为 $\begin{cases} y^2-x^2-5=0, \\ 2x+y+3=0; \end{cases}$ 及 $\begin{cases} y^2-x^2-5=0, \\ 2x+y-1=0. \end{cases}$

解之得 $\begin{cases} x_1=\dfrac{-6+2\sqrt{6}}{3}, \\ y_1=\dfrac{3-4\sqrt{6}}{3}; \end{cases} \begin{cases} x_2=\dfrac{-6-2\sqrt{6}}{3}, \\ y_2=\dfrac{3+4\sqrt{6}}{3}; \end{cases} \begin{cases} x_3=-\dfrac{2}{3}, \\ y_3=-\dfrac{1}{3}; \end{cases} \begin{cases} x_4=2, \\ y_4=-3. \end{cases}$

例2
$$\begin{cases} x^2-4xy+4y^2-3x+6y=54 & ① \\ (2x-y)^2-12(2x-y)=189 & ② \end{cases}$$

解　原方程组可通过因式分解变形为

$$\begin{cases} (x-2y)^2-3(x-2y)-54=0, \\ (2x-y)^2-12(2x-y)-189=0. \end{cases} 即 \begin{cases} (x-2y-9)(x-2y+6)=0, \\ (2x-y-21)(2x-y+9)=0. \end{cases}$$

这样可将方程组构成新的方程组群：

$$\begin{cases} x-2y-9=0, \\ 2x-y-21=0; \end{cases} \begin{cases} x-2y-9=0, \\ 2x-y+9=0; \end{cases} \begin{cases} x-2y+6=0, \\ 2x-y-21=0; \end{cases} \begin{cases} x-2y+6=0, \\ 2x-y+9=0. \end{cases}$$

解之得 $\begin{cases} x_1=11, \\ y_1=1; \end{cases} \begin{cases} x_2=-9, \\ y_2=-9; \end{cases} \begin{cases} x_3=16, \\ y_3=11; \end{cases} \begin{cases} x_4=-4, \\ y_4=1. \end{cases}$

（3）通过加减法后，可构成新的方程组，会使求解变得简便.

例1
$$\begin{cases} x^2+4y^2-15x=10(3y-8) & ① \\ xy=6 & ② \end{cases}$$

解　②×4+①　$x^2+4xy+4y^2-15x-30y+56=0$,

即 $(x+2y-7)(x+2y-8)=0$.

故原方程可构成新方程组 $\begin{cases} x+2y-7=0, \\ xy=6. \end{cases}$ 和 $\begin{cases} x+2y-8=0, \\ xy=6. \end{cases}$

解之得 $\begin{cases} x_1=4, \\ y_1=\dfrac{3}{2}; \end{cases} \begin{cases} x_2=3, \\ y_2=2; \end{cases} \begin{cases} x_3=6, \\ y_3=1; \end{cases} \begin{cases} x_4=2, \\ y_4=3. \end{cases}$

例2
$$\begin{cases} x^2+2xy+2y^2+3x=0 & ① \\ xy+y^2+3y+1=0 & ② \end{cases}$$

解　②×2+①　$x^2+4xy+4y^2+3x+6y+2=0$,即

$$(x+2y+1)(x+2y+2)=0.$$

原方程组变形为 $\begin{cases} x+2y+1=0, \\ xy+y^2+3y+1=0; \end{cases}$ 和 $\begin{cases} x+2y+2=0, \\ xy+y^2+3y+1=0. \end{cases}$

解之得 $\begin{cases} x_1=-3-2\sqrt{2}, \\ y_1=1+\sqrt{2}; \end{cases}$ $\begin{cases} x_2=-3+2\sqrt{2}, \\ y_2=1-\sqrt{2}; \end{cases}$ $\begin{cases} x_3=-3-\sqrt{6}, \\ y_3=\dfrac{1+\sqrt{6}}{2}; \end{cases}$ $\begin{cases} x_4=-4+\sqrt{6}, \\ y_4=\dfrac{1-\sqrt{6}}{2}. \end{cases}$

（4）两个方程都没有一次项时，可消去常数项.

例 1　$\begin{cases} 6x^2-xy-2y^2=56 & ① \\ 5x^2-xy-y^2=49 & ② \end{cases}$

解　①×7−②×8 得　$2x^2+xy-6y^2=0$　③

解③得 $x=\dfrac{-y\pm 7y}{4}$，即 $x=\dfrac{3}{2}y$，或 $x=-2y$.

原方程变形为 $\begin{cases} x=\dfrac{3}{2}y, \\ 5x^2-xy-y^2=49; \end{cases}$ 及 $\begin{cases} x=-2y, \\ 5x^2-xy-y^2=49. \end{cases}$

解之得 $\begin{cases} x_1=\dfrac{3\sqrt{35}}{5}, \\ y_1=\dfrac{2\sqrt{35}}{5}; \end{cases}$ $\begin{cases} x_2=\dfrac{-3\sqrt{35}}{5}, \\ y_2=\dfrac{-2\sqrt{35}}{5}; \end{cases}$ $\begin{cases} x_3=\dfrac{2\sqrt{21}}{3}, \\ y_3=-\dfrac{\sqrt{21}}{3}; \end{cases}$ $\begin{cases} x_4=\dfrac{-2\sqrt{21}}{3}, \\ y_4=\dfrac{\sqrt{21}}{3}. \end{cases}$

例 2　$\begin{cases} x^2+xy=77 & ① \\ xy+y^2=44 & ② \end{cases}$

解　①×4−②×7　$(4x-7y)(x+y)=0.$

原方程构成新方程组 $\begin{cases} 4x-7y=0, \\ xy+y^2=44; \end{cases}$ 及 $\begin{cases} x+y=0, \\ xy+y^2=44. \end{cases}$

前一个方程组解得 $\begin{cases} x_1=7, \\ y_1=4; \end{cases}$ $\begin{cases} x_2=-7, \\ y_2=-4. \end{cases}$

后一个方程组则有无穷多组解.

（5）两个方程有因式与倍式关系时，可用相除降次法.

例 1　$\begin{cases} x^2+xy+y^2=21 & ① \\ x-\sqrt{xy}+y=7 & ② \end{cases}$

解　①式可化为　$(x-\sqrt{xy}+y)(x+\sqrt{xy}+y)=21$　③

$\dfrac{③}{②}$+②得　$x+y=5$　④

④和①组成新的方程组 $\begin{cases} x^2+xy+y^2=21 \\ x+y=5 \end{cases}$

解之得 $\begin{cases} x_1=4, \\ y_1=1; \end{cases}$ $\begin{cases} x_2=1, \\ y_2=4. \end{cases}$ 经检验都不是原方程组之解，故原方程组无解.

数学兴趣讲座

例 2
$$\begin{cases} (x+y)^2(x-y)=3xy+6y & ① \\ x^2-y^2=x+2 & ② \end{cases}$$

解 $\dfrac{①}{②}$ 得 $\qquad\qquad x-2y=0 \qquad\qquad ③$

解③②得 $\begin{cases} x_1=\dfrac{2}{3}(1+\sqrt{7}), \\ y_1=\dfrac{1}{3}(1+\sqrt{7}); \end{cases}$ $\begin{cases} x_2=\dfrac{2}{3}(1-\sqrt{7}), \\ y_2=\dfrac{1}{3}(1-\sqrt{7}). \end{cases}$

由于在解的过程中,我们用含有未知数的代数式除方程的两端,故可失去 $\begin{cases} x^2-y^2=0 \\ x+2=0 \end{cases}$ 之解,

解之得 $\begin{cases} x_3=-2, \\ y_3=2; \end{cases}$ $\begin{cases} x_4=-2, \\ y_4=-2. \end{cases}$ 代入原方程检验无误,故这两组解也是原方程之解.

例 3
$$\begin{cases} 2xy-3y^2=4 & ① \\ 2x^2-xy-3y^2=11 & ② \end{cases}$$

解 原方程组可变形为
$$\begin{cases} y(2x-3y)=4 & ③ \\ (2x-3y)(x+y)=11 & ④ \end{cases}$$

③÷④得 $\dfrac{y}{x+y}=\dfrac{4}{11}$, 即 $x=\dfrac{7}{4}y \qquad ⑤$

⑤代入①解得 $\begin{cases} x_1=\dfrac{7}{2}\sqrt{2}, \\ y_1=2\sqrt{2}; \end{cases}$ $\begin{cases} x_2=-\dfrac{7}{2}\sqrt{2}, \\ y_2=-2\sqrt{2}. \end{cases}$

(6) 设辅助未知数法

例 1
$$\begin{cases} 3x^2-\dfrac{1}{y^2}=2 & ① \\ 5x^2+\dfrac{3}{y^2}=120 & ② \end{cases}$$

解 令 $x^2=u, \dfrac{1}{y^2}=v$ 代入①②式得

$\begin{cases} 3u-v=2, \\ 5u+3v=120; \end{cases}$ 解得 $\begin{cases} u=9, \\ v=25; \end{cases}$ 即 $\begin{cases} x^2=9, \\ \dfrac{1}{y^2}=25. \end{cases}$

故 $\begin{cases} x_1=3, \\ y_1=\dfrac{1}{5}; \end{cases}$ $\begin{cases} x_2=3, \\ y_2=-\dfrac{1}{5}; \end{cases}$ $\begin{cases} x_3=-3, \\ y_3=\dfrac{1}{5}; \end{cases}$ $\begin{cases} x_4=-3, \\ y_4=-\dfrac{1}{5}. \end{cases}$

例 2
$$\begin{cases} (x-y)^2+2xy+3(x-y)=16 & ① \\ xy-(x-y)=1 & ② \end{cases}$$

解 令 $x-y=u, xy=v$. 代入①②式得

$\begin{cases} u^2+2v+3u=16, \\ v-u=1; \end{cases}$ 解得 $\begin{cases} u_1=2, \\ v_1=3; \end{cases}$ $\begin{cases} u_2=-7, \\ v_2=-6. \end{cases}$ 即 $\begin{cases} x-y=2, \\ xy=3; \end{cases}$ $\begin{cases} x-y=-7, \\ xy=-6. \end{cases}$

故 $\begin{cases}x_1=3,\\y_1=1;\end{cases}$ $\begin{cases}x_2=-1,\\y_2=-3;\end{cases}$ $\begin{cases}x_3=-6,\\y_3=-1;\end{cases}$ $\begin{cases}x_4=-1,\\y_4=6.\end{cases}$

例 3 $\begin{cases}x+y+xy=11,\\x^2y+xy^2=30.\end{cases}$

解 这是一个对称方程组,经整理得

$$\begin{cases}(x+y)+xy=11 & \text{①}\\xy(x+y)=30 & \text{②}\end{cases}$$

令 $x+y=u,xy=v$ 代入①、②,得

$\begin{cases}u+v=11,\\uv=30.\end{cases}$ 解得 $\begin{cases}u_1=5,\\v_1=6;\end{cases}$ $\begin{cases}u_2=6,\\v_2=5.\end{cases}$ 即 $\begin{cases}x+y=5,\\xy=6;\end{cases}$ $\begin{cases}x+y=6,\\xy=5.\end{cases}$

故 $\begin{cases}x_1=2,\\y_1=2;\end{cases}$ $\begin{cases}x_2=3,\\y_2=2;\end{cases}$ $\begin{cases}x_3=1,\\y_3=5;\end{cases}$ $\begin{cases}x_4=5,\\y_4=1.\end{cases}$

例 4 $\begin{cases}x^2+y^2+3xy-4x-4y+3=0,\\xy+2x+2y-5=0.\end{cases}$

解 这也是一个对称方程组,经整理得

$$\begin{cases}(x+y)^2-4(x+y)+xy+3=0 & \text{①}\\2(x+y)+xy-5=0 & \text{②}\end{cases}$$

令 $x+y=u,xy=v$ 代入①②得

$\begin{cases}u^2-4u+v+3=0,\\2u+v-5=0.\end{cases}$ 解得 $\begin{cases}u_1=2,\\v_1=1;\end{cases}$ $\begin{cases}u_2=4,\\v_2=-3.\end{cases}$ 即 $\begin{cases}x+y=2,\\xy=1;\end{cases}$ $\begin{cases}x+y=4,\\xy=-3.\end{cases}$

故 $\begin{cases}x_1=1,\\y_1=1;\end{cases}$ $\begin{cases}x_2=1,\\y_2=1;\end{cases}$ $\begin{cases}x_3=2+\sqrt{7},\\y_3=2-\sqrt{7};\end{cases}$ $\begin{cases}x_4=2-\sqrt{7},\\y_4=2+\sqrt{7}.\end{cases}$

例 5 $\begin{cases}x+y+\sqrt{(x+2)(y+3)}=34,\\(x+2)^2+(y+3)^2+(x+2)(y+3)=741.\end{cases}$

解 令 $x+2=u,y+3=v$,则原方程组变形为

$$\begin{cases}u+v+\sqrt{uv}=39 & \text{①}\\u^2+v^2+uv=741 & \text{②}\end{cases}$$

即

$$\begin{cases}u+v+\sqrt{uv}=39 & \text{③}\\(u+v+\sqrt{uv})(u+v-\sqrt{uv})=741 & \text{④}\end{cases}$$

④÷③得 $\qquad\qquad u+v+\sqrt{uv}=19$ $\qquad$ ⑤

$\dfrac{1}{2}$(③+⑤)得 $\qquad\qquad u+v=29$ $\qquad$ ⑥

$\dfrac{1}{2}$(③-⑤)得 $\qquad\qquad \sqrt{uv}=10$ $\qquad$ ⑦

解⑥⑦得 $\begin{cases}u_1=4,\\v_1=25;\end{cases}$ $\begin{cases}u_2=25,\\v_2=4.\end{cases}$ 即 $\begin{cases}x+2=4,\\y+3=25;\end{cases}$ $\begin{cases}x+2=25,\\y+3=4.\end{cases}$

故 $\begin{cases}x_1=2,\\y_1=22;\end{cases}$ $\begin{cases}x_2=23,\\y_2=1.\end{cases}$

例6 $\begin{cases}\sqrt{x+\dfrac{1}{y}}+\sqrt{x+y-3}=3,\\[3mm]2x+y+\dfrac{1}{y}=8.\end{cases}$

解 原方程组经整理后得

$$\begin{cases}\sqrt{x+\dfrac{1}{y}}+\sqrt{x+y-3}=3 \qquad\qquad ①\\[3mm]\left(x+\dfrac{1}{y}\right)+(x+y-3)=5 \qquad\qquad ②\end{cases}$$

令 $\sqrt{x+\dfrac{1}{y}}=u,\sqrt{x+y-3}=v$,代入①②式得

$\begin{cases}u+v=3,\\u^2+v^2=5.\end{cases}$ 解得 $\begin{cases}u_1=2,\\v_1=1;\end{cases}$ $\begin{cases}u_2=1,\\v_2=2.\end{cases}$ 即 $\begin{cases}\sqrt{x+\dfrac{1}{y}}=2,\\[3mm]\sqrt{x+y-3}=1;\end{cases}$ $\begin{cases}\sqrt{x+\dfrac{1}{y}}=1,\\[3mm]\sqrt{x+y-3}=2.\end{cases}$

故 $\begin{cases}x_1=3,\\y_1=1;\end{cases}$ $\begin{cases}x_2=5,\\y_2=-1;\end{cases}$ $\begin{cases}x_3=4+\sqrt{10},\\y_3=3-\sqrt{10};\end{cases}$ $\begin{cases}x_4=4-\sqrt{10},\\y_4=3+\sqrt{10}.\end{cases}$

(7) 高于二次的特殊方程组和简易三元二次方程组的解法.

例1 $\begin{cases}\dfrac{1}{x}-\dfrac{1}{y}=1,\\[3mm]\dfrac{1}{x^3}-\dfrac{1}{y^3}=91.\end{cases}$

解 很显然,这是一个对称方程组,可用辅助元法解.

令 $\dfrac{1}{x}=u,\dfrac{1}{y}=v$,则原方程组可变为:

$$\begin{cases}u-v=1 \qquad\qquad ①\\ u^3-v^3=91 \qquad\qquad ②\end{cases}$$

②÷①得 $\qquad\qquad u^2+uv+v^2=91 \qquad\qquad ③$

③-①² 得 $\qquad\qquad uv=30 \qquad\qquad ④$

即 $\qquad\qquad \begin{cases}u-v=1 \qquad\qquad ①\\ uv=30 \qquad\qquad ④\end{cases}$

解①④得 $\begin{cases}u_1=-5,\\v_1=-6;\end{cases}$ $\begin{cases}u_2=6,\\v_2=5.\end{cases}$ 即 $\begin{cases}\dfrac{1}{x}=-5,\\[3mm]\dfrac{1}{y}=-6;\end{cases}$ $\begin{cases}\dfrac{1}{x}=6,\\[3mm]\dfrac{1}{y}=5.\end{cases}$

故 $\begin{cases}x_1=-\dfrac{1}{5},\\[3mm]y_1=-\dfrac{1}{6};\end{cases}$ $\begin{cases}x_2=\dfrac{1}{6},\\[3mm]y_2=\dfrac{1}{5}.\end{cases}$

例 2
$$\begin{cases} x^2 - xy + y^2 = 13 & \text{①} \\ x^3 + y^3 = 91 & \text{②} \end{cases}$$

解 $\dfrac{②}{①}$ 得
$$x + y = 7 \qquad\qquad ③$$

③² $-$ ① 得
$$xy = 12 \qquad\qquad ④$$

解③④得 $\begin{cases} x_1 = 3, \\ y_1 = 4; \end{cases}\begin{cases} x_2 = 4, \\ y_2 = 3. \end{cases}$

例 3
$$\begin{cases} x^2 + xy + y^2 = 13, \\ x^4 + x^2 y^2 + y^4 = 91. \end{cases}$$

解 原方程经整理后得

$$\begin{cases} x^2 + xy + y = 13 & \text{①} \\ (x^2 + xy + y^2)(x^2 - xy + y^2) = 91 & \text{②} \end{cases}$$

②÷①得
$$x^2 - xy + y^2 = 7 \qquad\qquad ③$$

（①$-$③）÷2 得
$$xy = 3 \qquad\qquad ④$$

解③④得 $\begin{cases} x_1 = 1, \\ y_1 = 3; \end{cases}\begin{cases} x_2 = 3, \\ y_2 = 1; \end{cases}\begin{cases} x_3 = -1, \\ y_3 = -3; \end{cases}\begin{cases} x_4 = -3, \\ y_4 = -1. \end{cases}$

例 4
$$\begin{cases} x(x + y + z) = 8 & \text{①} \\ y(x + y + z) = 16 & \text{②} \\ z(x + y + z) = 40 & \text{③} \end{cases}$$

解 ①+②+③得 $(x + y + z)^2 = 64$，即 $x + y + z = \pm 8$.

由 $x + y + z = 8$ 代入原方程组，得 $x_1 = 1, y_1 = 2, z_1 = 5$；

由 $x + y + z = -8$ 代入原方程组，得 $x_2 = -1, y_2 = -2, z_2 = -5$.

例 5
$$\begin{cases} yz = 8 & \text{①} \\ zx = 12 & \text{②} \\ xy = 6 & \text{③} \end{cases}$$

解 ①×②×③得 $(xyz)^2 = 576$，即 $xyz = \pm 24$.

以 $xyz = 24$ 除以原方程组各式，得 $x_1 = 3, \quad y_1 = 2, \quad z_1 = 4$.

以 $xyz = -24$ 除以原方程组各式，得 $x_2 = -3, y_2 = -2, z_2 = -4$.

例 3
$$\begin{cases} xy + x + y = 19 & \text{①} \\ yz + y + z = 29 & \text{②} \\ zx + z + x = 23 & \text{③} \end{cases}$$

解 由①得 $y = \dfrac{19 - x}{x + 1}$，由②得 $y = \dfrac{29 - z}{z + 1}$.

故 $\dfrac{19 - x}{x + 1} = \dfrac{29 - z}{z + 1}$ ，得
$$z = \dfrac{3x + 1}{2} \qquad\qquad ④$$

④代入③得 $x^2 + 2x - 15 = 0$，则解得

$x = 3$ 或 -5，则 $y = 4$ 或 $-6, z = 5$ 或 -7.

三、列二元二次方程组解应用题

例1 正午由甲地出发的普通列车,以及当日午后6时在同地出发的特别快车,均于次日同时抵乙地.已知甲乙两地相距320千米,特快列车比普通列车每小时平均速度大12千米.求特快列车之速度.

解 设:普通列车速度为 x 千米/时,行驶甲、乙两地耗时 y 小时;特快列车速度为 $(x+12)$ 千米/时,耗时为 $(y-6)$ 小时.按题意得

$$\begin{cases} xy=320 & ① \\ (x+12)(y-6)=320 & ② \end{cases}$$

由②得

$$xy+12y-6x=392 \qquad ③$$

将①代入③得

$$y=\frac{12+x}{2} \qquad ④$$

④代入①得 $x^2+12x-640=0$

解之取正值得 $x=20$,故 $x+12=32$.

答:特快列车之速度为32千米/时.

例2 在 $60°$ 角之两边上有相距31米的 A、B 两点,若 A 移向顶点20米至 C 点,则 A、B 之距缩小10米(即 $BC=21$ 米),求 A、B 距顶点 O 的距离.

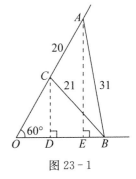

图 23-1

解 设 $AO=x$,$BO=y$,$CO=x-20$,$OD=\frac{1}{2}OC=\frac{1}{2}(x-20)$,

$DC=\frac{\sqrt{3}}{2}OC=\frac{\sqrt{3}}{2}(x-20)$,$BD=y-OD=y-\frac{1}{2}(x-20)$.

在直角 $\triangle BDC$ 中,

$$21^2=\left[\frac{\sqrt{3}}{2}(x-20)\right]^2+\left[y-\frac{1}{2}(x-20)\right]^2 \qquad ①$$

同理,$OE=\frac{1}{2}OA=\frac{1}{2}x$,$AE=\frac{\sqrt{3}}{2}OA=\frac{\sqrt{3}}{2}x$,故 $EB=y-OE=y-\frac{1}{2}x$.

在直角 $\triangle BEA$ 中,

$$31^2=\left(\frac{\sqrt{3}}{2}x\right)^2+\left(y-\frac{1}{2}x\right)^2 \qquad ②$$

将①②整理后得

$$\begin{cases} 21^2=(x-20)^2+y^2-(x-20)y & ③ \\ 31^2=x^2+y^2-xy & ④ \end{cases}$$

④-③得

$$y=2x-46 \qquad ⑤$$

⑤代入④得

$$x^2-46x+385=0$$

解之得 $x_1=36$,$x_2=20$(不合题意,舍去)

则 $y=26$.

答:A 距顶点 O 为36米,B 距顶点 O 为26米.

例3 两城相距480千米,客车走这段距离比货车快4小时,若客车速度增加8千米/时,货车速度增加2千米/时,则客车走这段距离将比货车快5小时.求客车、货车之时速.

解　（解法一）设:货车时速为 x 千米,客车时速为 y 千米,则根据题意有$\begin{cases}\dfrac{480}{x}-\dfrac{480}{y}=4,\\[2mm]\dfrac{480}{x+2}-\dfrac{480}{y+8}=5.\end{cases}$

（解法二）设:客车原先走完这段路程所花时间为 x 小时,则货车为 $(x+4)$ 小时.客车提速后走完这段路程所花时间为 y 小时,则货车为 $(y+5)$ 小时.根据题意有

$$\begin{cases}\dfrac{480}{y}-\dfrac{480}{x}=8,\\[2mm]\dfrac{480}{y+5}-\dfrac{480}{x+4}=2.\end{cases}$$

解之得客车时速为 40 千米,货车时速为 30 千米.

想想练练　•知识巩固•

1. $\begin{cases}x^2-3xy+y^2+4x+5y-1=0,\\ x^2-7xy+4y^2+8x+10y-2=0.\end{cases}$

2. $\begin{cases}x^2+2xy-y^2+3x+y+1=0,\\ 3x^2+3xy-2y^2+7x+2y+2=0.\end{cases}$

3. $\begin{cases}2x^2+5xy+2y^2+x+y+1=0,\\ x^2+4xy+y^2+12x+12y+10=0.\end{cases}$

4. $\begin{cases}(x^2+y^2)(x^3+y^3)=455,\\ x+y=5.\end{cases}$

5. $\begin{cases}(y+z)(x+y+z)=10,\\ (z+x)(x+y+z)=20,\\ (x+y)(x+y+z)=20.\end{cases}$

6. $\begin{cases}x^3-y^3=117,\\ x^2+xy+y^2=39.\end{cases}$

7. $\begin{cases}x^2+xy+4y^2=6,\\ 3x^2+8y^2=14.\end{cases}$

8. $\begin{cases}\dfrac{\sqrt{x}+\sqrt{y}}{\sqrt{x}-\sqrt{y}}=5,\\[2mm] xy=36.\end{cases}$

9. 甲、乙两人分别从相距27千米的 A、B 两地同时出发,相向而行,3小时后相遇.两人仍用原来的速度前进,甲到达 B 地比乙到达 A 地早1小时21分.求甲、乙之速度各为多大.

10. A、B 两城相距 50 千米,甲乘车从 A 往 B,出发1小时30分后,乙骑摩托车也从 A 出发往 B.已知乙速为甲速的2.5倍,并且乙比甲早到1小时,求甲、乙各人的速度.

解题参考　•想想练练•

1. $\begin{cases}x^2-3xy+y^2+4x+5y-1=0 & ①\\ x^2-7xy+4y^2+8x+10y-2=0 & ②\end{cases}$

①×2-②得 $x^2+xy-2y^2=0$,即 $(x+2y)(x-y)=0$,

∴　$x=-2y,x=y$(舍去).

将 $x=-2y$ 代入①得 $11y^2-3y-1=0$，即 $y=\dfrac{3\pm\sqrt{53}}{22}$，

故 $\begin{cases} x_1=\dfrac{-3-\sqrt{53}}{11}, \\ y_1=\dfrac{3+\sqrt{53}}{22}; \end{cases}$ $\begin{cases} x_2=\dfrac{-3+\sqrt{53}}{11}, \\ y_2=\dfrac{3-\sqrt{53}}{22}. \end{cases}$

2. $\begin{cases} x^2+2xy-y^2+3x+y+1=0 & \qquad① \\ 3x^2+3xy-2y^2+7x+2y+2=0 & \qquad② \end{cases}$

①×2−②得 $x^2-xy+x=0$，即 $x(x-y+1)=0$.

∴ $x_1=0, x_2=y-1$.

将 $x_1=0$ 代入①得 $y=\dfrac{1\pm\sqrt{5}}{2}$；

将 $x_2=y-1$ 代入①得 $y=\pm\dfrac{\sqrt{2}}{2}$；则 $x=\dfrac{-2\pm\sqrt{2}}{2}$.

故 $\begin{cases} x_1=0, \\ y_1=\dfrac{1+\sqrt{5}}{2}; \end{cases}$ $\begin{cases} x_2=0, \\ y_2=\dfrac{1-\sqrt{5}}{2}; \end{cases}$ $\begin{cases} x_3=\dfrac{-2+\sqrt{2}}{2}, \\ y_3=\dfrac{\sqrt{2}}{2}; \end{cases}$ $\begin{cases} x_4=\dfrac{-2-\sqrt{2}}{2}, \\ y_4=-\dfrac{\sqrt{2}}{2}. \end{cases}$

3. $\begin{cases} 2x^2+5xy+2y^2+x+y+1=0 & \qquad① \\ x^2+4xy+y^2+12x+12y+10=0 & \qquad② \end{cases}$

①−②经整理后得 $\qquad (x+y)^2-xy-11(x+y)-9=0 \qquad③$

②式经整理后得 $\qquad (x+y)^2+2xy+12(x+y)+10=0 \qquad④$

令 $x+y=u, xy=v$，分别代入③④可构成方程组 $\begin{cases} u^2-v-11u-9=0 & ⑤ \\ u^2+2v+12u+10=0 & ⑥ \end{cases}$

⑤×2+⑥得 $3u^2-10u-8=0$，即 $(u-4)(3u+2)=0$.

用 $u=4$ 代入⑤得 $\qquad\qquad v=-37$.

用 $u=-\dfrac{2}{3}$ 代入⑤得 $\qquad\qquad v=-\dfrac{11}{9}$.

则 $\begin{cases} x+y=4, \\ xy=-37; \end{cases}$ $\begin{cases} x+y=-\dfrac{2}{3}, \\ xy=-\dfrac{11}{9}. \end{cases}$

解之得 $\begin{cases} x_1=2+\sqrt{41}, \\ y_1=2-\sqrt{41}; \end{cases}$ $\begin{cases} x_2=2-\sqrt{41}, \\ y_2=2+\sqrt{41}; \end{cases}$ $\begin{cases} x_3=\dfrac{-1-2\sqrt{3}}{3}, \\ y_3=\dfrac{-1+2\sqrt{3}}{3}; \end{cases}$ $\begin{cases} x_4=\dfrac{-1+2\sqrt{3}}{3}, \\ y_4=\dfrac{-1-2\sqrt{3}}{3}. \end{cases}$

4. $\begin{cases} (x^2+y^2)(x^3+y^3)=455 & \qquad① \\ x+y=5 & \qquad② \end{cases}$

①整理后得 $\qquad [(x+y)^2-2xy][(x+y)^3-3xy(x+y)]=455 \qquad③$

令 $x+y=u, xy=v$，代入②③，构建的方程组为：

$$\begin{cases} u=5 & ④ \\ (u^2-2v)(u^3-3vu)=455 & ⑤ \end{cases}$$

④代入⑤得 $(25-2v)(125-15v)=455$，即 $6v^2-125v+534=0$

$$(v-6)(6v-89)=0, v_1=6, v_2=\frac{89}{6}.$$

则 $\begin{cases} x+y=5, \\ xy=6; \end{cases}$ $\begin{cases} x+y=5, \\ xy=\dfrac{89}{6}. \end{cases}$ （因为 $\Delta<0$ 无实数解，舍去）

故 $\begin{cases} x_1=3, \\ y_1=2; \end{cases}$ $\begin{cases} x_2=2, \\ y_2=3. \end{cases}$

5.（解法一） $\begin{cases} (y+z)(x+y+z)=10 & ① \\ (z+x)(x+y+z)=20 & ② \\ (x+y)(x+y+z)=20 & ③ \end{cases}$

②÷①得 $x=2y+z$ ④

②÷③得 $y=z$ ⑤

⑤代入④得 $x=3y$（或 $x=3z$） ⑥

⑤⑥代入①得 $10y^2=10, y^2=1, y=\pm1.$

故 $x=\pm3, z=\pm1.$

即 $\begin{cases} x_1=3, \\ y_1=1, \\ z_1=1; \end{cases}$ $\begin{cases} x_2=-3, \\ y_2=-1, \\ z_2=-1. \end{cases}$

（解法二）将①+②+③，可得 $x+y+z=\pm5$，

即 $\begin{cases} y+z=2, \\ z+x=4, \\ x+y=4; \end{cases}$ $\begin{cases} y+z=-2, \\ z+x=-4, \\ x+y=-4. \end{cases}$ 解之得 $\begin{cases} x_1=3, \\ y_1=1, \\ z_1=1; \end{cases}$ 及 $\begin{cases} x_2=-3, \\ y_2=-1, \\ z_2=-1. \end{cases}$

6. $\begin{cases} x^3-y^3=117 & ① \\ x^2+xy+y^2=39 & ② \end{cases}$

①÷②得 $x-y=3$，即 $x=y+3$ ③

③代入②得 $y^2+3y-10=0$，即 $(y+5)(y-2)=0$

用 $y=-5$ 代入③得 $x=-2$

用 $y=2$ 代入③得 $x=5$. 即 $\begin{cases} x_1=-2, \\ y_1=-5; \end{cases}$ $\begin{cases} x_2=5, \\ y_2=2. \end{cases}$

7. $\begin{cases} x^2+xy+4y^2=6 & ① \\ 3x^2+8y^2=14 & ② \end{cases}$

①×7-②×3 得 $-2x^2+7xy+4y^2=0$ 即 $(2x+y)(x-4y)=0$

将 $y=-2x$ 代入②得 $x=\pm\dfrac{\sqrt{10}}{5}$，则 $y=\mp\dfrac{2\sqrt{10}}{5}$.

将 $y=\dfrac{1}{4}x$ 代入②得 $\qquad x=\pm 2$，则 $y=\pm\dfrac{1}{2}$．

故 $\begin{cases}x_1=\dfrac{\sqrt{10}}{5},\\ y_1=-\dfrac{2\sqrt{10}}{5};\end{cases}$ $\begin{cases}x_2=-\dfrac{\sqrt{10}}{5},\\ y_2=\dfrac{2\sqrt{10}}{5};\end{cases}$ $\begin{cases}x_3=2,\\ y_3=\dfrac{1}{2};\end{cases}$ $\begin{cases}x_4=-2,\\ y_4=-\dfrac{1}{2}.\end{cases}$

8. $\qquad \begin{cases}\dfrac{\sqrt{x}+\sqrt{y}}{\sqrt{x}-\sqrt{y}}=5 & \text{①}\\ xy=36 & \text{②}\end{cases}$

由①得 $\qquad\qquad\qquad \sqrt{x}=\dfrac{3}{2}\sqrt{y}.$ $\qquad\qquad$ ③

令 $\sqrt{x}=u,\sqrt{y}=v$，代入②③构建的新方程组为：

$\begin{cases}(uv)^2=36,\\ u=\dfrac{3}{2}v;\end{cases}$ 即 $\begin{cases}uv=6,\\ u=\dfrac{3}{2}v;\end{cases}$ 及 $\begin{cases}uv=-6,\\ u=\dfrac{3}{2}v.\end{cases}$（舍去）

解之得 $\begin{cases}u=3,\\ v=2;\end{cases}$ $\begin{cases}u=-3,\\ v=-2.\end{cases}$（舍去）；则 $\begin{cases}x=9,\\ y=4.\end{cases}$

9. 设：甲速为 x 千米/时，乙速为 y 千米/时．则按题意，得

$\begin{cases}3(x+y)=27 & \text{①}\\ \dfrac{3x}{y}-\dfrac{3y}{x}=1\dfrac{21}{60} & \text{②}\end{cases}$

由①得 $x+y=9$

由②得 $(5x+4y)(4x-5y)=0.$

即 $\begin{cases}x+y=9,\\ 5x+4y=0;\end{cases}$ 及 $\begin{cases}x+y=9,\\ 4x-5y=0.\end{cases}$

解之得 $\begin{cases}x_1=-36,\\ y_1=45;\end{cases}$（舍去）；$\begin{cases}x_2=5,\\ y_2=4.\end{cases}$

答：甲速为 5 千米/时，乙速为 4 千米/时．

10. 设：甲速为 x 千米/时，则乙速为 $2.5x$ 千米/时；乙走了 y 小时，则甲走了 $(y+1.5+1)$ 小时．按题意列出方程组：

$\begin{cases}2.5xy=50 & \text{①}\\ x(y+2.5)=50 & \text{②}\end{cases}$

由①得 $\qquad\qquad\qquad xy=20$ $\qquad\qquad$ ③

由②得 $\qquad\qquad xy+2.5x=50$ $\qquad\qquad$ ④

③代入④得 $x=12$，则 $2.5x=30.$

答：甲速为 12 千米/时，乙速为 30 千米/时．

怎样解直线形几何问题

一、引言

怎样解平面几何问题是初中数学中的大课题,涉及内容相当多,而且这个课题与培养逻辑思维能力关系极紧密.本讲旨在帮助同学们梳理平面几何中有关直线形及多边形面积等方面的证明、计算与作图.

首先,请同学们整理一下已学过的直线形的知识脉络,梳理一下已学过的相关定义、定理、公式.

1. 直线形

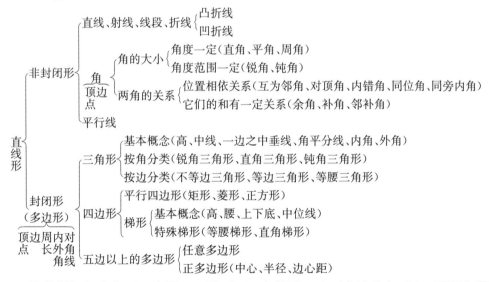

• 能掌握如何决定:(1)直线;(2)平面;(3)全等形;(4)两直线重合;(5)两线段相等;(6)两角相等;(7)两点关于轴对称;(8)两图形关于轴对称;(9)两点关于中心对称;(10)两图形关于中心对称.

• 能解释下述各名词的意义:(1)两点间的距离;(2)从一点到一直线的距离;(3)两平行线间的距离.

• 能判定和论证:(1)两三角形全等;(2)两直角三角形全等;(3)两直线平行;(4)一个四边形是特殊四边形.

• 能论证下表中的定理,并讨论其逆定理是否成立.

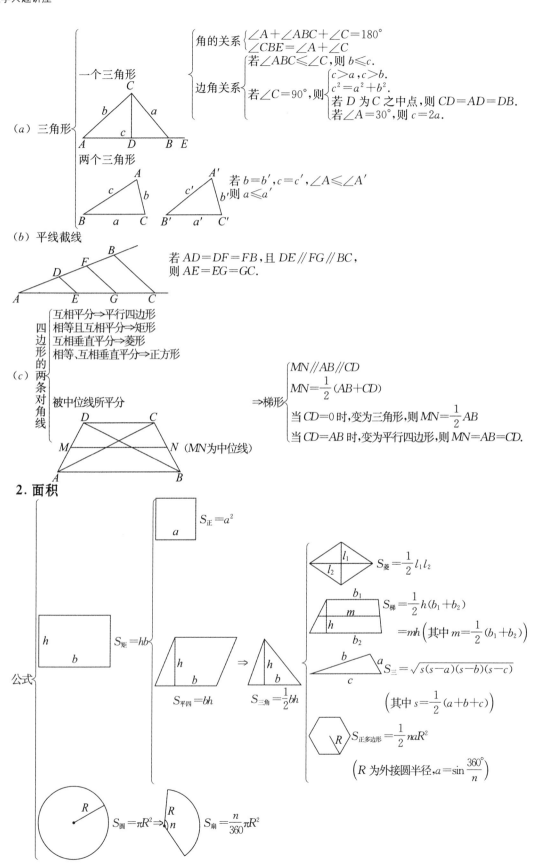

(a) 三角形

一个三角形

角的关系 $\begin{cases} \angle A+\angle ABC+\angle C=180° \\ \angle CBE=\angle A+\angle C \end{cases}$

边角关系 $\begin{cases} \text{若} \angle ABC \leqslant \angle C,\text{则} b \leqslant c. \\ \text{若} \angle C=90°,\text{则} \begin{cases} c>a,c>b. \\ c^2=a^2+b^2. \\ \text{若} D \text{为} C \text{之中点,则} CD=AD=DB. \\ \text{若} \angle A=30°,\text{则} c=2a. \end{cases} \end{cases}$

两个三角形

若 $b=b',c=c',\angle A \leqslant \angle A'$
则 $a \leqslant a'$

(b) 平线截线

若 $AD=DF=FB$,且 $DE /\!/ FG /\!/ BC$,
则 $AE=EG=GC$.

(c) 四边形的两条对角线

互相平分⇒平行四边形
相等且互相平分⇒矩形
互相垂直平分⇒菱形
相等、互相垂直平分⇒正方形

被中位线所平分 （MN为中位线）

⇒梯形 $\begin{cases} MN /\!/ AB /\!/ CD \\ MN=\dfrac{1}{2}(AB+CD) \\ \text{当} CD=0 \text{时,变为三角形,则} MN=\dfrac{1}{2}AB \\ \text{当} CD=AB \text{时,变为平行四边形,则} MN=AB=CD. \end{cases}$

2. 面积

公式

$S_\text{正}=a^2$

$S_\text{矩}=hb$

$S_\text{平四}=bh$

$S_\text{三角}=\dfrac{1}{2}bh$

$S_\text{菱}=\dfrac{1}{2}l_1l_2$

$S_\text{梯}=\dfrac{1}{2}h(b_1+b_2)$
$=mh\left(\text{其中}\ m=\dfrac{1}{2}(b_1+b_2)\right)$

$S_\text{三}=\sqrt{s(s-a)(s-b)(s-c)}$
$\left(\text{其中}\ s=\dfrac{1}{2}(a+b+c)\right)$

$S_\text{正多边形}=\dfrac{1}{2}naR^2$
$\left(R\ \text{为外接圆半径},a=\sin\dfrac{360°}{n}\right)$

$S_\text{圆}=\pi R^2 \Rightarrow$

$S_\text{扇}=\dfrac{n}{360}\pi R^2$

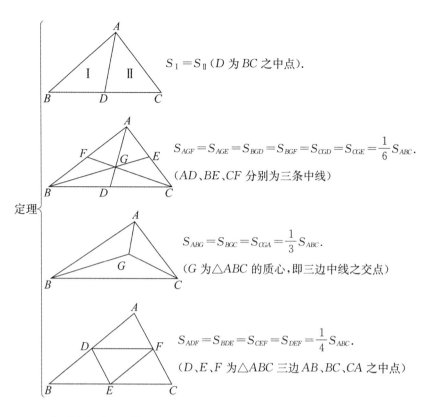

$S_1 = S_{II}$（D 为 BC 之中点）.

$S_{AGF} = S_{AGE} = S_{BGD} = S_{BGF} = S_{CGD} = S_{CGE} = \dfrac{1}{6} S_{ABC}$.

（AD、BE、CF 分别为三条中线）

$S_{ABG} = S_{BGC} = S_{CGA} = \dfrac{1}{3} S_{ABC}$.

（G 为 $\triangle ABC$ 的质心，即三边中线之交点）

$S_{ADF} = S_{BDE} = S_{CEF} = S_{DEF} = \dfrac{1}{4} S_{ABC}$.

（D、E、F 为 $\triangle ABC$ 三边 AB、BC、CA 之中点）

二、解题方法一览

平面几何题题型多样，题目千变万化，没有一成不变的方法.唯一须掌握的，就是熟记公式、定理，通过多做习题，自我小结，逐步提高分析、推理与判断能力，拓展解题思路.下面就证明题、计算题、作图题各举若干实例，以助同学们作合理的逻辑推理与判断.

1.证明两线段相等

例 1　在 $\triangle ABC$ 中，若 $AB = AC$，$BF = CD$，如图 $24-1(a)$ 所示，则 $EF = ED$.

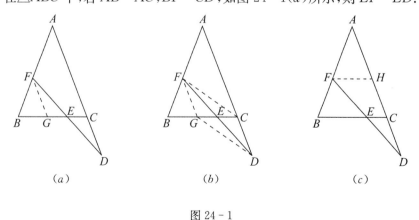

图 $24-1$

解析　欲证明两线段 $EF = ED$，可通过下述三种方法.

（1）如图 $24-1(a)$ 所示，作 $FG /\!/ AC$，则可证得 $\triangle FGE \cong \triangle DCE$（角、角、边）则对应边 $EF = ED$.

（2）如图 24-1(b) 所示，作 $FG /\!/ AC$，连 CF、DG，可证得四边形 $DCFG$ 为平行四边形（一组对边平行且相等），从而得到 EF 和 ED 为 $\square DCFG$ 对角线被交点分成的两段，故 $EF = ED$.

（3）如图 24-1(c) 所示，过 F 作 $FH /\!/ BC$，可证得 $FB = HC$（同一底上两角相等的梯形是等腰梯形），它们为等腰梯形两腰，从而得到 $HC = CD$，即 C 为 $\triangle DHF$ 一边 HD 之中点，故 $EF = ED$（过三角形一边之中点而与另一边平行的直线平分第三边）.

2. 证明两角相等

例 2 在四边形 $ABCD$ 中，$AD = BC$，$\angle D = \angle C$，如图 24-2(a) 所示，则 $\angle A = \angle B$.

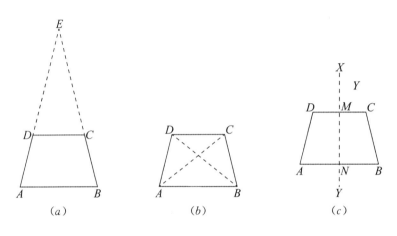

图 24-2

解析 欲证明两角相等，可通过下述三种方法.

（1）如图 24-2(a) 所示，分别延长 AD、BC 交于 E，由于 $\angle C = \angle D$，可得 $\triangle DCE$ 为等腰三角形，则 $ED = EC$，从而得到 $AE = BE$，故 $\angle A = \angle B$.（即利用同一个三角形等边对等角）.

（2）如图 24-2(b) 所示，分别连 AC、BD，先证得 $\triangle ACD \cong \triangle BCD$（边、角、边），得 $AC = BD$，再证得 $\triangle ABD \cong \triangle ABC$（边、边、边）.故 $\angle A = \angle B$（即利用全等三角形对应角相等）.

（3）如图 24-2(c) 所示，作 DC 的中垂线 XY，交 DC 于 M，交 AB 于 N.由于 AD 与 BC 关于 XY 对称，可证得 AN、NB 也关于 XY 对称，故 $\angle A = \angle B$（即利用轴对称图形）.

3. 证明线段和角的大小

例 3 底边及面积各为一定的三角形中，周长最小的为等腰三角形.

解析 设 $\triangle PBC$ 及等腰 $\triangle ABC$ 在 BC 的同侧（如图 24-3），且 $S_{\triangle ABC} = S_{\triangle PBC}$.现在要证明 $AB + AC + BC < PB + PC + BC$，即 $AB + AC < PB + PC$.

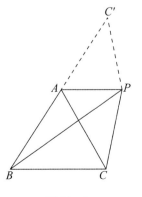

为此，可延长 BA 到 C'，使 $AC' = AB = AC$，即 $BC' = 2AB$，连 AP、PC'，由于 $S_{\triangle ABC} = S_{\triangle APC}$，说明等底等高，即 $AP /\!/ BC$，可证得 $\triangle APC \cong \triangle AC'P$（边、角、边）.故 $PC = PC'$，在 $\triangle BPC'$ 中，$BC' < BP + PC'$（三角形两边之和大于第三边）.

图 24-3

4.证明一线段为另一线段的若干倍或另两线段之和

（1）证明一线段为另一线段的若干倍

例4　在△ABC中，∠B=2∠C，AD⊥BC，M为BC之中点（见图24-4），求证：AB=2DM.

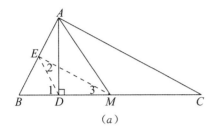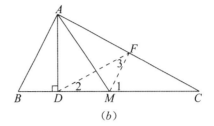

图 24-4

分析　欲证明线段AB为线段DM的2倍，可通过下述两种方法.

（方法一）取AB中点E，连DE、EM，如图24-4(a)所示.由于AE=EB=ED（直角三角形斜边上的中线等于斜边一半），故只要证明DE=DM即可.为此，要证明△EDM中∠2=∠3.由于BM=MC，BE=EA，故ME为△ABC之中位线，则∠3=∠C；而在△BED中∠1=∠B，而∠B=2∠C，故有∠1=2∠3；而∠1=∠2+∠3，必有∠2=∠3，即ED=DM，导出AB=2DM.

（方法二）取AC中点F，连接DF，MF，如图24-4(b)所示.由于MF为△ABC之中位线，则$MF=\frac{1}{2}AB$.故只要证明△DMF中，∠2=∠3，即证得$DM=MF=\frac{1}{2}AB$了.由于DF=AF=FC，故∠2=∠C，又∠1=∠B，而∠B=2∠C，即∠1=2∠C=2∠2，而∠1=∠2+∠3，必有∠2=∠3，故DM=MF，即2DM=AB.

（2）证明一线段为另两线段之和

例5　如图24-5所示，AM为过已知正方形ABCD中A点的线段，∠DAM=∠MAK（即∠1=∠2）.

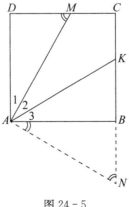

图 24-5

求证：AK=DM+BK.

分析　欲证明线段AK为另两线段DM和BK之和，我们不妨延长CB至N，使BN=DM.于是我们只要证明AK=KN即可.为此，必须证明在△AKN中∠KAN=∠N.由于

△ADM≌△ABN(两直角边相等),故∠AMD＝∠N＝∠2＋∠3,而∠NAB＝∠1＝∠2,故∠N＝∠AMD＝∠2＋∠3＝∠NAB＋∠3＝∠KAN,获证.

5.证明一个角是另一个角的若干倍或另两个角之和

例6 在□ABCD内,BC＝2AB,M为AD之中点,E为自顶点C至AB所引垂线之垂足(图24－6).

求证:∠DME＝3∠AEM.

分析 过中点M作MM₁∥AE,交CE于M₁,交BC于F,连接MC.如图24－6所示,若能证明∠1＝∠2＝∠3＝∠4,则本题获证.

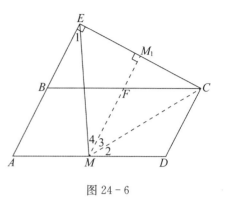

由于MM₁∥AE,故∠1＝∠4;而四边形CDMF为菱形,故∠3＝∠2;又由于MM₁是CE之中垂线,故∠3＝∠4,则∠1＝∠2＝∠3＝∠4,故∠DME＝3∠AEM.

图24－6

6.证明两条直线互相平行或垂直

(1)证明两条直线互相平行

例7 如图24－7所示,AD、BE、CF是△ABC的三条中线,又FG∥BE,EG∥AB,则AD∥CG.

解析 欲证AD∥CG,只要证明四边形ADCG是平行四边形,故应有AG━DC;由于EF是△ABC之中位线,EF━DC,为此只要证明四边形AFEG是平行四边形,必有AG━EF;由于四边形BEGF是平行四边形,则GE━BF,可推得GE━AF.

也就是说,我们先证得四边形BEGF是平行四边形,得到GE━BF,由于AB是一直线,F是其中点,故代换得到GE━AF,可推得AFEG是平行四边形,故必有AG━EF;而EF━DC,又可代换得AG━DC,则四边形ADCG是平行四边形,故AD∥CG,获证.

图24－7

(2)证明两条直线互相垂直

例8 以△ABC的AB边、AC边为边向三角形外作正方形ABGF和ACDE,取BC之中点P,将其与两正方形的中心S、T相连(见图24－8).求证:PS⊥PT;PS＝PT.

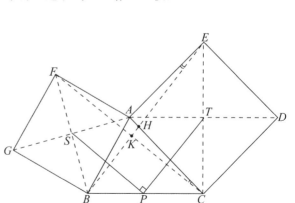

解析 连FC、BE,交点为K,BE交AC于H.很方便地可证得△AFC≌△ABE,则FC＝BE;同时在△AEH和△HKC中,由于∠AEH＝∠HCK,∠AHE＝∠KHC.故∠HKC＝∠EAC＝

图24－8

90°,说明FC⊥BE.另外,在△BCF中,PS是其中位线,$SP \stackrel{\underline{\parallel}}{=} \frac{1}{2}FC$;同理$TP \stackrel{\underline{\parallel}}{=} \frac{1}{2}BE$.因此,证得了PS⊥PT;PS＝PT.

7. 证明线共点

例 9　梯形 $ABCD$ 中，$AD /\!/ BC$，且 $AD+BC=CD$（图 24-9）. 求证：$\angle C$、$\angle D$ 之平分线与 AB 交于同一点.

解析　若 $\angle D$ 之平分线交 AB 于 O，交 CB 延长线于 E，则 $\angle ADE=\angle EDC=\angle E$，则在 $\triangle CDE$ 中，必有 $CD=CE$，即 $\triangle CDE$ 为等腰三角形. 根据 $AD+BC=CD$，必有 $AD=BE$，则 $\triangle ADO\cong\triangle EBO$，故 $OD=OE$，即 O 为等腰 $\triangle CDE$ 底边之中线，则（其顶角）$\angle C$ 的平分线也必交于 O 点.

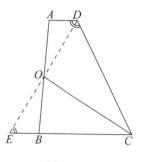

图 24-9

8. 证明点共线

例 10　求证四边形的对角线之中点及对边中点的连线之交点在同一直线上.

解析　如图 24-10 所示，根据已知很容易证明四边形 $KLMN$ 是平行四边形$\left(\text{由于 } KN \underline{\underline{/\!/}} \dfrac{1}{2}AC,\right.$

$\left.LM \underline{\underline{/\!/}} \dfrac{1}{2}AC\right)$，由其对角线 KM 与 LN 交于 P 点.

由于 R、Q 分别是 AC 与 BD 之中点，故同理可证明四边形 $KQMR$ 也是平行四边形. 且 KM 仍为其对角线之一. P 当然也是其中点，故它的另一条对角线 RQ 必然也通过 P 点，即 R、P、Q 共线.

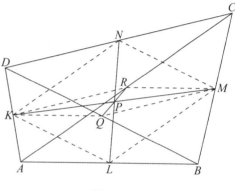

图 24-10

9. 证明面积相等

例　过 $\square ABCD$ 一顶点 D 作直线交 BC 及 AB 的延长线于 E 及 F. 求证：$S_{\triangle ABE}=S_{\triangle CEF}$.

解析　如图 24-11 所示，根据等底等高三角形等积之原理，$S_{\triangle AEC}=S_{\triangle DEC}$，而 $S_{\triangle FCD}=S_{\triangle ACD}=S_{\triangle ABC}$. 又 $S_{\triangle ABE}=S_{\triangle ABC}-S_{\triangle AEC}$，$S_{\triangle CEF}=S_{\triangle FCD}-S_{\triangle DEC}$，故 $S_{\triangle ABE}=S_{\triangle CEF}$. 获证.

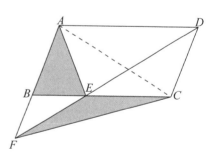

图 24-11

10. 用三角形边长来表示其面积的公式

例　已知：$\triangle ABC$ 三边长分别为 a、b、c. 求：$S_{\triangle ABC}$.

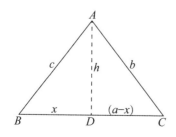
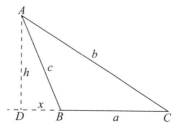

图 24-12

解　设 $\triangle ABC$ 的 BC 边上的高为 $AD=h$，并设 $BD=x$，见图 24-12（有两种情况）.

那么，$h^2=c^2-x^2=b^2-(a\pm x)^2$，即 $c^2-x^2=b^2-(a\pm x)^2$ 解之得 $x=\mp\dfrac{a^2-b^2+c^2}{2a}$，由

于 BD 不可能为负数，故 $x=\dfrac{a^2-b^2+c^2}{2a}$，代入 $h^2=c^2-x^2$ 中，得到

$$h^2=(c+x)(c-x)=\left(\dfrac{2ac+a^2-b^2+c^2}{2a}\right)\left(\dfrac{2ac-a^2+b^2-c^2}{2a}\right)$$

$$=\left[\dfrac{(a+c)^2-b^2}{2a}\right]\left[\dfrac{b^2-(a-c)^2}{2a}\right]=\dfrac{1}{4a^2}(a+b+c)(a-b+c)(a+b-c)(b-a+c).$$

则三角形面积公式可表达为：

$$S_{\triangle ABC}=\dfrac{1}{2}ah=\dfrac{1}{4}(a+b+c)(a-b+c)(a+b-c)(b-a+c)$$

令 $s=\dfrac{a+b+c}{2}$，可得 $S_{\triangle ABC}=\dfrac{1}{4}\sqrt{2s(2s-2b)(2s-2c)(2s-2a)}$

$$=\sqrt{s(s-a)(s-b)(s-c)}.$$

三、例题剖析

1. 判断图形形状的例题

例 1　如图 24 - 13，以 $\triangle ABC$ 之 AB、AC 边向形外作等边三角形 $\triangle ABE$ 和 $\triangle ACD$；再以 AD、AE 为边作平行四边形 $ADFE$，连 BF、CF. 求证：$\triangle FBC$ 是等边三角形.

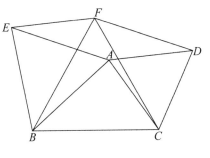

图 24 - 13

证明　因为 $\triangle ACD$ 和 $\triangle ABE$ 均为等边三角形，$ADFE$ 是平行四边形. 故 $BE=EA=FD$，$EF=AD=CD$，且 $\angle BEF=\angle CDF$. 所以 $\triangle BEF\cong\triangle CDF$. 则 $BF=CF$，说明 $\triangle FBC$ 是等腰三角形.

又因为 $\angle CFD=\angle EBF$，则 $\angle CFD+\angle BFC+\angle BFE+\angle AEF=\angle EBF+\angle AEB+\angle AEF+\angle BFE$. 所以 $\angle BFC=\angle AEB=60°$，即 $\triangle BFC$ 也是等边三角形.

例 2　正方形 $ABCD$，对角线 $BD\parallel AE$，$DE=DB$，DE 交 AB 于 G，见图 24 - 14. 求证 $\triangle BGE$ 是等腰三角形.

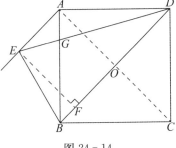

图 24 - 14

证明　过 E 作 BD 之垂线 EF 交 BD 于 F，连 AC. 故 $EF=OA=\dfrac{1}{2}AC=\dfrac{1}{2}BD=\dfrac{1}{2}ED$，在 Rt $\triangle EFD$ 中，$\angle EDF=30°$. 则有 $\angle ADE=45°-30°=15°$. 在 Rt$\triangle AGD$ 中，$\angle AGD=90°-15°=75°=\angle EGB$. 而在等腰 $\triangle BDE$ 中，由于 $\triangle EDB=30°$. 故 $\angle BED=\dfrac{1}{2}(180°-30°)=75°$. 即 $\angle BEG=\angle EGB=75°$. 故 $\triangle BGE$ 是等腰三角形.

例3　在正方形 $ABCD$ 的 AD 边延长线上取 E、F，使 $DE=DA$，$DF=DB$，连 BF 交 CD、CE 于 H、G，如图 24-15 所示.求证△GHD 为等腰三角形.

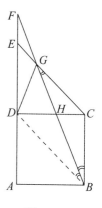

证明　如图 24-15 所示，因为 $DF=DB$，所以△BDF 是等腰三角形，则 $\angle DBF=\dfrac{1}{2}(180°-135°)=22.5°$，则 $\angle CBH=45°-22.5°=22.5°$.因为 $ED=DA=BC$，且 $ED /\!/ BC$.故四边形 $BCED$ 为平行四边形.则 $\angle CGH=\angle DBH=22.5°$.所以△$CGB$ 亦是等腰三角形，即 $CG=BC=CD$，△CDG 也是等腰三角形，则 $\angle CDG=\dfrac{1}{2}(180°-45°)=67.5°$，而 $\angle GHD=\angle HGC+\angle HCG=22.5°+45°=67.5°$，即 $\angle GDH=\angle GHD$.所以△GHD 是等腰三角形.

图 24-15

例4　平行四边形 $ABCD$ 中 $BC=2AB$，若将 AB 边向两端延长，使 $AE=AB=BF$，并设 EC、FD 相交于 G，则△EGF 为直角三角形.

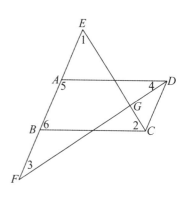

证明　如图 24-16 所示，因为 $BC=2AB$，$AB=AE=BF$，所以 $BE=BC=AF=AD$，则有 $\angle 1=\angle 2$，$\angle 3=\angle 4$.又因为 $\angle 5+\angle 6=180°$，在△ADF 中，$\angle 3+\angle 4+\angle 5=180°$；在△$BCE$ 中，$\angle 1+\angle 2+\angle 6=180°$，则 $\angle 1+\angle 2+\angle 3+\angle 4+\angle 5+\angle 6=360°$，即 $2(\angle 1+\angle 3)=180°$，$\angle 1+\angle 3=90°$，所以 $\angle EGF=90°$.即△EGF 为直角三角形.

图 24-16

例5　在△ABC 中，以 AB、AC 为边向形外作正方形 $ABFG$ 和 $ACDE$，连 BE 和 CG 相交于 H，求证：△BHC 为直角三角形.

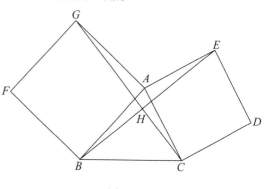

证明　如图 24-17 所示，△$AGC\cong$ △ABE（边、角、边）.故 $\angle AGC=\angle ABE$.因为 $\angle FGA+\angle FBA=180°$，则（$\angle FGA-\angle AGC$）+（$\angle FBA+\angle ABE$）$=180°$，即 $\angle AGH+\angle FBH=180°$.则在四边形 $FBHG$ 中，有 $\angle F+\angle BHG=180°$.由于 $\angle F=90°$，必有 $\angle BHG=90°$，即 $BE\perp CG$，所以△BHC 为直角三角形.

图 24-17

例6　如果 a、b、c、d 都是正实数，且适合式子 $a^4+b^4+c^4+d^4=4abcd$，求证以 a、b、c、d 为四边的四边形不是菱形就是正方形.

证明　所谓以 a、b、c、d 为四边的四边形是菱形或正方形，即证明 $a=b=c=d$.

当 $a\neq b$ 或 $a=b$ 时，则 $(a^2-b^2)^2\geqslant 0$，即 $a^4+b^4\geqslant 2a^2b^2$　　　　①

当 $c\neq d$ 或 $c=d$ 时，则 $(c^2-d^2)^2\geqslant 0$，即 $c^4+d^4\geqslant 2c^2d^2$　　　　②

①+②得　　　　　　　　$a^4+b^4+c^4+d^4\geqslant 2(a^2b^2+c^2d^2)$.

又由于 $(ab-cd)^2 \geq 0$,即 $a^2b^2+c^2d^2 \geq 2abcd$,

则 $2(a^2b^2+c^2d^2) \geq 4abcd$ 即 $a^4+b^4+c^4+d^4 \geq 4abcd$.

由于在 $a \neq b \neq c \neq d$ 时,存在 $a^4+b^4+c^4+d^4 > 4abcd$,

根据已知 $a^4+b^4+c^4+d^4=4abcd$,可得 $a=b=c=d$.

例 7 O 是平行四边形 $ABCD$ 内任一点,作 $\square OAEB$、$\square OBFC$、$\square OCGD$、$\square ODHA$.求证:$EFGH$ 也是一个平行四边形,且 $S_{\square EFGH}=S_{\square ABCD}$.

证明 由于四边形 $OAEB$、$OBFC$、$OCGD$ 及 $ODHA$ 均为平行四边形,必有 DH $\underline{\parallel}AO\underline{\parallel}EB$,$DG\underline{\parallel}OC\underline{\parallel}BF$,所以 $\angle HDG=$ $\angle EBF$(两角的两边分别同向平行,则这两角相等),故 $\triangle HDG \cong \triangle EBF$,故 $HG=EF$.同理可证 $HE=GF$.所以四边形 $EFGH$ 也是一个平行四边形.

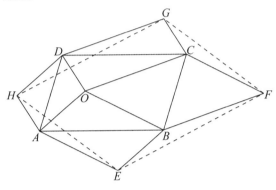

图 24-18

由于 $S_{\square OAEB}=2S_{\triangle OAB}$,$S_{\square OBFC}=2S_{\triangle OBC}$,$S_{\square OCGD}=2S_{\triangle OCD}$,$S_{\square ODHA}=2S_{\triangle ODA}$,而 $S_{\triangle HDG}=S_{\triangle EBF}$,$S_{\triangle AEH}=S_{\triangle CFG}$,

∴ $S_{\square EFGH}=2S_{\square ABCD}$.

2. 综合题

例 8 在直角三角形 ABC 的两条直角边 AB、AC 上向形外作正方形 $ABDE$ 和 $ACFG$,而 CD、BF 各与 AB、AC 交于 X、Y.求证:$AX=AY$.(要求:①利用相似形的比例线段;②利用面积关系;③利用全等三角形对应元素等方法予以证明)

证明 ① 因为 $ACFG$ 与 $ABDE$ 均为正方形,故 $AC \parallel FG$,$AB \parallel ED$,即 $\triangle ABY \backsim \triangle BFG$,$\triangle ACX \backsim \triangle CDE$,所以 $\dfrac{FG}{AY}=\dfrac{BG}{AB}$,$\dfrac{AC}{AX}=\dfrac{CE}{ED}$,由于 $BG=CE$,$AB=ED$,所以 $\dfrac{FG}{AY}=\dfrac{AC}{AX}$,又由于 $FG=AC$.所以 $AX=AY$.

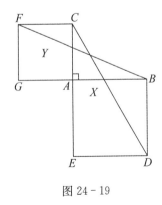

图 24-19

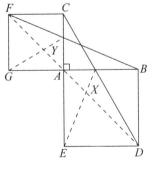

图 24-20

② 连 AF、AD、EX、GY(见图 24-20).根据等底等高三角形等积,可知:$S_{\triangle ACD}=S_{\triangle ABC}=S_{\triangle ABF}$.

又因为 $S_{\triangle AEX}=S_{\triangle ADX}$,所以 $S_{\triangle CEX}=S_{\triangle ACD}$.

因为 $S_{\triangle AGY}=S_{\triangle AFY}$，所以 $S_{\triangle GBY}=S_{\triangle ABF}$.

即 $S_{\triangle CEX}=S_{\triangle GBY}$.由于 $S_{\triangle CEX}=\dfrac{1}{2}CE\cdot AX.S_{\triangle GBY}=\dfrac{1}{2}BG\cdot AY$

而 $CE=BG$ 故 $AX=AY$.

至于利用全等三角形对应元素相等方法,请读者自己试着证明.

例 9 由直角三角形 ABC 的两直角边 CA、CB 向形外作正方形 $BCED$ 与 $CAFG$,引 $D_1D\perp AB$,$F_1F\perp AB$,DE 与 GF 的延长线相交于 K 点,见图 24-21.求证:

(1) D、C、F 三点在一直线上;

(2) $AB=DD_1+FF_1$;

(3) $BE\,/\!/\,AG$;

(4) $KC\perp AB$.

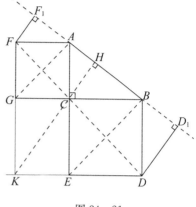

图 24-21

证明 (1)连 CD、CF.因为 CD、FC 分别是正方形 $CBDE$ 和 $CAFG$ 之对角线.所以 $\angle ACF=\angle BCD=45^\circ$,而 $\angle ACB=90^\circ$,所以 $\angle ACF+\angle ACB+\angle BCD=45^\circ+90^\circ+45^\circ=180^\circ$.所以 $\angle FCD=180^\circ$,即 D、C、F 三点在一直线上.

(2) 过 C 作 AB 的垂线 CH,交 AB 于 H.对 $\triangle CBH$ 和 $\triangle BDD_1$ 来说,因为 $BC=BD$,$\angle BHC=\angle BD_1D=90^\circ$,又因为 $\angle HBC+\angle DBD_1=90^\circ$,而 $\angle BDD_1+\angle DBD_1=90^\circ$,所以 $\angle HBC=\angle BDD_1$,所以 $\triangle HBC\cong\triangle BDD_1$,所以 $DD_1=BH$.同理,$\triangle AFF_1\cong\triangle ACH$,所以 $FF_1=AH$,所以 $AB=AH+HB=DD_1+FF_1$.

(3) 因为 AG 和 BE 分别是正方形 $ACGF$ 和 $BCED$ 之对角线,

所以 $\angle GAC=\angle EBC=45^\circ$,而 $\angle CAB+\angle CBA=90^\circ$.

则 $\angle GAC+\angle CAB+\angle CBA+\angle EBC=45^\circ+90^\circ+45^\circ=180^\circ$.所以 $BE\,/\!/\,AG$.

(4) 因为 $\mathrm{Rt}\triangle GCK\cong\mathrm{Rt}\triangle ABC$,所以 $\angle GCK=\angle CAH$,又因为 $CH\perp AB$.则 $\angle CAH+\angle ACH=90^\circ$,所以 $\angle GCK+\angle ACH=90^\circ$,所以 $\angle KCH=180^\circ$,即 K、C、H 为一直线.既然 $CH\perp AB$,表明 $KC\perp AB$.

3.计算题

例 10 在 $\triangle ABC$ 中,BM 与 CN 为 $\angle B$ 与 $\angle C$ 之外角平分线.AM 与 AN 为 A 分别向 BM、CN 所作的垂线,M、N 为垂足.已知 $\triangle ABC$ 的周长为 P,求 MN 之长(见图 24-22).

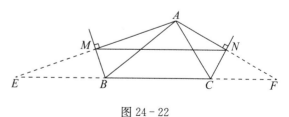

图 24-22

解 延长 AM、AN 分别交 CB、BC 延长线于 E、F.因为 BM 与 CN 为 $\angle B$、$\angle C$ 之外角平分线,且 $AM\perp BM$,$AN\perp CN$,所以 $\mathrm{Rt}\triangle ABM\cong\mathrm{Rt}\triangle EBM$,$\mathrm{Rt}\triangle ACN\cong\mathrm{Rt}\triangle CFN$,则有 $AB=EB$,$AC=CF$;$AM=ME$,$AN=NF$.所以 $EG=EB+BC+CF=P$.而 MN 是 $\triangle AEF$ 之中位线,必有 $MN=\dfrac{1}{2}EF=\dfrac{1}{2}P$.

例 11 在直角边为 b 的等腰直角三角形的边上作三个正方形,连正方形中心,得一个新的三角形,求该新三角形的面积.

解 如图 24 - 23 所示,因为 $\triangle ABC$ 是等腰直角三角形,且四边形 $ABDE$、$ACFG$ 及 $BCIH$ 均为正方形,则必有 $SP \underset{=}{\parallel} BC$. $AQ = BC$;又由于 $AB = AC = b$,则 $BC = \sqrt{2}b$,所以 $S_{\triangle SPQ} = \frac{1}{2}SP \cdot AQ = \frac{1}{2}(\sqrt{2}b) \cdot (\sqrt{2}b) = b^2$.

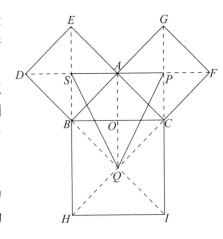

图 24 - 23

例 12 E、F 为菱形 $ABCD$ 的两边 AB、AD 之中点,且菱形的对角线长分别为 l_1 及 l_2,求 $\triangle CEF$ 的面积.

解 如图 24 - 24 所示,由于 E、F 为 AB、AD 之中点,则 $EF = \frac{1}{2}BD = \frac{1}{2}l_1$. $OG = \frac{1}{2}AO = \frac{1}{2}\left(\frac{1}{2}AC\right) = \frac{1}{4}AC = \frac{1}{4}l_2$, $\therefore$ $S_{\triangle CEF} = \frac{1}{2}EF \cdot CG = \frac{1}{2}EF \cdot (OG + OC) = \frac{1}{2}\left(\frac{1}{2}l_1\right)\left(\frac{1}{4}l_2 + \frac{1}{2}l_2\right) = \frac{1}{2}\left(\frac{1}{2}l_1\right)\left(\frac{3}{4}l_2\right) = \frac{3}{16}l_1l_2$.

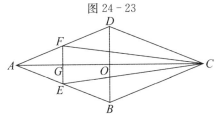

图 24 - 24

4. 面积证明题

例 13 已知梯形 $ABCD$ 中 $AD /\!/ BC$,自 B 作 CD 的平行线,自 D 作 CA 的平行线,设它们的交点为 E. 求证:$S_{\triangle ABC} = S_{\triangle ADE}$.

证明 因为 $AD /\!/ BC$,所以 $S_{\triangle ABC} = S_{\triangle BCD}$(见图 24 - 25). 因为 $BE /\!/ CD$,所以 $S_{\triangle BCD} = S_{\triangle CDE}$. 则 $S_{\triangle ABC} = S_{\triangle CDE}$.

因为 $AC /\!/ DE$,所以 $S_{\triangle CDE} = S_{\triangle ADE}$. 则 $S_{\triangle ABC} = S_{\triangle ADE}$.

例 14 梯形 $ABCD$ 的对角线交点为 O,设 P 为底边 BC 上任一点,如图 24 - 26 所示. 求证:$S_{\triangle AOP} + S_{\triangle DOP} = S_{\triangle CDO}$.

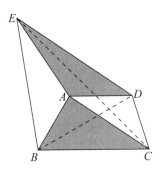

图 24 - 25

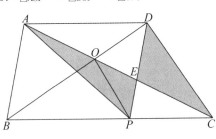

图 24 - 26

证明 因为 $AD /\!/ BC$. 所以 $S_{\triangle APC} = S_{\triangle DPC}$.

则 $S_{\triangle APC} - S_{\triangle EPC} = S_{\triangle DPC} - S_{\triangle EPC}$,

即 $S_{\triangle APE} = S_{\triangle DEC}$;

则 $S_{\triangle APE} + S_{\triangle OED} = S_{\triangle DEC} + S_{\triangle OED}$,

即 $S_{\triangle AOP} + S_{\triangle DOP} = S_{\triangle CDO}$.

例 15 过 $\triangle ABC$ 之顶点 A、B、C 作相互平行的三直线,各与对边或其延长线交于 X、Y、Z,如图 24 - 27 所示.

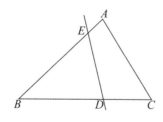

求证:$S_{\triangle ABC}=S_{\triangle AYZ}=S_{\triangle BZX}=S_{\triangle CXY}$.

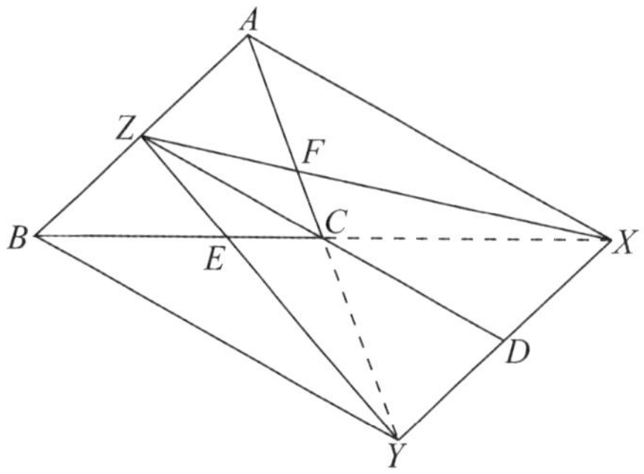

证明 因为 $AX /\!/ BY$,所以 $S_{\triangle ABY}=S_{\triangle XBY}$.
则 $S_{\triangle ABY}-S_{\triangle CBY}=S_{\triangle XBY}-S_{\triangle CBY}$,即 $S_{\triangle ABC}=S_{\triangle CXY}$.

因为 $BY /\!/ DZ$,所以 $S_{\triangle BCY}=S_{\triangle BZY}$,则 $S_{\triangle BZE}=S_{\triangle CYE}$.
同理可推出 $S_{\triangle AZF}=S_{\triangle CXF}$.
$S_{\triangle AZF}+S_{\triangle CYE}+S_{四边形FCEZ}=S_{\triangle BZE}+S_{\triangle CXF}+S_{四边形ACEZ}$
即 $S_{\triangle AYZ}=S_{\triangle BZX}$.
又由于 $S_{\triangle BZE}+S_{四边形ACEZ}=S_{\triangle CYE}+S_{四边形ACEZ}$.
即 $S_{\triangle ABC}=S_{\triangle AYZ}$. 所以 $S_{\triangle ABC}=S_{\triangle AYZ}=S_{\triangle BZX}=S_{\triangle CXY}$.

图 24 - 27

5. 作图题

例 16 过三角形 ABC 的 BC 边上一定点 D,引一直线二等分该三角形之面积.

解析 如图 24 - 28 所示,假设 DE 是所求作的直线,且交 AB 于 E',则 $S_{\triangle BE'D}=\dfrac{1}{2}S_{\triangle ABC}$.

根据相似三角形性质.若 $\triangle BE'D \backsim \triangle ABC$,必有 $\dfrac{S_{\triangle BE'D}}{S_{\triangle ABC}}=\left(\dfrac{BE'}{BC}\right)^2=\dfrac{1}{2}$. 即 $BE'^2=\dfrac{1}{2}BC \cdot BC$,

BE' 是 $\dfrac{1}{2}BC$ 和 BC 之比例中项.

图 24 - 28

作法 (1) 作 $\dfrac{1}{2}BC$ 和 BC 之比例中项 BE';

(2) 在 BA 上截取 $BE=BE'$,E 即为所求得的点;

(3) 连 D、E.

则 DE 就是所求作的直线.

从上述直线形几何问题的定义、定理、公式的梳理,以及解题方法的归纳、举例,可以体会到:只有熟练掌握几何图形的性质,方能灵活运用这些知识解算并证明千变万化的问题,并且要学会"反推法",即从未知推得已知;学会运用逻辑推理;学会准确作图,充分运用图线帮助推导.同时力争做到:想得清楚,说得明白,写得干净.对于已经解过的题目,不要解一题丢一题,而要反复推敲,寻找各种解题思路,并将同类问题进行比较、归类,定期将知识予以整理.通过多看、多想、多练,不难学好平面几何学.

1. n 边形总共有 20 条对角线,求边数 n.

2. AA_1 为等腰三角形 ABC 底边 BC 上的高;CD 为角平分线,作 $DE \perp BC$,$DF \perp CD$.与 BC 边相交于 F.求证 $A_1E = \frac{1}{4}CF$.

3. 在四边形 $ABCD$ 的底边上向形外作正方形,则连接相对正方形的中心的两线相等且垂直.

4. 以 $\triangle ABC$ 的边 AB、AC 为一边向形外作正方形 $ABDE$、$ACFG$,设其中心分别为 M 及 N,H 及 K 为 BC、EG 的中点.求证 $HNKM$ 是正方形.

5. 在 $\triangle ABC$ 的 AB、BC 边向外各作一正方形 $ABDE$ 和 $BCFG$.求证 DG 等于 AC 上中线的两倍.

6. 在 $\triangle ABC$ 内取一点 M,作平行四边形 $AMBM_1$、$BMCM_2$、$CMAM_3$.求证直线 AM_2、BM_3、CM_1 相交于一点.

7. 通过四边形每条对角线的中点引另一条对角线的平行线,这两条直线之交点为 O,将 O 与四边之中点一一连接.求证,该四边形被分为四个等积形.

1. 根据 $\frac{1}{2}[n(n-3)] = 20$ 解得 $n = 8$.即该多边形为 8 边形.

2. 如图 24-29 所示,过 D 作 $DN // BC$,交 AA_1 于 M,交 AC 于 N.在 Rt$\triangle CDF$ 中作斜边上的中线 DG,故 $DG = \frac{1}{2}CF$,即 $DG = GC = GF$.又由于四边形 EA_1MD 是矩形,故 $DM = A_1E$,$\frac{1}{2}DN = A_1E$.四边形 $DGCN$ 是菱形,(由于 $\angle 1 = \angle 2$,$DG = GC$,则 $\angle 1 = \angle 3$,则 $\angle 2 = \angle 3$,$DG // NC$,邻边相等的平行四边形),有 $DN = GC$,则 $\frac{1}{2}GC = A_1E$,则 $FC = 2GC = 4A_1E$.

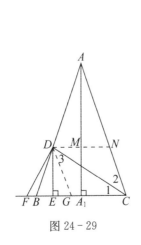

图 24-29

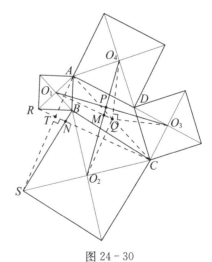

图 24-30

3. 如图 24-30 所示,取 AC 连线之中点 Q,连 O_1Q、O_2Q、O_3Q、O_4Q,并连 AS、RC.由于 O_1Q 是 $\triangle ARC$ 之中位线,O_2Q 是 $\triangle ASC$ 之中位线,可以证明 $\triangle RBC \cong \triangle ABS$,则 $RC = AS$.即 $O_1Q = O_2Q$.另外,通过证明 $\angle TNS = \angle BNC$,$\angle TSN = \angle BCN$,可获得 $\angle STN =$

$\angle NBC=90°$,即 $RC\perp AS$,即 $O_1Q\perp O_2Q$.

同理,可证得 $O_3Q=O_4Q$,且 $O_3Q\perp O_4Q$,故 $\triangle O_1QO_3\cong\triangle O_2QO_4$,则 $O_1O_3=O_2O_4$.

在 $\triangle O_1MP$ 和 $\triangle O_2QM$ 中,由于 $\angle MO_1P=\angle MO_2Q$,$\angle O_1MP=\angle O_2MQ$,则 $\angle O_1PM=\angle MQO_2=90°$,(因为 $O_1Q\perp O_2Q$).所以 $O_1O_3\perp O_2O_4$.

4. 连 BG、CE 交于 P,EC 与 AB 交于 L(见图 24-31).很显然 $\triangle ABG\cong\triangle ACE$(边、角、边).故 $BG=CE$.另外,在 $\triangle AEL$ 和 $\triangle BPL$ 中,由于 $\angle AEL=\angle LBP$,$\angle ELA=\angle BLP$.则 $\angle BPL=\angle EAL=90°$,即 $BG\perp CE$.由于 K、H 为 BC、EG 之中点,M、N 为两正方形之中心,故 $HN=MK=\frac{1}{2}BG$,$NK=MH=\frac{1}{2}CE$,即 $HN=MK=NK=MH$,又因为 $MK/\!/BG$,$HN/\!/BG$,故 $MK/\!/HN$,同理可证得 $MH/\!/NK$,且 $MH\perp HN$,故四边形 $HNMK$ 是正方形.

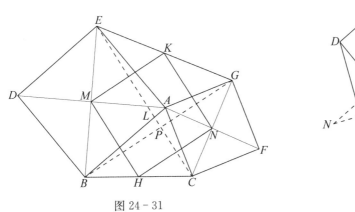

图 24-31

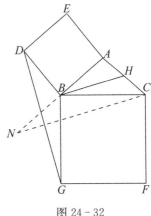

图 24-32

5. 延长 AB 至 N,使 $BN=AB$,连 CN(见图 24-32).在 $\triangle ANC$ 中,由于 $AB=BN$,$AH=HC$,故 $BH=\frac{1}{2}CN$.又因为在 $\triangle BDG$ 和 $\triangle BCN$ 中,$BN=AB=DB$,$BC=BG$,$\angle DBG=\angle NBC$(因为$\angle DBN=90°$),所以 $\triangle BDG\cong\triangle BCN$,则 $DG=NC=2BH$.

6. 因为 $AMBM_1$、$BMCM_2$、$CMAM_3$ 均为平行四边形(见图 24-33).连 M_1M_2,由于 $AM_1\underline{\underline{/\!/}}M_2C$,故四边形 M_1M_2CA 是平行四边形,则 M_1C 和 M_2A 是其对角线,交点为 O,即 $AO=OM_2$.连 M_2M_3,由于 $AM_3\underline{\underline{/\!/}}BM_2$,故四边形 M_2M_3AB 也是平行四边形,则 AM_2 和 BM_3 为其对角线,必有 $AO=OM_2$,故 BM_3 也必过 O 点.所以 AM_2、BM_3、CM_1 相交于 O 点.

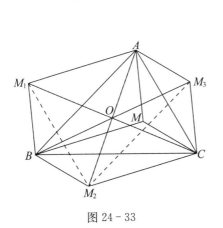

图 24-33

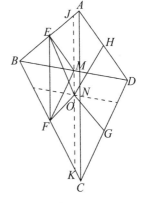

图 24-34

7. 已知在四边形 $ABCD$ 中,过 BD 和 AC 之中点 M、N 作平行于 BD 和 AC 的直线.交于 O,E、F、G、H 分别为四边形四边之中点.则自 O 至 E、F、G、H 连线将四边形分成四个等积形(见图 24-34).

连 EF,过 BD 中点 M,与 E、F 相连.则在 $\triangle ABD$ 中,$EM \underline{\underline{\parallel}} \frac{1}{2} AD$,故 $S_{\triangle BEM} = \frac{1}{4} S_{\triangle ABD}$;

在 $\triangle BCD$ 中,$FM \underline{\underline{\parallel}} \frac{1}{2} DC$,故 $S_{\triangle BFM} = \frac{1}{4} S_{\triangle BCD}$,则 $S_{四边形 BFME} = \frac{1}{4} S_{ABCD}$.由于 $EF \parallel JK$,

故 $S_{\triangle EFM} = S_{\triangle EFO}$.所以 $S_{四边形 BFME} = S_{四边形 BFOE} = \frac{1}{4} S_{ABCD}$.同理可证,四边形 $FCGO$、四边形 $GDHO$ 和四边形 $HAEO$ 的面积均为 $\frac{1}{4} S_{ABCD}$.故这四个四边形为四个等积形.

第二十五讲

圆

一、引言

圆是平面几何中重要的图形之一.人类在生活与生产实践中积累了大量有关圆的知识.只要留意一下,我们周围不论生活用品还是生产工具,不少都采用圆形造型或利用圆的性质.

初中阶段我们学习圆的性质,主要是为了有助于平面几何学中对圆概念的理解,为后续课程中学习圆中比例线段、正多边形性质等多方面打下坚实的基础,当然更是为今后的工作或科研服务.

在研究圆的图形时,必须牢固掌握圆的一些基本性质,如经弦关系,同圆或等圆中弧、弦、弦心距、圆心角的关系,圆和直线的关系,圆和角的关系,圆的对称性,两圆位置关系等,通过这些基本性质,可进一步了解圆中的一些等量和不等量关系.

二、圆中的不等量关系

在同圆或等圆中,不等量关系大部分建立在弧、弦、弦心距、圆心角的关系上.在同圆或等圆中,如果弧不等,那么,所对的弦、圆心角、弦心距也不等.因此,为证明圆中不等量关系,我们往往从下述几方面着手.

过圆内一点引两条弦,在它们与过此点的半径所成的角不等,则这两弦也不等.

例 1 已知:AB、CD 是过 $\odot O$ 内 P 点之两弦,OE 是过 P 点之半径,且 $\angle 1 > \angle 2$,如图 $25-1$ 所示.求证:$AB > CD$.

解析 要证明 $AB > CD$,必须证明这两条弦的弦心距不等,为此,可作 $OF \perp AB$ 交于 F;作 $OG \perp CD$ 交于 G,然后证明 $OG > OF$.

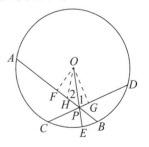

图 $25-1$

这时,PF 和 PG 的关系,有两种可能:一种是 $PF = PG$,则由于 OP 为公共边,故 $\mathrm{Rt}\triangle OPF \cong \triangle OPG$,存在 $\angle 1 = \angle 2$ 之关系,但这与已知条件 $\angle 1 > \angle 2$ 显然不符,故不存在这种可能;另一种是 $PF \neq PG$,则可在 PF 或其延长线上截取 $PH = PG$,由于 $\angle 1 > \angle 2$,可得到 $OG > OH$,而在 $\mathrm{Rt}\triangle OFH$ 中,$OH > OF$,从而证得 $OG > OF$,于是便证得 $AB > CD$.

本题也可通过在 $\mathrm{Rt}\triangle OFP$ 与 OGP 的共有斜边 OP 中点 H 分别与 F、G 相连,以构成两个等腰三角形 PHF 与 PHG(见图 $25-2$),于是得 $\angle OHF = 2\angle 2$,$\angle OHG = 2\angle 1$,证得

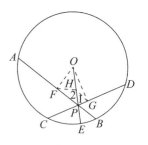

图 25-2

$\angle OHG > \angle OHF$，而 $OH = FH = HG$，于是得到 $OG > OF$，从而证得 $AB > CD$．

本题还可以 OP 为半径作辅助圆（见图 25-3），从而在两个腰相等的等腰三角形 OKP 和 OHP 中，得到 $\angle KOP > \angle HOP$，故 $OF < OG$，从而证明 $AB > CD$．

对有些三角形中的不等量关系，还可通过其外接圆来帮助分析．

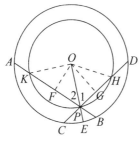

图 25-3

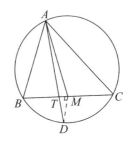

图 25-4

例 2 已知：如图 25-4 所示，在 $\triangle ABC$ 中，M 为 BC 边之中点，$\angle A$ 的平分线交 BC 于 T．求证：$AM \geqslant AT$．

解析 很容易看出，在 $\triangle ABC$ 中，若 $AB = AC$，则 $AM = AT$；若 $AB \neq AC$，则 AM 与 AT 不重合．

现作 $\triangle ABC$ 之外接圆（见图 25-4），AT 的延长线交 $\overset{\frown}{BC}$ 于 D，则 D 为 $\overset{\frown}{BC}$ 的中点，连 MD，故 $MD \perp BC$．在 $\triangle AMD$ 中 $AM + MD > AT + TD$，而在 Rt$\triangle MDT$ 中，$MD < TD$，从而得出 $AM > AT$．

三、圆中的等量关系

圆中的等量关系归纳起来不外乎角的相等、弧的相等、线段的相等，并从一个相等关系可以推导出其他的相等关系．为了能熟练地解出问题，我们必须掌握跟圆有关的角、弧、弦、弦心距、圆心角间的关系和与弦、与切线的性质等的内在联系，有助判断．概括起来有：

1. 弧、弦、弦心距、圆心角之间的关系

在同圆或者等圆中，如果弧所对的弦、圆心角、弦心距四个条件中有一个相等，那么其余三个也相等．

2. 弦、弧和直径间的关系

垂直于弦的直径平分这条弦，并且平分这条弦所对的两条弧．

上述定理中，已知条件是：垂直于弦；通过圆心的直线（直径）；而结论是：平分弦；平分弧．若将条件中的一个或两个与结论中的一个或两个相互交换，就得到一个新的命题．这些命题不难证明也都是正确的．

3. 切线的性质定理和推论

① 圆的切线垂直于经过切点的半径．

② 从圆外一个已知点到圆的两条切线的长相等.其推论为:联结圆外一个已知点到圆心的直线,平分从这点向圆所作的两条切线所夹的角.

③ 圆外切四边形的对边和相等;三角形三内角平分线交于一点,该点为三角形的内切圆之圆心.

4.弧和圆心角、圆周角、弦切角之间的关系

① 同弧或等弧所对的圆周角相等.

② 半圆上的圆周角是直角.

③ 夹同弧或等弧的弦切角相等.

④ 弦切角等于它所夹弧上的圆周角.

⑤ 圆内接四边形的外角等于内对角.

解题时,必须弄明白题意,看清楚图形,学会联系图形性质和学到的基本概念与定理,逐层分析与推导.

例3　从圆心作直径 AOB 的垂线,它交切于 D 的切线于点 E、交 AD 的延长线于点 C,则 $DE=CE$,见图 25-5.

已知:⊙O 中直径 AB,直线 $CO\perp AB$ 交于点 O,并交切⊙O 于 D 的切线 EF 于 E,交 AD 的延长线于点 C.

求证:$DE=CE$.

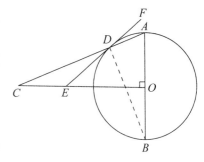

图 25-5

解析　要证明 $DE=CE$,则应先设法证明 $\angle C=\angle CDE$,而 $\angle CDE=\angle FDA$,故可先证明 $\angle FDA=\angle C$.为此,连 BD,则 $\angle B=\angle FDA$,又由于 AB 是直径,故 $\angle ADB=90°$,而已知 $\angle AOC=90°$,故对 $\triangle ABD$ 与 $\triangle AOC$ 来说,由于 $\angle A=\angle A$,必有 $\angle B=\angle C$,即 $\angle FDA=\angle C$.

我们也可以利用圆外角性质来证.为此,延长 CO 交⊙O 于 M(见图 25-6),便有

$$\angle C=\frac{1}{2}(\overparen{AM}-\overparen{DH}),$$

$$\angle CDE=\angle ADF=\frac{1}{2}\overparen{AD},$$

由于 AB 是直径,$CO\perp AB$,故 $\overparen{AH}=\overparen{AM}$,

即 $\angle CDE=\frac{1}{2}\overparen{AD}=\frac{1}{2}(\overparen{AH}-\overparen{DH})=\frac{1}{2}(\overparen{AM}-\overparen{DH})=\angle C$,

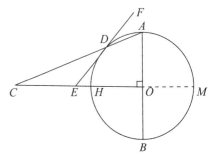

图 25-6

故 $CE=DE$,获证.

例4　已知⊙O 有内接 $\triangle ABC$,延长 BC 上的高,交⊙O 于点 G,以 AD 为直径的圆交 AB 于 E,交 AC 于 F,连 EF 和 BG(见图 25-7).

求证:$\angle AEF=\angle AGB$.

解析　如图 25-7 所示,由于同弧上的圆周角相等,故 $\angle ACB=\angle AGB$.

连 DF,同理 $\angle AEF=\angle ADF$;

又由于 AD 是小圆直径，AD 又是 BC 上的高，故 $\angle ADF$ 和 $\angle ACB$ 都是 $\angle FDC$ 的余角，则 $\angle ADF = \angle ACB$，即证得 $\angle AEF = \angle AGB$.

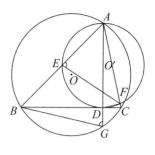

图 25-7

四、四点共圆的证明

有些问题的证明需要通过证明角的相等来着手，但有时无法直接找到需要证明相等的两个角的关系，若有四点共圆的条件，则可先建立一个圆，因为有了一个圆之后，对于角的等量变换就容易入手了.有时，甚至可连续地运用这些性质.

例5 已知：四边形 $ABCD$ 内接于圆，分别过 A、D 作对角线 BD 与 AC 的垂线交 AB、DC 的延长线于 M、N（见图 25-8）.求证：$MN /\!/ BC$.

解析 要证明 $MN /\!/ BC$，首先要证明 $\angle ABC = \angle AMN$，但一时无法直接取得这两个角的关系，由于 $\angle ABC$ 和 $\angle ADC$ 是互为补角，若能证得 A、M、N、D 四点共圆，则必然有 $\angle AMN$ 与 $\angle ADC$ 也互为补角，从而由同位角 $\angle ABC$ 与 $\angle AMN$ 相等，命题获证.为此，我们来剖析 Rt$\triangle ABE$ 和 Rt$\triangle CDF$，由于 $\angle 1 = \angle 2$，则 $\angle BAE = \angle CDF$，即为以 MN 为底的同旁的 $\triangle MNA$ 和 $\triangle MND$ 顶角相等，故 A、M、N、D 四点共圆.

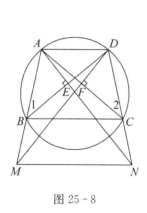

图 25-8

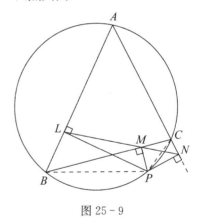

图 25-9

例6 由三角形外接圆周上任意一点至三边或其延长线所引的垂线的垂足是在一直线上的.

已知：$\triangle ABC$ 内接于一圆，P 为圆周上一点，作 $PL \perp AB$ 交 AB 于 L，作 $PM \perp BC$ 于 M，作 $PN \perp AC$ 交 AC 的延长线于 N（见图 25-9）.求证：L、M、N 三点共线.

解析（解法一） 通过证明 $\angle LMP + \angle PMN = 180°$ 来证得 L、M、N 三点共线.

如果结论成立，则 $\angle PMN$ 成为四边形 $LBPM$ 之外角；而 L、B、P、M 如果共圆，则 $\angle LBP = \angle PMN$.因此，现在需设法证明两点：①L、B、P、M 四点共圆；②$\angle PMN = \angle LBP$.

连 BP， 因为 $\angle BLP = \angle BMP = 90°$，所以 L、B、P、M 四点共圆.

连 PC， 因为 $\angle PMC = \angle PNC = 90°$，所以 P、N、C、M 四点共圆，存在 $\angle PMN = \angle PCN$.

又因为 A、B、P、C 四点共圆,所以 $\angle PCN = \angle LBP$,代换得 $\angle PMN = \angle LBP$,即 $\angle PMN$ 成了四边形 $LBPM$ 之外角.

（解法二） 如图 25-10 所示,通过证明 $\angle 1 = \angle 4$,而 BMC 为一直线,则必有 L、M、N 为一直线三点.先连 BP,因为 $PL \perp AB$,$PM \perp BC$.故 B、P、L、M 四点共圆,所以 $\angle 1 = \angle 2$.

再连 PC,因为 $PN \perp AC$,$PM \perp BC$,故 C、M、P、N 四点共圆,所以 $\angle 3 = \angle 4$.

又因为 A、B、P、C 四点共同圆,$\angle 5 = \angle 6$.

在 $\triangle BPL$ 和 $\triangle PNC$ 中,因为 $\angle PLB = \angle PNC = 90°$,又 $\angle 5 = \angle 6$,故 $\angle 2 = \angle 3$,代换得 $\angle 1 = \angle 4$.命题获证.

遇到要证明几个圆交于一点时,我们也常常将它转化

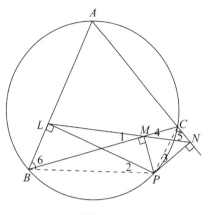

图 25-10

为证明四点共圆的问题.

例 7 已知：四边形 $ABCD$ 的两组对边延长线之交点分别是 E、F.求证：圆 ABF、圆 ADE、圆 BCE、圆 CDF 交于一点.

解析 既然要证明圆 ABF、圆 ADE、圆 BCE、圆 CDF 四个圆交于一点,则可以先把两个圆的交点定下来,若能证得这交点也在另两个圆上,问题也就得到解决.

为此,先取圆 BCE、圆 CDF,设它们的交点为 C、P（见图 25-11）,只要证得 P 点也在圆 ABF 和圆 AED 上即可.这样,问题就转化为证明 A、B、P、F 四点共圆与 A、D、P、E 四点共圆,那么,只要连 BP、PF,设法证明 $\angle BAD + \angle BPF = 180°$.

因为 $\angle BPF = \angle BPC + \angle FPC$,而 $\angle BPC = \angle BEC$,$\angle FPC = \angle ADE$,

所以 $\angle BPF = \angle BEC + \angle ADE$.

由此可以看出,因为 $\angle BAD + \angle BEC + \angle ADE = 180°$,

所以 $\angle BAD + \angle BPF = 180°$.

从而得到 A、B、P、F 四点共圆.

同理也可证得 A、D、P、E 四点共圆.

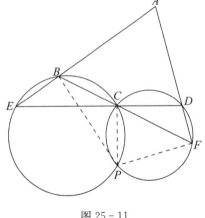

图 25-11

五、圆的对称性

圆是中心对称图形,圆心是其对称中心;圆也是轴对称图形,任何一条直径都是其对称轴.因此,对图中某些等量关系一时无法直接找到时,可以添出其对称轴,或从对称图形的性质上予以解析.

例 8 已知：$\odot O$ 中弦 AB 中点为 M,过 M 作弦 CD 和 EF,联结 CF 和 DE,分别交 AB 于 G 和 H,见图 25-12.求证：$GM = MH$.

解析　可利用圆是轴对称图形来证明.过 M 作直径作为对称轴,但 GM 和 MH 所在的两个三角形(即 $\triangle MFG$ 和 $\triangle MDH$)并不是对称图形,故无法直接获证,需另创条件.

以 OM 为轴,取 D 的对称点 K,连 KM、KG、KD,则在 $\triangle GKM$ 与 $\triangle HDM$ 中可证得 $MK=MD$,$\angle GMK=\angle HMD$,尚缺一个条件方能证其全等.现设法证 $\angle MDH=\angle MKG$.

由于 $\angle MDH=\angle CFE$,则需证明 $\angle MKG=\angle GFM$,这就要设法证 G、F、K、M 四点共圆.由于 $\angle GFK+\angle GMK=\angle GFK+\angle CDK=180°$(因为 C、F、K、D 四点共圆)故可逆推上去证得结论.

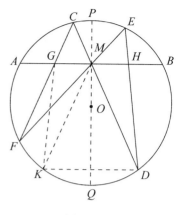

图 25-12

六、小结

1. 在研究有关圆中的不等量关系和等量关系时,首先要熟悉圆的一些基本性质,要熟悉其数学意义,并能熟练应用,特别留意等量变换关系.

2. 在等量变换时,若无法找到直接关系,可考虑通过证明四点共圆,先建立一个圆,然后再利用角的变换来解决.

3. 在解题过程中,必须先从图形的性质着手,充分明白题意(读懂题目),再联系已学到的知识,仔细进行分析.分析过程中要善于进行等量变换.一般来说,等量关系的建立时最重要的是角的相等,因此要善于将问题归结到和圆有关的角.

4. 只有把圆的基本性质掌握得很牢固,运用得很熟练,才对后续几何课程打下了坚实的基础.

1. 过已知圆内一个已知点 A 的各弦中,最短的一条是和过 A 的直径垂直的弦.

2. P、Q、R 顺次为 $\triangle ABC$ 中 BC、CA、AB 三边之中心,求证圆 ABC 在 A 点的切线与圆 PQR 在 P 点的切线平行.

3. 圆的内接四边形又外切于它圆,则联结它两组对边切点的直线必互相垂直.

4. 求作一个圆,使与 $\triangle ABC$ 三边或其延长线相交,使截得的三条弦都等于已知线段 a.

5. 圆内接四边形 $ABCD$ 中,E 是 $\overgroup{AB}$ 上任意点,联结 CE,在 CE 上任取一点 F,过 F 作平行于 AE 的直线与 AB 延长线相交于 G.求证 $\angle GBC=\angle GFC$.

6. CD 为平行于直径 AB 的一弦,连 AD 且延长 AD 交过 B 点的切线 BE 于 E,从 E 作 AC 的垂线,垂足是 F,求证 $AC=CF$.

7. AB、AC 切 $\odot O$ 于 B 和 C,割线 ADE 与过 B 的弦 BF 平行,连接 CF 交 DE 于 M.求证 $DM=ME$.

8. 过 $\square ABCD$ 对角线上任意点 P,作 AB、CD 的公垂线 EPG,作 AD、BC 的公垂线 HPF.求证 $EF \parallel HG$.

9. $\square ABCD$ 内有一 P 点,而 $\angle BAP=\angle BCP$.求证 $\angle ABP=\angle ADP$.

10. 设 AD、BE、CF 为锐角三角形 ABC 的三条高,则 △DEF 叫作 △ABC 的垂足三角形. 试证 △ABC 的三条高为 △DEF 三个内角的平分线.

若 △ABC 为一钝角三角形,或者 △ABC 为一直角三角形,那么情况又会怎样?

1. 已知:MN 和 EF 是过 ⊙O 中 A 点的两条弦,其中 EF 是垂直于过 A 的直径的弦. 求证:$EF < MN$.

证明 过 O 作弦 MN 之弦心距,交 MN 于 D,见图 25-13.

在 Rt△OAD 中,$\angle ODA = 90°$,则 $OD < OA$,而 OA 是 EF 弦的弦心距,故 $EF < MN$(同圆中,弦心距大的弦较小).

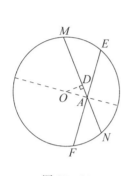

图 25-13

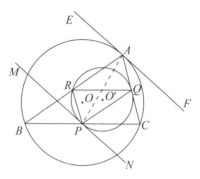

图 25-14

2. 已知:P、Q、R 顺次为 △ABC 中 BC、CA、AB 三边之中点;EF 是 ⊙O 切于 A 的切线,MN 是 ⊙O' 切于 P 的切线,见图 25-14. 求证:$MN /\!/ EF$.

证明 连 AP. 由于 EF、MN 分别为 △ABC 外接圆和 △PQR 外接圆之切线,故 $\angle B = \angle CAF$;$\angle PQR = \angle RPM$.

又由于 P、Q、R 分别为 △ABC 之 BC、CA、AB 三边之中点,故 $PQ /\!/ AB$,$QR /\!/ BC$、$RP /\!/ CA$,且四边形 $BPQR$ 为平行四边形.

所以 $\angle B = \angle PQR$,所以 $\angle CAF = \angle RPM$,又 $\angle CAP = \angle APR$,

所以 $\angle PAF = \angle APM$(等角相加). 所以 $EF /\!/ MN$.

3. 已知:⊙O' 内接四边形 $ABCD$ 又外切于 ⊙O,切点为 E、F、G、H. 求证:$ABCD$ 对边切点之连线 $EG \perp FH$.

证明 连 OE、OF、OG、OH(见图 25-15),则 $OE \perp AB$,$OF \perp BC$,$OG \perp CD$,$OH \perp AD$. 在四边形 $AEOH$ 和 $CFOG$ 中,$\angle A + \angle EOH = 180°$,又由于四边形 $ABCD$ 内接于 ⊙O',故 $\angle A + \angle C = 180°$,则 $\angle C = \angle EOH$,同理证得 $\angle FOG = \angle A$,故 $\angle EOH + \angle FOG = 180°$,即 $\overset{\frown}{EH} + \overset{\frown}{FG} = 180°$. 由于 $\angle EMH$ 与 $\angle FMG$ 是对顶角,$\angle FMG + \angle EMH = \overset{\frown}{EH} + \overset{\frown}{FG} = 180°$,则 $\angle FMG = \dfrac{1}{2}(\overset{\frown}{EH} + \overset{\frown}{GF}) = 90°$ ∴ $EG \perp FH$.

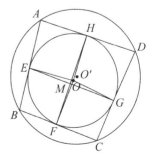

图 25-15

4. 已知:△ABC 和线段 a. 求作:圆 O,使它与 △ABC 三边或其延长线相交,使截得的三条

弦都等于线段 a.

作法 (1) 作 $\triangle ABC$ 内心 O(三内角平分线之交点);

(2) 作 OD、OP、OQ 分别垂直于 BC、CA、AB;

(3) 截 $DE = \dfrac{1}{2}a$;

(4) 以 O 为圆心、OE 为半径作圆(见图 25-16),即为所求之圆.

证明 由于 O 是 $\triangle ABC$ 之内心,又 $OD \perp BC$,$OP \perp AC$,$OQ \perp AB$,故 $OD = OP = OQ$;又 $ED = \dfrac{1}{2}a$,故 $EF = KH = LG = a$.

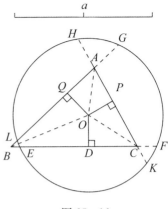

图 25-16

5. 已知:圆内接四边形 $ABCD$ 中,E 是 $\overset{\frown}{AB}$ 上任意一点,$FH \parallel AE$ 交 AC 于 K,交 AB 延长线于 G(见图 25-17).求证:$\angle GBC = \angle GFC$.

证明 因为 $\angle BAE = \angle BCE$,又因为 $FH \parallel AE$,故 $\angle BAE = \angle AGH$,即 $\angle BGK = \angle KCF$.在 $\triangle BGK$ 和 $\triangle KCF$ 中,$\angle BKG = \angle CKF$(对顶角).所以 $\angle GBK = \angle KFC$ 也即 $\angle GBC = \angle GFC$.

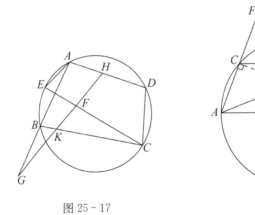

图 25-17   图 25-18

6. 已知:弦 CD 平行直径 AB,切线 $EB \perp AB$,切圆 O 于 B 点,$EF \perp AC$.求证:$AC = CF$.

证明 连 BC,交 AE 于 G,连 GO、BD(见图 25-18).由于 $CD \parallel AB$,故 $\text{Rt}\triangle ADB \cong \text{Rt}\triangle ABC$,故 $\angle DAB = \angle ABG$.则 $\triangle ABG$ 必为等腰三角形.而 $AO = OB$.必有 $OG \perp AB$,则 OG 为 $\text{Rt}\triangle ABE$ 之中位线.(因为 $\angle ABE = 90°$)即 $AG = GE$.

又因为 $\angle ACB = 90°$,故 $CG \parallel EF$. GC 又成了 $\text{Rt}\triangle AEF$ 之中位线,则 $AC = CF$.

7. 已知:AB、AC 为 $\odot O$ 之切线,B、C 为切点.ADE 为割线,$BF \parallel ED$,连 CF 交 DE 于 M.求证:$DM = EM$.

证明 过 O 连 OA、OB、OM 及 OC 交 ED 于 N(见图 25-19).

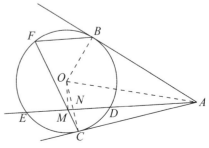

图 25-19

因为 $\angle BFC = \dfrac{1}{2}\angle BOC = \angle AOC$，又因为 $BF /\!/ ED$，故 $\angle BFC = \angle AMC$.

即 $\angle AOC = \angle AMC$，所以 M、C、A、O 四点共圆，可得 $\angle MOC = \angle MAC$.

在 $\triangle OMN$ 和 $\triangle NCA$ 中，由于 $\angle ONM = \angle ANC$（对顶角）.而 $\angle NAC = \angle NOM$，必有 $\angle NCA = \angle OMN = 90°$，即 $OM \perp ED$，故 $EM = MD$.

8. 已知：P 为 $\square ABCD$ 对角线 BP 上任一点，EPG 是 AB、CD 之公垂线，HPF 是 AD、BC 之公垂线（见图 $25-20$）.求证：$EF /\!/ HG$.

证明 由于 EPG 是 AB、CD 之公垂线；HPF 是 AD、BC 之公垂线，必有 E、B、F、P 和 G、P、H、D 四点共圆.

则 $\angle PEF = \angle PBF$.　$\angle PDH = \angle PGH$.

又因为 BD 为 $\square ABCD$ 之对角线，又 $\angle PBF = \angle PDH$，故 $\angle PEF = \angle PGH$，即 $EF /\!/ HG$.

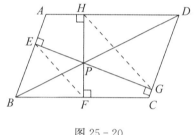

图 25 - 20

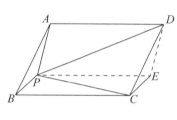

图 25 - 21

9. 已知：P 为 $\square ABCD$ 内一点，$\angle BAP = \angle BCP$（见图 $25-21$）.求证：$\angle ABP = \angle ADP$.

证明 过 D 作 $DE \perp\!\!\!\perp AP$，连 PE，PC，得 $\square APED$ 和 $\square BCEP$.

因为 $\angle BAP = \angle CDE$，又因为 $\angle BAP = \angle BCP$，且 $\angle CPE = \angle BCP$. 所以 $\angle CPE = \angle CDE$. 则 C、E、D、P 四点共圆. 故 $\angle DPE = \angle DCE$. 又因为 $\angle ABP = \angle DCE$ 而 $\angle DPE = \angle ADP$. 所以 $\angle ABP = \angle ADP$.

10. 已知：AD、BE、CF 为锐角三角形 ABC 的三条高.求证：它们分别为 $\triangle DEF$ 之三内角平分线（见图 $25-22$）.

证明 先证 CF 是 $\angle EFD$ 之平分线.由于 AD、BE、CF 为 $\triangle ABC$ 之三条高，故 B、D、O、F 及 A、E、O、F 四点共圆.必有 $\angle DBO = \angle DFO$，$\angle EFO = \angle EAO$.

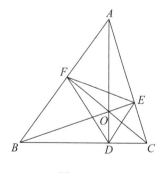

图 25 - 22

在 Rt$\triangle BCE$ 及 Rt$\triangle ACD$ 中，$\angle C$ 为同角，则 $\angle CBE = \angle CAD$.即 $\angle DBO = \angle EAO$，等量代换得 $\angle DFO = \angle EFO$，即 CF 是 $\angle EFD$ 之平分线.同理可证得：BE 为 $\angle DEF$ 之平分线；AD 为 $\angle EDF$ 之平分线.

如果 $\triangle ABC$ 为一钝角三角形（见图 $25-23$），则可延长 BE、CF、DA，交于 G，仍可按上述四点共圆之思想，求得 AD、BE、CF 为 $\triangle ABC$ 的垂足三角形三内角之平分线.

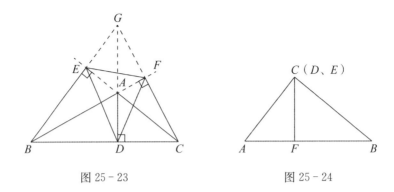

图 25 - 23　　　　　　　　　图 25 - 24

　　如△ABC 为直角三角形,那么∠A 和∠B 之垂足存在 C 点上(见图 25 - 24),∠C 垂足落在斜边 AB 上,则 D、E 和 F 在一条线上就不能构成垂足三角形了.

轨迹与轨迹作图

一、什么叫轨迹

假定用一尊大炮来作一次射击演习,我们将大炮固定在炮位上,假如当它在炮位自由旋转的同时以规定的射程向各方向发射炮弹,你可发现炮弹的着地点刚好形成一个圆形,该圆的圆心就是炮位,半径就是规定的射程,如图 26-1 所示.若炮弹发射十分密集,你就不易察觉一个个弹坑,而是一条圆形(封闭)的着弹坑道,几乎每颗炮弹都落在这条封闭的曲线——圆周上,而不会存在圆周外或圆周内.

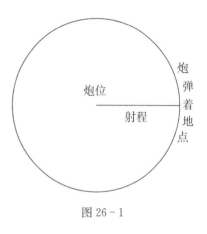

图 26-1

这条曲线是由炮弹着地的各点和某一定点(即炮位)有一定距离(规定射程)的集合所构成的,凡在这圆上的点(炮弹着地点)都符合上述条件.

又假如一辆货用三轮车(前为一轮,后为两轮),假如其前轮沿着一条直线在覆盖白雪的水平路面行驶,那么它的两个后轮就会在雪地上印出两道痕迹,这两道车轮痕迹分别与路面两边缘的直线平行,并同该边缘的直线保持固定距离.

轨迹的定义:符合某一条件的点所组成的图形称作符合这个条件的点的轨迹.

像上述第一例子中的"和一定点有一定距离"是一个条件;第二个例子中的"一个动点和一条定直线的距离等于定长"也是一个条件.

轨迹的定义含有两层意思:

(1) 图形是由符合条件的那些点组成的,即图形上任何一点都符合条件.

(2) 图形包含了符合条件的所有点的集合,即符合条件的任何一点都在图形上.

在初中数学的平面几何课程中,我们可以探讨下述六条基本轨迹:

1. 和一定点的距离等于定长的点的轨迹是以定点为圆心,以定长为半径的圆.

2. 和两个已知点距离相等的点的轨迹是联结这两已知点的线段的垂直平分线.

3. 到一个已知角的两边距离相等的点的轨迹是这个角的平分线.

4. 和一条已知直线的距离等于定长的点的轨迹是在已知直线两旁,且和已知直线距离等于定长的两条平行线.

5. 和两条已知平行线距离相等的点的轨迹是在这两条平行线中间而与它们距离相等的一条平行线.

6. 和一条已知线段的两端连线所夹的角等于定角的点的轨迹是以这条线段为弦所含的圆周角等于定角的两条弧.

二、轨迹题要两面证

本讲在深入研究轨迹作图外.着重探讨轨迹题的证明.

轨迹题的证明与一般几何定理的证明题不同,轨迹题的证明必须先证顺的方面是正确的,再证逆的方面也是正确的,这样方可认为证明是切实可靠的.

（a）顺的方面:位于这个图形上的任何一点都符合该条件;

（b）逆的方面:凡符合该条件的任何一点都在这个图形上.

或者也可这么说,

（a）正的方面:位于这个图形上的任何一点都符合该条件;

（b）否的方面:凡不在这个图形上的任何一点都不符合该条件.

（这在数学上又称"充分必要条件",简称"充要条件",以后的数学研习,我们常常会与这个专门术语打交道）

那么,为什么必须要证两面呢? 能否单证一面? 为此,我们用下述例题来予以说明,也许同学们更能领会.

例 1 一动点(P)和一条定直线(AB)保持一定的距离(d)而运动,求该动点之轨迹.

我们探求到它的轨迹是一条直线 CD（见图 26-2）,和 AB 直线平行且距离为 d.

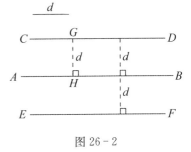

单方面证在 CD 上任一点都符合条件.如在 CD 上任取一点 G,作 $GH \perp AB$,因为 $CD // AB$,故 CD 和 AB 间距离为 d,所以 $GH = d$,故 G 是符合条件之点.

如果这样就断定所求的轨迹是一条 CD 直线,显然犯了错误.因为除 CD 外,平面上还有对称的另一条直线 EF,也是所求的轨迹,却被疏漏了（见图 26-2）.

图 26-2

由此可见,若单证顺的方面而不证逆的方面,就只注意到图形上的点能适合指定的条件,而没有考虑到符合条件的所有点也许并不全在这个图形上,使符合条件的点的轨迹缺乏充分性或完备性.

例 2 一动弦在定圆内平行移动,求其中点的轨迹.

我们假定这动弦在运动中的第一个位置是 AB,中点为 L（见图 26-3）.因为过圆心 O 和弦的中点的直线总是和弦垂直的,我们会误以为其轨迹是过圆心 O 和 AB 中点的直线 XY.

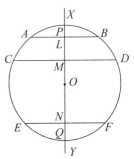

单方面证明符合这个条件的任何一点似乎确实都在这根 XY 直线上:设动弦 AB 平行移动到任意位置的弦 CD,其中点为 M,由于 XY 过圆心 O 和 AB 弦之中点 L,所以 $XY \perp AB$.又由于 $CD // AB$,所以 $XY \perp CD$.所以 M 也在直线 XY 上.即符合条件的任何一点都在图

图 26-3

形上.

倘若以此就认为其轨迹就是 XY 直线,那就错了.因为这动弦是在圆内,决不会运动到圆外去.所以除在 PQ 上的点符合条件外,其余 PX、QY 上的点都不符合条件.因此,所求的轨迹只能说是线段 PQ,而不能说是直线 XY.

可见,光从逆的方面证,往往只注意到适合条件的点在图形上,而没有考虑到在图形上的点也许不完全能适合条件,结果导致求得的轨迹中存在着不符合必要条件的部分.

综合上述分析,不难知道轨迹题的证明若单顾一面往往使求得的图形所含的点不是太少,便是太多.即不证(a)顺的方面,不能保证图形上的点均适合条件,可能会得不必要的轨迹,不证(b)逆的方面,又不能保证凡符合条件的点均被收集在图形上,可能得不到充分的轨迹.

三、轨迹的描绘和证明

例 1 动弦的一端固定在定圆上的一点,其中点的轨迹是一个圆.

已知:⊙O 和其上定点 A、动弦 AB.P,Q,…则为 AB,AB',…的中点(见图 26-4).求证:动弦 AB 的中点 P,Q,…之轨迹是一个圆.

作图 过 A、O 作弦 AC(即直径),以 AO 为直径作⊙APO,则圆 APO 即为所求之轨迹.

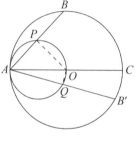

图 26-4

证明 (1) 在圆 APO 上任取一点 P,连 AP 并延长交⊙O 于 B,连 OP.

因为 P 在以 AO 为直径的圆上,所以∠$APO=90°$(半圆上的圆周角是直角).

所以 $OP⊥AB$,所以 P 是 AB 弦之中点(垂直于弦的直径平分该弦).

(2) 因为 $AQ=QB'$,所以 $OQ⊥AB'$(平分弦之直径垂直于该弦).

所以∠$AQO=90°$,即 Q 点在⊙APO 上.

总结上述(1)、(2)可以肯定圆 APO 是运弦 AB 之中点的轨迹,但以 A 点作中点的弦没有线度,故不存在,即 A 点是轨迹的极限点.

因此,对动弦中点轨迹是一个圆来说,要除掉一个不必要的 A 点才行,实际上这圆在 A 处是脱节的,又称该点为"极限点".

那么,何谓"极限点"呢? 我们不妨举个实例:

假定有一个人想从北京走到天津去,他定下一个行走方式:每天都向前走,且每天走剩下路程之一半.这样,他第一天走了全程的 $\frac{1}{2}$,剩下 $\frac{1}{2}$;第二天走了全程的 $\frac{1}{4}$;剩下 $\frac{1}{4}$;第三天走了全程的 $\frac{1}{8}$,剩下 $\frac{1}{8}$,…逐天走剩的路程依次是全程的 $\frac{1}{2}$,$\frac{1}{4}$,$\frac{1}{8}$,$\frac{1}{16}$,$\frac{1}{32}$,$\frac{1}{64}$,$\frac{1}{128}$,…我们假定天津那个终末点是一个没有长度的点,该人的足迹也是一个没有长度的点,只是几何学上的"点",则他虽然距天津越来越近,可永远也到不了天津,因为哪怕他跟天津之距缩短至千万之一米,仍不能视作没有距离呀.其实,这一观念在我们古书——《庄子》上就有记载:一尺之棰,日取其半,万世不竭.其意义跟上例一致.像上述例 1 中,这个动点在指定条件下运动,虽然能跟一定点无限接近,但永远达不到这个定点(线段的无限可分).通常我们称该定点是动点的极限位置.轨迹的极限位置之点称轨迹之极限点.

例2 一动圆切定弓形之弦 AB 的 A 端,圆与弧相交点与 B 之连线跟圆交于另一点,该点的轨迹是从 A 射出的一条射线,它和 AB 夹角等于弓形角.

假设:从定弓形之弦 AB 的 A 端作射线 AX,使 $\angle XAB$ 等于弓形角.

求证:切 AB 于 A 的动圆交弓形弧于一点,这点和 B 相连线和动圆相交,这第二交点之轨迹就是 AX.

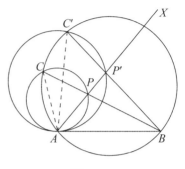

图 26-5

证明 (1) 先证充分性:过 A 任作一圆切于 AB 弦,交弓形弧于 C,连 BC 交圆于 P,联 AC、AP(见图 26-5).

因为 $\angle PAB = \angle C$(切线和过切点之弦所成的角等于夹同弧之圆周角——弦切角定理),又 $\angle XAB = \angle C$(假设),所以 $\angle PAB = \angle XAB$,P 点必在 AX 上(两等角的一组边和一顶点公共,且另一组边在公共边同侧,则这一组边定重合).

(2) 再证必要性:在 AX 上任取一点 P',连 BP',延长交弓形弧于 C',过 A、P'、C' 作一圆,联 A、C'.

因为 $\angle P'AB = \angle AC'B$(假设),所以 AB 切圆 $AP'C'$(弦切角定理之逆定理).

由(1)知,凡合条件之点均在 AX 上,由(2)知,AX 上之点均合条件.故这些第二交点的轨迹是射线 AX.但 A 点是动圆无限缩小的极限位置,故以 A 作第二交点的圆不存在,称 A 为"极限点".

例3 OX、OY 是两条互相垂直的固定射线,在 $\angle XOY$ 内有一变等边三角形,其一顶点 A 固定在 OY 上,另一顶点在 OX 上移动,则其第三个顶点之轨迹是一射线,这条射线的一端是以 AO 为边的等边三角形 AOB 之 B 点上,射线与 AB 垂直(见图 26-6).

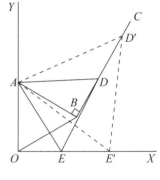

图 26-6

假设:固定射线为 $OX \perp OY$,A 为 OX 上的定点,$\triangle AOB$ 为等边三角形,射线 $BC \perp AB$.

求证:一变动边长的等边三角形在 $\angle XOY$ 内,A 是固定顶点,位于 OY 上,另一顶点在 OX 上,其第三顶点之轨迹是 BC.

证明 (1)先证必要性.如图 26-6 所示,在 BC 上取一点 D,在 OX 上取一点 E,$OE = BD$,连 AD、AE、DE.因为 $AB = AO$,$BD = OE$,$\angle AB'D = \angle AOE = 90°$,故 $\triangle ABD \cong \triangle AOE$,所以 $AD = AE$;又因为 $\angle BAD = \angle OAE$ 两边都加上 $\angle EAB$,则 $\angle OAB = \angle EAD = 60°$.故 $\triangle AED$ 也是等边三角形.

(2) 再证充分性 在 OX 上任取一点 E',连 AE',以 AE' 为边在 $\angle XOY$ 内作一等边三角形 $AE'D'$,联 BD'.

因为 $\angle E'AD' = \angle OAB = 60°$,两边各减去 $\angle E'AB$,则 $\angle BAD' = \angle OAE'$,又因为 $AD' = AE'$,$AB = AO$,所以 $\triangle ABD' \cong \triangle AOE'$,所以 $\angle ABD' = \angle AOE' = 90°$,则 BD' 必与 BC 重叠,即 D' 在 BC 上.

B 点是轨迹的终止点.

总结：从上述(1)知道,BC 上的点适合条件；从(2)知道凡符合条件之点均在 BC 上.故射线 BC 是该动点之轨迹.

通常说,"一动点在射线 OX 上移动",意指向 X 的一边移动可以到达无穷远,而向 O 的一边移动到达 O 为止,O 点也是适合条件的.O 点称作动点的终止位置.上例中的 $\triangle AOB$ 是指符合条件的等边三角形的终止位置,此时第三顶点 B 也就称作轨迹的"终止点",它跟"极限点"完全不同.前者适合条件,是轨迹的"起始"或"终止"点；而后者是不适合条件的.为此,例3中的轨迹是以 B 点起始.沿 BC 射向无穷远的射线,故解题证明最后,必须添上"B 点是轨迹的终止点"一句.

例 4　一动线段一端固定在点 P,另一端沿定直线 AB 而运动,则其中点的轨迹是一直线,它是 AB 的平行线,且距 P 和 AB 等远.

已知：定点 P 和定直线 AB,$PC \perp AB$,O 为 PC 之中点过 O 点作 $XY /\!/ AB$.求证：一端是 P,而另一端在 AB 上之动线的中点的轨迹是 XY(见图 26－7).

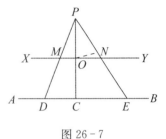

图 26－7

证明　(1) 在 XY 上任取一点 M,连 PM 并延长交 AB 于 D.因为 $PO=OC$,$MO /\!/ DC$,所以 $PM=MD$(过三角形一边中点而平行于另一边的线必平分第三边),即 M 是 PD 之中点.

(2) 从 P 到 AB 上作任意直线 PE,取 PE 之中点 N,连 ON,因为 $PO=OC$,$PN=NE$,所以 $ON /\!/ CE$(三角形两边中点的连线平行于第三边)但又 $XY /\!/ AB$,所以 ON 必合于 XY(过直线 AB 外的同一点 O 只能作 AB 的一条平行线).

所以 PE 的中点 N 必在 XY 上.

总结(1)、(2),所以 XY 是所求的轨迹.

四、交轨法作图题

几何作图法中,交轨法作图是指利用轨迹求一个或数个符合所设条件的点.由于凡符合一个条件的点可以极多,只能求出它的轨迹而不能确定它的位置,故所设条件必须要有两个：从第一条件得出第一轨迹,再从第二条件得出第二轨迹,两轨迹之交点能同时适合两个条件,便是所求之点.我们前述的六条基本轨迹作图在作图中大有用处.

交轨作图不需要两面证.

例 5　已知一角,以及对边上的高和另一边的高,求作三角形.

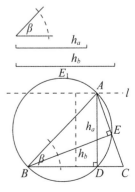

分析　假定 $\triangle ABC$ 已作出(见图 26－8),由于 $\angle B = \angle \beta$,$BE = h_b$,$AD = h_a$,$\angle BDA = 90°$,$\angle BEA = 90°$.在 $\triangle ABD$ 中,已知角、角、边,可以先作出.$\triangle ABD$ 作成,则 AB 就确定了.于是,E 成为已知斜边的直角三角形的直角顶点,故其轨迹应是以 AB 为直径的圆；又由于 E 与 B 点之距为 h_b,故其轨迹是以 B 为圆心,h_b 为半径的圆.E 点确定后,延长 BD 和 AE 可相交得 C.

作法　(1) 作 $\angle B = \angle \beta$；

图 26－8

（2）作直线 l 平行 $\angle B$ 的一边 BC，且距离为 h_a，交 $\angle B$ 的另一边于 A；

（3）以 AB 为直径作圆 ABD；

（4）以 B 为圆心，h_b 为半径作弧交圆 ABD 于 E；

（5）连 AE 并延长交 $\angle B$ 的底边于 C.

则 $\triangle ABC$ 为所求的三角形.

证明 （1）作 $AD\perp BC$，交 BC 于 D，则 AD 是 BC 边上的高.

因为 A 点在 l 上，所以 $AD=h_a$.

（2）连 AE，因为 E 是圆 ABD 上一点，所以 $BE\perp AC$，所以 BE 是 AC 边上的高，又 $BE=h_b$.

（3）$\angle B=\angle\beta$.

所以 $\triangle ABC$ 是所求的三角形.

讨论 $h_b>AB$（直径）时无解；否则有两解：除图 26-8 所示的一解外，若为钝角三角形 ABC 该有另一解.但 $\angle B$ 是钝角或 $h_b=AD$ 时，只有一解.

例 6 求作一圆，切于已知图上的已知点，并切已知直线.

已知：圆 O 上有一点 P，另有一直线 XY.求作：一圆既切于 P 又切于 XY.

分析 （1）因所作圆须切 $\odot O$ 于 P，故其圆心必在过 OP 两点的连线上.

（2）因所作圆和 $\odot O$ 有一过 P 的公切线 AB，故所求圆须同时切于 XY 和 AB 两直线，也即所作之圆的圆心必在 XY 和 AB 交角的平分线上（见图 26-9）.

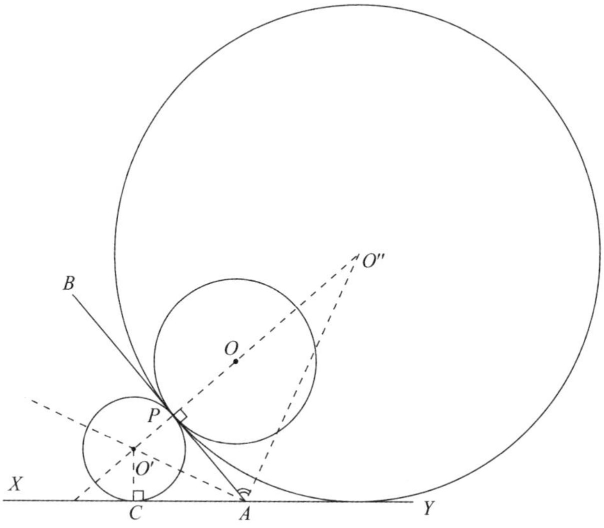

作法 （1）连 OP，并向两端延长；

（2）过 P 作 $\odot O$ 之切线 AB 交 XY 于 A；

（3）作 $\angle BAX$ 之平分线交 OP 延长线于 O'；

（4）以 O' 为圆心，$O'P$ 为半径作圆.

则圆 O' 即为所求作之圆.

图 26-9

证明 作 $O'C\perp XY$，因为 $O'C=O'P$，所以 $\odot O'$ 切于 XY（圆的中心同直线的距离等于半径，则它同该直线相切）.

又 $\odot O'$ 切 $\odot O$ 于 P（两圆之相遇点在圆心连线上，则它们相切）.

讨论 因 AB 同 XY 有两个交角，除图示 $\angle BAX$ 外，尚有 $\angle BAY$，作后者的角平分线交 PO 延长线于 O''，以 O'' 为圆心，$O''P$ 为半径作圆，必同时切于 P 和 XY（即同 $\odot O$ 内切）.

故本题有两解.但当 $OP\perp XY$ 时，本题只有一解.

1. 求作一点使距离两已知点 AB 等远,又距$\angle MON$ 的两边等远.

2. 已知底边的长、顶角的大小、底边上的高,求作三角形.

3. 半径是定长的一个动圆外切于一定圆,求该动圆圆心之轨迹.

4. 动线段的一端是已知圆内一定点,另一端在圆上移动,求这动线段中点的轨迹.

5. 定长动线段切定圆,求作非切点之线段端点轨迹.

1. 已知:A、B 两点和$\angle MON$.

求作:距 A、B 等远,且距$\angle MON$ 两边等远之点.

分析　设所求之点为 P.由于 P 与 A、B 等远,故它必在 AB 连线之中垂线上;由于 P 与$\angle MON$ 两边等远,故它又必在$\angle MON$ 之角平分线上.

作法　(1) 作 A、B 连线之中垂线 CD;

(2) 作$\angle MON$ 之平分线 OE;

(3) OE 与 CD 之交点为 P,则 P 就是所求之点(见图 26 - 10).

证明　(1) 由于 CD 是 A、B 连线之中垂线,故 CD 上任一点都与 A、B 等距;

(2) 由于 OE 是$\angle MON$ 之角平分线,故 OE 上任一点都与 OM 和 ON 等距.

(3) P 是 OE 与 CD 之交点,同时满足上述两条件.

讨论　如果$\angle MON$ 之平分线与 A、B 连线重合,则 A、B 连线之中点即为所求作之点.

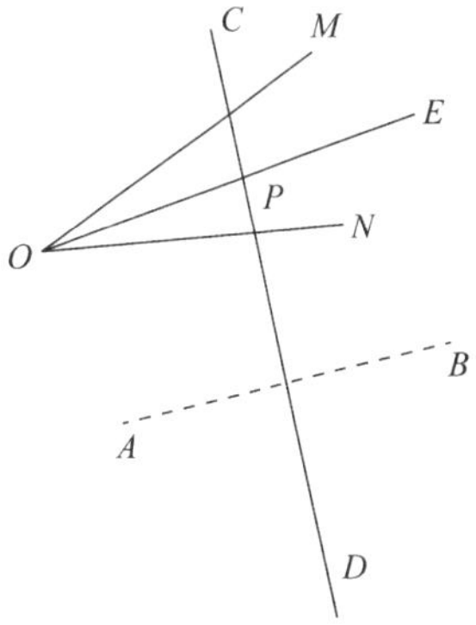

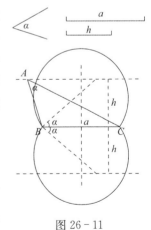

图 26 - 10

2. 已知:线段 a、h 和$\angle\alpha$.

求作:$\triangle ABC$,使 $BC=a$,高 $AD=h$,$\angle BAC=\angle\alpha$.

分析　假定$\triangle ABC$ 为要作的三角形.在画好 $BC=a$ 后,关键在于确定 A 的位置,而 A 能符合两个条件:(1)与 BC 的距离为 h;(2)与 B、C 两端连线所夹之角为α.符合条件(1)的点的轨迹是与 BC 平行且与 BC 之距为 h 的两条直线;符合条件(2)的点的轨迹是以 BC 为弦、所含圆周角为α 的两条弧.上述两轨迹的交点(四个)即为所求的点.

作法　(1) 作 $BC=a$;

(2) 作与 BC 平行且距离为 h 的两直线;

(3) 作以 BC 为弦、所含圆周角为α 的两条弧.并设直线与弧有一交点为 A,则连 AB、AC,构成的$\triangle ABC$ 即为所求作的三角形(见图 26 - 11).

图 26 - 11

证明　略.

讨论　若 h 过大以致与两弧没有交点的话,则作图题无解.

3. 已知:半径为 r 的定圆$\odot O$ 与半径为 r' 的动圆$\odot O'$ 外切.

求作:$\odot O'$ 的圆心轨迹.

分析　由于$\odot O$ 和$\odot O'$ 外切,则 OO' 之距必为这两圆半径之和,即和一个已知点(O)的距离等于定长$(r+r')$的点的轨迹是以已知点为圆心,定长为半径之圆.

作法 以O为圆心,$r+r'$为半径作圆,该圆即为所求作的动圆圆心之轨迹(见图26-12).

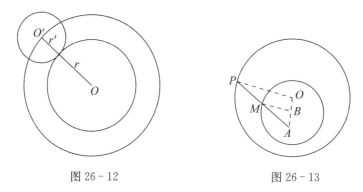

图26-12   图26-13

4. 已知:⊙O内有定点A,动线段AP的一端固定于A,另一端P在圆上移动.

求作:AP之中点M的轨迹

分析 题中有两个定点A和O,且⊙O之半径$OP=r$为定长,OA连线为定长;M为AP之中点,则取OA之中点为B,连MB,可发现$MB=\dfrac{1}{2}OP=\dfrac{1}{2}r$为定长,和一定点$(B)$的距离等于定长$\left(\dfrac{1}{2}r\right)$的点的轨迹是以定点为圆心,以定长为半径之圆.

作法 (1) 连OP,则$OP=r$为定长;

(2) 连OA,取其中点B,则B是一定点;

(3) 将B与PA之中点M相连.则$MB=\dfrac{1}{2}OP=\dfrac{1}{2}r$为定长;

(4) 以B为圆心,MB为半径作圆,该圆即为M之轨迹(见图26-13).

证明 略.

5. 已知:半径为r的定圆⊙O,定长的动线段$AP=l$,A为切点.

求作:P点的轨迹.

分析 题中⊙O之圆心O为定点,半径r为定长.动线段$AP=l$为定长,则求P之轨迹的问题,可以看作研究P与O间是否有一定距离的问题.

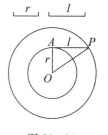

联结OA,由于A为切点,则在Rt△OAP中,$OP=\sqrt{r^2+l^2}$,必为定长.根据"和一定点之距离等于定长的点的轨迹是以定点为圆心,以定长为半径的圆",以此可求得P点的轨迹.

图26-14

作法 (1) 作⊙O之切线$AP=l$,A为切点;

(2) 连OA,则$OA\perp AP$;

(3) 连OP,以O为圆心,OP为半径作圆,该圆即为动线段之P点的轨迹(见图26-14).

证明 略.

第二十七讲

斐波那契数列与黄金比

一、斐波那契与他的兔子

13世纪,意大利数学家列昂纳多·斐波那契①写了一本《算盘书》,书中提出一个有趣的"兔子问题":

假如一对初生的兔子要一个月才到成熟期,而一对成熟后的兔子每个月会生下一对小兔.那么,由一对初生小兔开始,过12个月会有多少对兔子?

当然,这个问题有一个很理想化的假设:这对兔子既不生病也不会死,并且它们和以后繁殖的兔子也都很健康;还遵循这样的繁殖规律——一个月后成熟,每次都生一对——一雌一雄.

为叙述问题的简便起见,我们称成熟的兔子为"大兔子",它们已能够生小兔子了;称初生的尚无繁殖能力的兔子为"小兔子".

图 27-1 意大利数学家斐波那契

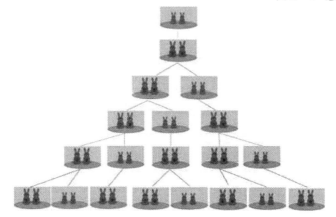

图 27-2 斐波那契的兔子问题示意图(仅画了 6 个月)

---

① 列昂纳多·斐波那契(Leonardo Fibonacci,1170—1250),数学家.生于意大利比萨,故又称"比萨的列昂纳多".还被誉为是"第一位"研究了印度和阿拉伯数学理论的欧洲人.其父亲被比萨的一家商业团体聘任为外交领事,派驻于相当于今日的阿尔及利亚地区,故他有机会在一位阿拉伯老师的指导下研究数学.以后,还曾在埃及、叙利亚、希腊、西西里和普罗旺斯等地研究数学.1202 年撰写了《算盘书》(Liber Abacci),提出了脍炙人口的斐波那契数列.

斐波那契的"兔子问题"若用图画描述来解(见图 27-2),恐怕小学生都能做到.第一个月有一对小兔子;第二个月这对小兔长成为大兔子了;第三个月大兔子生下了一对小兔,故成了 2 对兔子了(一大一小);第四个月,小兔成熟了,大兔又生下一对小兔,故成了 3 对兔子了(两大一小);遵循这样的规律,到第五个月有了 5 对兔子;第六个月有了 8 对兔子……我们可以列出下述表格:

月份	1	2	3	4	5	6	7	8	9	10	11	12
大兔对数	0	1	1	2	3	5	8	13	21	34	55	89
小兔对数	1	0	1	1	2	3	5	8	13	21	34	55
兔子数量	1	1	2	3	5	8	13	21	34	55	89	144

可见,用列表"穷举",可一目了然.到 12 个月,斐波那契的兔子数为:89 对大兔,55 对小兔,总的兔子数量为 144 对.

上述表格中(总的)兔子数量的数列,就被称为"斐波那契数列".

现在的问题是,只要找出 12 个月的兔子数量,那么小学生用列表"穷举"也能够解出,但假如要算出 120 个月,甚至 1200 个月呢? 问题就变得较繁杂,甚至会出错.

为此,必须细细地观察与思考上述表内的数列,希望能够找出一些规律.

我们也确实发现了下述三个规律:

1. 每个月的小兔对数都等于上个月的大兔对数(原因是小兔是由大兔所生,因为每个月一对大兔只能生下一对小兔).

2. 每个月的大兔对数都等于上个月的大兔对数加上小兔对数(原因是大兔没死,小兔出生一个月后长成大兔了).

3. 每个月的大兔对数都等于紧挨着的前两个月的大兔对数之和(原因是小兔对数是前一个月大兔的对数).

由此,我们发现斐波那契数列的一个主要规律:

"兔子数量"(上表第四行)的数列从第三项起,每一个数都等于它的前两项数之和.若用普适的数学公式来表达的话,可以写出下述递推规律.用 F 表示斐波那契数(采用他名字的外文字的字头),用下角 n 表示数列的第 n 项.即用 F_n 表示第 n 个月兔子的对数,那么,

$$F_1 = F_2 = 1, F_n = F_{n-1} + F_{n-2} \quad (n = 3, 4, 5, \cdots).$$

也就是说,斐波那契数列的第一项与第二项均为 1;从第三项起,每一项均为它的前两项之和(凡数列中的某一项皆由其前面两项来决定,在数学上称之为"二阶递推").

掌握了上述公式,我们就可以由此来推演它的一些有趣的规律,也可由此揭示斐波那契数列中更为丰富的数学内涵.

二、斐波那契数列与"黄金比"

掌握了斐波那契数列的规律后,不难在令 $n = 3, 4, 5, 6, 7, \cdots$ 后,依次写出该数列中任一个

数 F_n（也称作"斐波那契数"）：

1,1,2,3,5,8,13,21,34,55,89,144,233,377,610,…

如果这个无穷数列里的每一项（每一个斐波那契数）与它最邻近的下一项比一下，就可获得一个个分数，不厌其烦地将它们列出来，也可得到如下的数列：

$$\frac{1}{1},\frac{1}{2},\frac{2}{3},\frac{3}{5},\frac{5}{8},\frac{8}{13},\frac{13}{21},\frac{21}{34},\frac{34}{55},\frac{55}{89},\cdots$$

可用字母表达其通式：$\frac{U_{n-1}}{U_n},\frac{U_n}{U_{n+1}},\frac{U_{n+1}}{U_{n+2}},\cdots(n=2,3,4,5,\cdots)$

可见，该分数数列的分子就是斐波那契数列，而分母则是缺了第一项的斐波那契数列，这样得到的数列也是一个无穷数列.既然这是无穷数列，那么我们就有疑问了——这个分数数列有极限吗？

从数学上可以证明：这个无穷数列也是有极限的，其极限值为 $\frac{\sqrt{5}-1}{2}\approx0.618$.一般称之为"黄金分割数"，也就是我们接下来要重点介绍的"黄金比".

其实，早在公元前 6 世纪，古希腊的毕达哥拉斯及其学派在正五角星内已经看出了这种"黄金比"的端倪.公元前 4 世纪，古希腊的数学家欧多克索斯（Eudoxus，约公元前 400—约公元前 347）第一次用几何的方法给出"黄金分割数"的计算，并建立起"黄金比"的理论.公元前 3 世纪，欧几里得在《几何原本》中进一步较系统论述了"黄金比"，成为最早的有关"黄金比"的论著.中世纪后，"黄金比"被披上神秘的外衣，意大利数学帕乔利称之为"神圣比例"，并专门为此著书立说.德国天文学家开普勒（Johannes Kepler，1571—1630）对黄金分割也极为着迷，1611年时他曾说过："几何学有两大财富：一个是毕达哥拉斯定理（勾股定理），一个是按中外比划分一条线段（即黄金分割）.第一大财富可称得上是黄金定理，第二大财富称得上是珍珠定理."在开普勒之后约 100 年，苏格兰数学家辛普孙（Robert Simpson）又从理论上证明了该数列的极限值.

其实，我们也能发现：当 n 趋近无穷大时，$\frac{F_n}{F_{n+1}}$ 趋近"黄金比"，不妨看几个相邻斐波那契数字之比（计算到小数第七位）：

1/1＝1

1/2＝0.5

2/3＝0.6666666…

3/5＝0.6

5/8＝0.625

8/13＝0.6153846…

13/21＝0.6190476…

21/34＝0.6176407…

34/55＝0.6181818…

$55/89 = 0.6179775\cdots$

$89/144 = 0.6180556\cdots$

$144/233 = 0.6180258\cdots$

$233/377 = 0.6180371\cdots$

$377/610 = 0.6180328\cdots$

三、"黄金矩形"与"黄金比"

下面,我们来看一个特殊的矩形(图 27-3).其"特殊"表现在从该矩形裁去一个最大的正方形后,所剩下的矩形居然与原矩形是一个相似形,即它们的宽与长之比一样.这样的矩形,我们就称其为"黄金矩形".当然,对于新的小矩形,在裁去一个最大的正方形,所剩下的更小的矩形依然与原矩形是相似形……

设矩形的长为 a,宽为 b,则满足"黄金矩形"的条件是:$b/a = (a-b)/b$.也就是说,这样的矩形其宽与长之比是满足"黄金比"的.设黄金比为 x,根据上述假设,存在 $x = \dfrac{b}{a} = \dfrac{a-b}{b} = $

$\dfrac{\dfrac{a-b}{a}}{\dfrac{b}{a}} = \dfrac{1-\dfrac{b}{a}}{\dfrac{b}{a}} = \dfrac{1-x}{x}$,将 $x = \dfrac{1-x}{x}$ 变形为 $x^2 + x - 1 = 0$,可解得 $x = \dfrac{-1\pm\sqrt{5}}{2}$,取其正根 $x = $

$\dfrac{\sqrt{5}-1}{2}$,可得 $x \approx 0.618$.

假如设 $b=1$,那么就有 $a=1.618$.

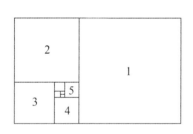

图 27-3 黄金矩形的"特殊"性

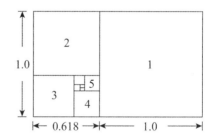

图 27-4 黄金矩形之长宽比为 1.618

在图 27-4 所示的黄金矩形中,用尺规可作出无数黄金矩形:以矩形的较短边为半径,以该矩形某一顶角为圆心,在矩形内作一段四分之一圆(圆弧)之弧,相交于较长边于一点,过该点作一条直线垂直于矩形对侧的较长边,可生成一个正方形和一个新的矩形,该新的矩形仍然是一个黄金矩形.重复类似于上述操作,可以作出无数个黄金矩形.

黄金矩形有许多奇特的性质.最为人乐道的是:黄金矩形作多次这样的切割后,一个比一个小的黄金矩形的部分顶点恰好落在一条螺旋线上.不妨观察图 27-5,从矩形 $ABCD$ 的一端把小正方形 $ABEF$ 去掉,剩下的 $CDFE$ 还是一个黄金矩形.用同样的方法,可逐步去掉许多正方形而得到愈来愈小的黄金矩形,而黄金分割点 $F,H,I,J,K,L,\cdots$ 都被排在一条"等角螺线"上,螺线的心正好是两虚线 AC 和 DE 的交点.

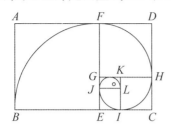

图 27-5　黄金分割点示意图

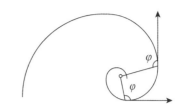

图 27-6　曲线上任意一点的切线与螺线极
径所形成的夹角为定值

所谓"等角螺线"(也称"对数螺线"),最直观的解释就包含在其名称上,意指其曲线上任意一点的切线与螺线极径所形成的夹角为定值(见图 27-6).该特性最早是由笛卡儿发现的,但后来伯努利做了更为系统详尽的研究,又发现很多有趣的特性,故伯努利对这种等角螺线情有独钟,并要求死后将其刻在自己的墓碑上,结果石匠误把阿基米德螺线刻上去了,成了千古遗憾.由于该螺旋线是根据斐波那契数列的极限值——0.618 画出来的螺旋曲线,因此也被称作"斐波那契螺旋线"或"黄金螺旋线"(见图 27-7).

这些发散曲线的螺旋角一般在 137.5 度,更为精确的数字应该是 137.50776 度,因为 137.5＝360－360×0.618,所以这个角度也被称作"黄金角度".

"黄金角度"十分特别,是因为没有任何 360 度的简分数能加以表达;与 360 度的 $\frac{5}{8}$ 相当接近,$\frac{8}{13}$ 更为接近,$\frac{13}{21}$ 则相当接近了,但确实没有任何一个分数能准确地表达出黄金角度跟 360 度的比例.图 27-6 中的 φ 是定值——黄金角度.

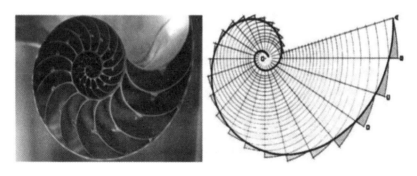

图 27-7　自然界最美的鬼斧神工——鹦鹉螺曲线的每条半径与后一条的
比都是"黄金比"

四、斐波那契数列与生活中的现象

要说明的是,自从 1202 年斐波那契在《算盘书》上提出他的"兔子问题"之后,斐波那契数列在当时并没有引起数学界的广泛关注.到了 19 世纪末 20 世纪初,由于斐波那契数列及其蕴含的数学意义不断被发现,还被派生出许多应用,这下就引发国际数学界的研究热情了,斐波那契数列还引起数学界之外其他各门学科的研究兴趣,甚至包括金融界.于是,有人调侃:"有关斐波那契数列的研究论文,甚至比斐波那契的兔子增长得还快."毕竟大量数学应用问题都涉及斐波那契数列,以致 1963 年国际上还成立了"斐波那契协会",甚至出版了《斐波那契季刊》.

那么,人们为什么会这么热衷于研究斐波那契数列呢?

古往今来,0.618 这个神奇的数字已经被后人奉为科学与美学的金科玉律,也成为世代相传的审美经典规律,造就了人类潜意识中根深蒂固的审美模式.可是,对 0.618 的各种神奇的作用和魔力,至今数学上还没能作出明确的解释,只是发现它屡屡在自然现象和人类的实际生活中体现出我们意想不到的魅力.

我们首先能清晰地观察到大自然不少事物的基本模式都不由自主地呈现了斐波那契数的特点.最容易被察觉到的便是我们日常生活中能见到的许多花卉,若仔细数一下它们的花瓣数,会惊人地发现竟然都是斐波那契数.譬如海棠花 2 瓣,铁兰花 3 瓣,杨紫荆、黄蝉、蝴蝶兰等都是 5 瓣,雏菊是 13 瓣(见图 27-8).

铁兰花 3 瓣　　　　黄蝉花 5 瓣

图 27-8　花瓣数与斐波那契数

若仔细观察向日葵籽在花盘上的排列,能发现它们呈现了一些美丽的曲线,既有顺时针向弯曲,也有逆时针向弯曲.经过仔细测算,它们都是等角螺线.再细致研究,可发现葵花籽呈现顺时针向螺线的条数与逆时针向的螺线条数,一般为 34 和 21,也有 55 和 34,而极大的葵花籽盘甚至有 144 和 89 条螺线(均为两个相邻的斐波那契数).可见,向日葵花盘上也隐藏着斐波那契密码(见图 27-9).

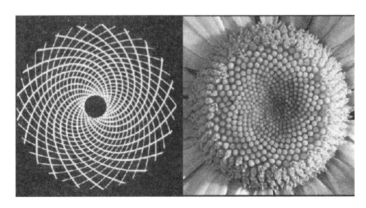

图 27-9　向日葵籽在花盘上美丽的等角螺线(顺时针向与逆时针向排列)

为什么大自然会有如此造化? 如图 27-10 所示,你能说"那是偶然的"吗?

图 27-10　无论在日常生活中,还是在自然现象中,我们不时能发现与斐波那契数
列、黄金矩形、黄金分割、等角螺线等相契合的现象

又譬如,树木的生长.由于新生的枝条往往需要一段时间的"休养生息",供自身生长,尔后才能萌发新枝.所以,一株树苗在一年间隔以后,长出一条新枝;第二年新枝"休息",老枝依旧萌发;此后,老枝与"休息"过一年的枝条同时萌发,当年生的新枝则次年"休息"……我们不妨观察一棵小树苗的成长.发现它第一年是一根枝条;第二年还是一根枝条,只是长高了粗壮了;到第三年开始分权了.以后随着年份的增长,其分权也逐年增多了.把它们的分权枝条数与年份对照着画出来(见图 27-11),再数一数,列一张表,可发现:小树苗成长的逐年分权枝条数竟然也是奇妙的斐波那契数.这个规律,就是生物学上著名的"鲁德维格定律".

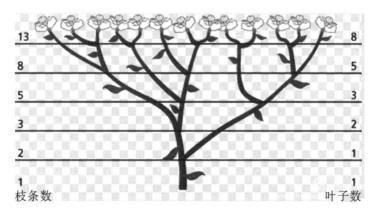

图 27-11　从第二年起记录的小树苗分权的数字

我们甚至还能观察到松果上所呈现的顺时针向螺线为 8 条,逆时针向螺线为 13 条;我们平时经常食用的花椰菜,在没有损伤的情况下,也能发现其上有着 5 条顺时针向的螺线和逆时

针向的螺线 8 条(见图 27 - 12).它们均是两个相邻的斐波那契数!

图 27 - 12 像芦荟那样的多肉植物所生长出的新细胞也呈现"黄金螺线"状排列,以最大限度地享用雨露与阳光

上述现象都已被我们观察到了,科学家还在不懈地作细致研究,期望获得理想的答案.由于研究的视角不同,找出的结论也各不相同.1993 年有研究者指出:这些都是由植物生长动力学特性所造成的.即相邻器官原基之间的这个夹角是一个特殊的角,使得种子的堆积效率达到最高.由此,我们是否可以这样理解:这是长时期自然选择的结果?

上述有关介绍,似乎告诉我们,平时要留心去观察大自然,观察并思考自己生活的方方面面,并努力试图找出其中的某些规律,这是一件非常有意义的事.尤其是思考自然现象和日常生活中与数学相联系的规律,将是趣味无穷的!

应该说,斐波那契的伟大,在于他和他的兔子猜中了大自然之谜,揭示了大自然的局部规律.而斐波那契数列的种种应用,也是这种奥秘的不同体现!

五、推广的斐波那契数列

本讲听到现在,同学们可能已经有点疲倦了.接下来,我们要同大家一起来做一个猜数的游戏,并教大家一个小小的魔术.

为此,我们必须先巩固一下刚才讲座的重点并略作一些拓展,讲一个推广的斐波那契数列——卢卡斯数列.

要推广斐波那契数列,必须了解它的本质:即从任何两个自然数起,往后的每一个数都是紧挨其前面的两个数之和,由此构成一个无穷数列.

那么,卢卡斯数列是怎么推广斐波那契数列的呢?

既然是推广斐波那契数列,那么也应该是二阶递推数列,只是起始的两项该取什么数.

$L_1=?$ $L_2=?$ 而 $L_n=L_{n-1}+L_{n-2}$.

斐波那契数列起始的两项分别是 1,即 $F_1=1,F_2=1$.显然是最简单的.

那么将其推广,起始两项是否能 $L_1=1,L_2=2$ 呢?若是这样,$L_3=3,L_4=5$,这样推算下来,岂不成了只缺第一项的斐波那契数列了? 为此,卢卡斯设定 $L_1=1,L_2=3$,于是从第三项起的每一项都等于前两项之和,便获得一个无穷数列:

1,3,4,7,11,18,29,47,76,123,…

这就是卢卡斯数列.

我们千万不要以为这件推广的事太简单,实际上是一项非常了不起的贡献.不信,我们来看,类似于斐波那契数列,也将卢卡斯数列的前项比后项,组构成一个新的分数数列:

$$\frac{1}{3},\frac{3}{4},\frac{4}{7},\frac{7}{11},\frac{11}{18},\frac{18}{29},\frac{29}{47},\frac{47}{76},\frac{76}{123},\cdots$$ 这个无穷数列的极限竟然也是 $\frac{\sqrt{5}-1}{2}\approx 0.618$.

由此可见,卢卡斯数列的极限依然是"黄金比",他确实抓住了斐波那契数列的本质.

接下来,我们来做个小游戏:

下面是斐波那契数列的第二至第 11 项:1,2,3,5,8,13,21,34,55,89,请各位同学在 10 秒内求和.有同学果然在 10 秒内给出了准确答案:231.

同样,再将数列:34,55,89,144,233,377,610,987,1597,2584 也在 10 秒内求和.可能数字较大,尽管也是 10 项,10 秒的期限似乎太紧张了.准确答案是 6710.

其实,这两个数列都是取之斐波那契数列中的任意 10 项,从第一问的答案中其实已经有答案了,该是第七项的 11 倍(其实就是将第七项与扩大 10 倍的自身相加而已——移位加法).但这项技巧只适用于斐波那契数列.但对卢卡斯数列就不适用了.那么欲求连续 10 个卢卡斯数列之和又有什么奥秘呢? 这就是今天要教各位学做的"小魔术".

我们可以将两米长的白纸条,从上到下写出卢卡斯数列(至少写 40 个吧!),用竹竿高高地挑起.要求观众从该数列中任意取连续的 10 个数,在第 10 个数的下方用笔画出一条线.你就可以马上报出画线以上 10 个数字之和了.

其奥秘是卢卡斯数列的前 n 项之和为 $L_{n+2}-L_2$.也就是说,当观众取了卢卡斯数列的第 9 至 18 项(共 10 项)并在第 18 项下方画了一条线后,那么只要将第 20 项数字减去第 10 项数字,就是准确答案了.

譬如,我们列出卢卡斯数列前 21 项:1,3,4,7,11,18,29,47,76,123,199,322,521,843,1364,2207,3571,5778,9343,15127,24470,…

当观众从 76(第 9 项)一直取数到 5778(第 18 项),并在数字 5778 下方画了一条线,那么你只要用第 20 项的 15127 减去第 10 项的 123,立即就得出该数列中的 10 个数字之和为 15004.

对于你能如此快速并准确地给出这么繁复的 10 个数字之和的答案,观众肯定会认为这是你施的"魔法",会报以热烈的掌声呢!

1. 你认为还可以通过什么途径来推导出"黄金比"?

2. 请举出几个蕴含 0.618 规律的实例.

第二十八讲

摄人心魄的黄金分割

在上一讲,我们介绍了斐波那契和他的兔子,从兔子繁殖数获得的斐波那契数列,并从前项比后项所获得的分数数列的极限中,导出了"黄金比"$\frac{\sqrt{5}-1}{2}\approx 0.618$.接下来,我们换一个视角,运用"黄金矩形",由方程 $x^2+x-1=0$,也导出了其宽长之比是 $\frac{\sqrt{5}-1}{2}\approx 0.618$.由此,我们体会了多样性的统一以及数学的统一美.

其实,黄金比 0.168 还可以采用更简单的线段分割来探索,这就是本讲的重点——"黄金分割".

一、黄金分割

什么叫"黄金分割"?

把任一长度的线段分割成两段,若满足 $\frac{大段}{全段}=\frac{小段}{大段}$,这样的分割就叫"黄金分割"(见图 28-1).经计算,其比值也是"黄金比"(当然,从左至右该线段会有两个分割点).

设线段 AB 为 1,大段 AC 为 x,则小段 CB 为 $1-x$.根据"黄金分割"的定义,有 $\frac{x}{1}=\frac{1-x}{x}$,即 $x^2=1-x$,$x^2+x-1=0$,就可解出 $x=\frac{\sqrt{5}-1}{2}\approx 0.618$.

图 28-1 满足"黄金比"分割的线段示意

我们可以很方便地用尺规在任意线段中找出"黄金分割"点.

取任意长度的线段 AB,设其长度为 2(可用圆规将其对分),其半为 1.过 B 作 AB 之垂线 BD,长度为 AB 之半,即 BD 为 1.以 D 为圆心、BD 为半径作弧线,交 AD 为 E(见图 28-2).由于 AD 之长度为 $\sqrt{5}$,则 $AE=\sqrt{5}-1$.然后以 A 为圆心,AE 为半径作弧线,交 AB 于 C 点,则 C 就是 AB 线段的"黄金分割"点.即 $\frac{AC}{AB}=\frac{\sqrt{5}-1}{2}\approx 0.618$.

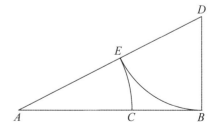

图 28-2 用尺规在任意线段中找出"黄金分割"点示意

二、黄金分割之美

0.618 分割点,之所以被称作"黄金分割"点,是因为它恰到好处地体现了匀称与和谐,不仅在雕塑、绘画、摄影与舞台艺术中,在大自然、宇宙、人类的科研等各门类中,也都有 0.618 的身影.从低等的动植物到高等的人类形态,从数学到天文学的各种现象……凡是优美的事物中,0.618 的身影或比例结构都不会缺席.哪怕在现代物理学、生命科学、化学、制药或建筑等领域,0.618 也都有直接的应用和体现.就连我们自身的人体美,也实实在在地与 0.618 形影不离,给人以充分的愉悦与美的享受.因此,古今中外男女老少都一致推崇 0.618 为最美的黄金分割点.如若不信,请看下述粗略的描述.

1. 人体线度的黄金分割之比

人体线度的"黄金分割"就是指人体以肚脐作为分割点,身体的下部与全身高度之比;小腿与整个腿部长度之比;肘关节到指尖的距离与肩膀到指尖的距离之比;双肩与双腿交叉处所组成的三角形等都符合"黄金分割率",即为 0.618 的近似值.人体的美学观察,当然也会受到人种、社会及个体差异等各方面因素的影响,也涉及形体与精神、局部与整体的辩证统一,只有整体的和谐、比例协调,才能称得上是一种完整的美.

收藏于法国卢浮宫博物馆的古希腊雕刻家——阿历山德罗斯在公元前 150 年左右创作的大理石雕塑——《米洛的维纳斯》,于 1820 年在希腊的米洛岛被发现,故被称作"米洛的维纳斯"(见图 28 - 3).整个雕塑高度超过 207 厘米(6 英尺 8 英寸),比真人稍高.这尊大理石雕塑被公认是女性身材最完美的标准,世界各国的选美标准大部分都以"米洛的维纳斯"身材各部分的尺寸比例为依据.各国艺术家也都认为:这尊雕像最为集中地代表了古希腊理想美的观念,是迄今发现的希腊女性雕像中最美的一例.难怪该雕塑会被陈列于罗浮宫特辟的展室中,与《蒙娜丽莎》《胜利女神像》并称为卢浮宫"三大镇馆之宝".

在《米洛的维纳斯》中,头部、上半身、腰部、双腿等各个部分都各有特征,同时又有整体的统一美.而产生这种和谐美的,正是来自身体各部分之间特定的"比例关系".也就是说,维纳斯雕塑最完美的体现就在于人体线度的"黄金分割"点.她的肚脐到脚底的距离与头顶到脚底的距离之比恰恰就是 0.618.而且她漂亮的脸庞上各器官的线度,眉毛到脖子的距离与头顶到脖子的距离之比也恰恰是 0.618.

图 28 - 3　《米洛的维纳斯》雕塑　　　　图 28 - 4　芭蕾舞演员美丽的舞姿

可见,体现 0.618 比例的人体线条之美已成了人们对人体美的共识.不过,大多数人无法达到这个标准.由此,我们也就能够理解芭蕾舞演员为什么要踮起脚尖来舞蹈了,除了芭蕾舞这种宫廷艺术本身需要有舒展与放开的要求,从根本上说,踮起脚尖,使舞蹈演员的下半身至少增加了十几厘米,以力求达到 0.618(甚至超越)的"黄金比",以增强人体线度的视觉美(图 28-4).其他诸如女士们在交际场合常爱穿高跟鞋,也是要力求达到人体线度 0.618 的"黄金比".

图 28-5 列奥那多·达·芬奇自画像

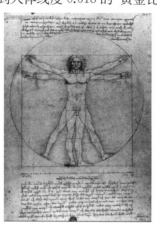

图 28-6 达·芬奇创作的素描——《维特鲁威人》

列奥那多·达·芬奇(意大利文原名 Leonardo di ser Piero da Vinci,1452—1519)是欧洲文艺复兴时期天才的科学家、发明家、画家,更是人体与动物局部解剖图画的宗师,也是人类历史上绝无仅有的全才(图 28-5).与他自身各个方面的杰出成就相比,绘画是他最有造诣的也是成就最大的,留下了诸如《蒙娜丽莎》《最后的晚餐》《岩间圣母》等作品.尽管"黄金分割"并非达·芬奇的创造,但在其绘画作品中都充分体现了他对"黄金分割"的推崇与理解,让后人也能从中充分领略 0.618 的魅力.诸如 1487 年前后他所创作的著名素描——《维特鲁威人》是根据约 1500 年前维特鲁威在《建筑十书》中的描述,力图绘出完美的男性人体之比例(图 28-6).达·芬奇用钢笔和墨水绘制的这幅手稿,描绘了一位男子在同一位置上的"十字形"与"火字形"的姿态,并同时分别被嵌入矩形和圆形之中.这幅画也被后人称作"卡侬比例"或"男子比例".不难发现,达·芬奇所画的维特鲁威人从肚脐到地面的高度与他的身高之比就是0.618;他的肘关节到指尖的距离与肩膀到指尖的距离之比也是 0.618;更细致的是他的膝盖到地面的距离与臀部到地面的距离之比依然是 0.618.

这个神奇的"黄金比"!

这里不得不介绍一下美国作家丹·布朗(Dan Brown,1964—   )前几年发表的一部风靡全球的推理小说——《达·芬奇密码》.

午夜,法国巴黎卢浮宫博物馆年迈的馆长被人杀害.在死亡之前,为了把他所知道的重大秘密传给后人,这位密码高手竟脱光了衣服,明白无误地将自己的身体摆成达·芬奇画作《维特鲁威人》的样子,躺在画廊的拼花地板上,尸体旁还留下了他写的一串密码与两行诗:

13-3-2-21-1-1-8-5

啊,严酷的魔王

噢,瘸腿的圣徒

小说的男女主人公——符号学家罗伯特·兰登与密码破译天才索菲·奈芙,很快破译了这串密码,将它们按 1—1—2—3—5—8—13—21 排列后,发现这正是著名的斐波那契数列(前两个数相加等于相邻的第三个数),而相邻的前一个数字除以后一个数字所构成的无穷数列之极限就是"黄金比"0.618.至于那两句诗,将字母打乱重排后竟然是:列奥那多·达·芬奇(Leonardoda Vinci)与蒙娜丽莎(The Mona Lisa)!

图 28-7　《蒙娜丽莎》画作 1∶1.618 的构图

2. 著名建筑中的黄金分割之比

0.618 也像幽灵一般,在世界各地的著名建筑中现身.其中最夺人眼球的是古埃及金字塔、古希腊的巴特农神庙、印度的泰姬陵、法国巴黎的埃菲尔铁塔、加拿大多伦多的电视塔以及上海的东方明珠塔……这些伟大的建筑都毫无疑义带着黄金分割的影子.

我们不妨看一下古埃及的金字塔(见图 28-8),发现其高度与塔底一边之长的比约为:1∶1.618.

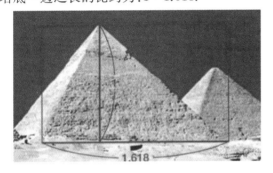

图 28-8　古埃及金字塔高度与塔底之比 1∶1.618

图 28-9　巴特农神庙高度与基座之比 1∶1.618

古希腊巴特农神庙的高与神庙基底的比值为 1∶1.618(见图 28-9,因为透视的缘故底边显得较短).这样的古代建筑确实显得特别宏伟与壮观.再来看巴黎的埃菲尔铁塔(见图 28-10)与上海浦东的东方明珠塔(见图 28-11),在建筑线度上也多处运用了"黄金分割"比例,使它们显得特别协调与美观.

图 28-10　埃菲尔铁塔的上塔与全塔高度之比为 0.618

图 28-11　上海浦东东方明珠塔地面至中球与全塔高度之比为 0.618

3. 美观的矩形长宽比

德国物理学家、心理学家与美学家费希纳（Gustav Theodor Fechner，1801—1887），由原攻生物学后转向数学与物理学.1844 年任莱比锡大学物理学教授.但自 1834 年起又钻研起哲学，并力图使哲学建立在科学的基础之上.1860 年出版《心理物理学原理》（2 卷），还著有《实验美学论》《美学导论》，对于各种美学问题、原则和方法进行了讨论，首创以科学实验的方法来奠定实验心理学的基础.他曾以实验方法解决诸如这两幅画哪一幅更美的心理问题，譬如曾专门举办过一个"矩形展览会"，邀请了近 600 位朋友与会参观与独立判断，要求每位参观者在看完展览之后以投票方式选出自认为最完美的矩形，结果下述四种比例的矩形得票最多：$5 \times 8, 8 \times 13, 13 \times 21, 21 \times 34$.其实这些矩形的短边与长边之比均为斐波那契数列的相邻两项之比，也就是说，它们是很接近黄金分割数的.费希纳还测量了数以千计的窗框、扑克牌、书本等矩形物体，甚至还检测了墓地十字架的分隔点位置，发现它们的平均比例也都接近黄金分割数.

另外，不少国家国旗的宽长之比也都是 0.618.

当然，除了上述几方面外，我们还能发现，风景摄影作品的地平线构图位置一般不会选择画面的正当中，也常是呈现于画面的 0.618 处.这又类似于报幕员或主持人出现在舞台上时，也往往站在舞台宽度的 0.618 处.当然，小说、戏剧、交响乐等的高潮呈现，也往往不是在整部作品的正中间或起首处，而是在时序的 0.618 处.

三、华罗庚的"优选法"

优选法（optimization method）是指以数学原理为指导，合理安排试验，以尽可能少的试验次数尽快找到生产和科学实验中最优方案的科学方法，故也称"最优化方法".用数学语言来表达，就是寻找函数极值的较快、较精确的计算方法.例如：在科学实验中，怎样选取最合适的配方、配比；怎样寻找最好的操作和工艺条件；怎样找出产品的最合理的设计参数，使产品的质量最好、产量最多，或在一定条件下使成本最低、消耗原料最少、生产周期最短等.这种最合适、最好、最合理的方案，一般就称为"最优"；而选取这种最合适的配方或配比，寻找最好的操作和工艺条件，给出产品最合理的设计参数等，那就叫作"优选".优选法可分为"单因素方法"和"多因素方法"两类.其中，单因素方法包含平分法、0.618 法（黄金分割法）、分数法、分批试验法等；多因素方法也有很多，但理论上都不很完备，主要有降维法、爬山法、单纯形调优胜、随机试验法、试验设计法等.

本讲中，我们要介绍的是我国杰出的人民数学家——华罗庚[①]教授（见图 28 - 12）在 20 世

[①] 华罗庚（1910—1985），国际数学大师，中国科学院院士，美国国家科学院外籍院士，第三世界科学院院士，联邦德国巴伐利亚科学院院士.中国第一至第六届全国人大常委会委员.早年的研究领域是解析数论，国际上颇具盛名的"中国解析数论学派"就是华罗庚开创的学派，该学派对于质数分布问题与哥德巴赫猜想作出了许多重大贡献.也是矩阵几何学、典型群、自守函数论等多方面研究的创始人和开拓者，是国际上有名的"典型群中国学派"，带领该学派达到世界一流水平.培养出众多优秀年轻数学家，还留下了 10 部巨著：《堆垒素数论》《指数和的估价及其在数论中的应用》《多复变函数论中的典型域的调和分析》《数论导引》《典型群（与万哲先合著）》《从单位圆谈起》《数论在近似分析中的应用（与王元合著）》《二阶两个自变数两个未知函数的常系数线性偏微分方程组（与他人合著）》《优选学》及《计划经济范围最优化的数学理论》，其中 8 部为国外翻译出版，已列入 20 世纪数学的经典著作之列.此外，还有学术论文 150 余篇，科普作品《优选法评话及其补充》《统筹法评话及补充》《华罗庚科普著作选集》.因此，被公认为"中国现代数学之父"，还被列于芝加哥科学技术博物馆中"当今世界 88 位数学伟人"之一."文化大革命"期间曾亲自带领小分队到全国各地推广"优选法""统筹法"，所到之处，掀起了科学实验与实践的群众性活动，取得了很大的经济效益和社会效益.1969 年推出《优选学》一书，并将手稿送给了国务院，作为一名数学界人士向国庆 20 周年的献礼.

纪 60 年代四处奔波所开创并着力推动的优选法——0.618 法.当年,华罗庚经常举的实例是炼钢中要掺入某种化学元素以增强钢的强度.那么,究竟该掺入多少量才最合适呢?

假如已知每吨钢水中要加入该元素的数量约在 1000 克到 2000 克之间,现在要求出最佳加入量,误差不能超过 1 克.最保险也是最笨拙的方法是分别加入 1001 克、1002 克……直到 2000 克,这种穷举的试验,甚至可能要做 1000 次,当然最终总能找到最佳的摄入量.

另外一种稍稍动脑筋的方法便是"二分法".即取 1000 克与 2000 克之中点 1500 克做一次试验,再用进一步的"二分法"在相应的中点,即 1250 克与 1750 克分别做两次试验.假如 1750 克处效果较差,就剔除 1750 克到 2000 克这一段的试验;若 1250 克处效果较差,就剔除 1000 克到 1250 克一段试验.接着,再对剩下的一段用"二分法"并取中点做试验,比较下一个两次的中点试验之结果,以决定这一次的取舍.应该说,这种"二分法"会不断逼近最佳点,

图 28 - 12　华罗庚教授

而且所做的试验次数比逐克试验的穷举法次数会明显减少.这种"二分法"取中点的方法已经很"聪明"了.可是,华罗庚从数学上证明:并不是每次取中点的试验方法已经最优了,假如每次取这个区间的 0.618 处去做试验,可以达到用最少的试验次数较快地逼近最优值,这才是最优的方法.这就是华罗庚的"优选法"或叫作"0.618 法".那么,华罗庚的数学道理在哪儿呢?

为此,必须先介绍黄金分割点的"再生性"和"华氏折纸术".

什么是黄金分割点的"再生性"?

不妨先画一个示意图,如图 28 - 13 所示.若 C 是 AB 线段的黄金分割点(0.618 处),D 是 BA 线段黄金分割点.那么,D 与 C 当然是关于线段 AB 中点 O_1 对称分布的两点.假如截去 CB 线段,仅剩下 AC 线段,一种很特殊的情况出现了:通过推导可知,D

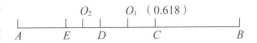

图 28 - 13　黄金分割点的再生性示意

又恰是线段 AC 的黄金分割点.同样,E 则是 CA 线段的黄金分割点(即 E 是 AC 线段中点 O_2 关于 D 的对称点),等等.虽线段逐渐缩短,但黄金分割点可以一直延续下去,或者说"再生"下去.

接下来,我们来介绍如何用"折纸术"来寻找最优方案.

利用上述"黄金分割点的再生性",华罗庚先生设计了一种简便易行,既具有操作性又很直观的优选法——折纸术.

仍以刚才讲的每吨钢水中究竟该加入 1000 克到 2000 克(精确到 1 克)间某种元素以增强钢的强度为例.

我们取一张长条纸(最理想的是印有小方格的纸条),标上 1000 克到 2000 克,共 1001 个刻度值.华罗庚的想法是:先找到纸条 0.618 处的这点(即 1618 克处),就在这个位点做第一次试验.然后将纸条对折,对着光,找到 0.618 的对称点(即该纸条的另一黄金分割点)1382 克处,在该位点做第二次试验.将两次试验结果比对,若 1618 克处钢的强度较差,则用剪刀剪去 1618 处的纸条,扔掉 1618 至 2000 刻度一段(留下较长的 1000 至 1618 段纸条). 将留下的长纸条再对折,以寻找与刚才已找出的另一黄金分割点 1382 相对应的点1236,因为 1382 位点已经做过试验了(这一点很重要),只需做 1236 位点就可以进行第二次比较了. 这就是 0.618 法比上述"二分法"优越的地方.也就是说,只要 1236 克处试验有了结果,就可以直接与 1382 克试验相比较了,看哪个位点钢的强度差,就截去那一段.譬如 1236 位点效果不好,就将 1000 至 1236 段截去(还是较短的纸条段);若 1382 位点相比较效果不好,就将 1382 至 1618 段截去(也是相对较短的纸条段).将保留的新纸条段再行对折,对着光寻找"黄金分割点"在对侧纸条的点位(即黄金分割点的"再生性"),继续试验,并比较结果,淘汰效果较差的点位,并剪去从该点到纸端的较短的那一段……当纸条越来越短时,可换一纸条,并将刻度适当按比例放大,再进一步寻找.总之,被保留下来的纸条长度会迅速地趋近于 0,毕竟理想的试验点也总是在剩下的纸条上.当然,若纸条的长度变得很短时,那么可以认为纸条上任意点位都已经是较满意的试验点了,但你所要获取的点与最优点的误差一定小于纸条的长度,我们能反复使用 0.168 法很快趋近最理想之点.这就是华罗庚先生以"折纸术"所创造的"优选法"之策略,也可称作是"黄金分割点再生性"的一种通俗易懂的"折纸术的优选法".

简洁却精彩!

1985 年 6 月 3 日,应日本亚洲文化交流协会邀请,华罗庚先生赴日本作学术访问.6 月 12 日下午 4 时,他受邀在东京大学数理学部讲演厅向日本数学界作主题为《理论数学及其应用》的演讲,其中就讲到"黄金分割点再生性",并讲到"折纸术的优选法".下午 5 时 15 分讲演结束,主持人说道"大家有什么问题可请教华先生"时,华罗庚也确实有点累了,想坐下歇一歇,但就在身体往下坐的时候,竟一下子瘫倒在地.听众都以为大概是华先生腿脚不方便滑倒在地了……其实,华先生之所以倒在讲坛上是因为心脏出了大问题,主办者立即采取必要的急救措施,但已经晚了.抢救到当晚 10 时零 9 分,医生宣布他因患急性心肌梗死而逝世.

图 28-14　华罗庚教授在日本作最后演讲时的风采

华先生曾多次说:"我要工作到生命最后一刻".似乎一语成谶.华罗庚先生确确实实一辈子勤奋努力,"不空不松,从严以终".

华先生那天演讲的主要内容就是"黄金分割点的再生性"以及用此思想创新的折纸术"优选法".当时聆听华先生演讲的一位华人数学家事后写的回忆文章中说道:华先生那天没有找到长条方格纸,他就用日本的一张报纸,裁了一长条来代替.20 世纪 80 年代,演讲使用的投影设备也远没有现在的先进,他是用实物投影仪作学术演讲的.其报告内容中的一部分与上述讲义相似.当然,华先生还讲到了"黄金分割点再生性"的数学证明.对于初中生,这部分内容我们就不讲了,但可以确信的是,华罗庚先生已从数学上证明了"黄金分割点的再生性".

在我们缅怀数学家华罗庚教授的伟大学术贡献的同时,也很有必要重温一下他那些充满人文情怀的亲切话语:

1. 科学是实事求是的学问,来不得半点虚假.

2. 独立思考能力,对于从事科学研究或其他任何工作,都是十分必要的.在历史上,任何科学上的重大发明创造,都是由于发明者充分发挥了这种独创精神.

3. 凡是较有成就的科学工作者,毫无例外地都是利用时间的能手,也都是决心在大量时间中投入大量劳动的人.

4. 任何一个人,都必须养成自学的习惯,即使是今天在校的学生,也要养成自学的习惯,因为迟早总要离开学校的.自学,就是一种独立学习、独立思考的能力.行路,还是要靠行路人自己.

5. 天才是不足恃的,聪明是不可靠的,要想顺手拣来的伟大科学发明是不可想象的.

6. 聪明在于学习,天才在于积累……所谓天才,实际上是依靠学习.

7. 科学上没有平坦的大道,真理的长河中有无数礁石险滩.只有不畏攀登的采药者,只有不怕巨浪的弄潮儿,才能登上高峰采得仙草,深入水底觅得骊珠.

8. 我想,人有两个肩膀,应该同时发挥作用.我要用一个肩膀挑着送货上门的担子,把科学知识和科学工具送到工人师傅手里;另一个肩膀可以做人梯,让青年们踏着攀登科学的更高一层山峰.

9. 抓住自己最有兴趣的东西,由浅入深,循序渐进地学.

10. 科学的灵感,绝不是坐等可以等来的.如果说,科学上的发现有什么偶然机遇的话,那么这种"偶然的机遇"只能给那些学有素养的人,给那些善于独立思考的人,给那些具有锲而不舍精神的人,而不会给懒汉.

11. 搞科学、做学问,要"不空不松,从严以终",要很严格地搞一辈子工作.

12. 人做了书的奴隶,便把活人带死了……把书作为人的工具,则书本上的知识便活了,有了生命力了.

•知识巩固• 想想练练

1. 你能举出几个"黄金分割"之美的例子吗?

2. 谈谈你听了华罗庚的故事之后的感受.

(感谢南开大学顾沛教授视频授课提供的部分素材)

图书在版编目（CIP）数据

数学兴趣讲座 / 洪晖，岳珉编著. — 上海：上海教育出版社，2022.1
（初中学科强基丛书 / 方鸿辉主编）
ISBN 978-7-5720-1018-7

Ⅰ. ①数… Ⅱ. ①洪… ②岳… Ⅲ. ①中学数学课 –初中 – 教学参考资料 Ⅳ. ①G634.603

中国版本图书馆CIP数据核字(2022)第009658号

责任编辑　徐建飞
封面设计　陈　芸

初中学科强基丛书
方鸿辉　主编
数学兴趣讲座
洪　晖　岳　珉　编著

出版发行	上海教育出版社有限公司
官　　网	www.seph.com.cn
地　　址	上海市闵行区号景路159弄C座
邮　　编	201101
印　　刷	上海商务联西印刷有限公司
开　　本	787×1092　1/16　印张 15.75
字　　数	383 千字
版　　次	2022年2月第1版
印　　次	2022年2月第1次印刷
书　　号	ISBN 978-7-5720-1018-7/G·0800
定　　价	60.00 元

如发现质量问题，读者可向本社调换　电话：021-64373213